DO "OSCILADOR DE SAMUELSON" AO ESPECTÁCULO DA "PROPULSÃO"

ANÍBAL ALMEIDA

DO "OSCILADOR DE SAMUELSON" AO ESPECTÁCULO DA "PROPULSÃO"

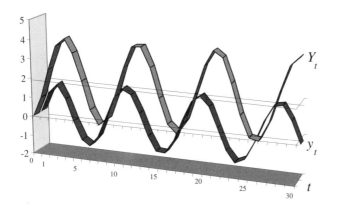

ALMEDINA

TÍTULO:	DO "OSCILADOR DE SAMUELSON" AO ESPECTÁCULO DA PROPULSÃO
AUTOR:	ANÍBAL ALMEIDA
EDITOR:	LIVRARIA ALMEDINA – COIMBRA www.almedina.net
DISTRIBUIDORES:	LIVRARIA ALMEDINA ARCO DE ALMEDINA, 15 TELEF. 239 851900 FAX 239 851901 3004-509 COIMBRA – PORTUGAL
	LIVRARIA ALMEDINA – PORTO RUA DE CEUTA, 79 TELEF. 22 2059773 FAX 22 2039497 4050-191 PORTO – PORTUGAL
	EDIÇÕES GLOBO, LDA. RUA S. FILIPE NERY, 37-A (AO RATO) TELEF. 21 3857619 FAX 21 3844661 1250-225 LISBOA – PORTUGAL
	LIVRARIA ALMEDINA ATRIUM SALDANHA LOJA 31 PRAÇA DUQUE DE SALDANHA, 1 TELEF. 21 371269/0 atrium@almedina.net
EXECUÇÃO GRÁFICA:	G.C. – GRÁFICA DE COIMBRA, LDA. PALHEIRA – ASSAFARGE 3001-453 COIMBRA Email: producao@graficadecoimbra.pt
	OUTUBRO, 2000
DEPÓSITO LEGAL:	157019/00

Toda a reprodução desta obra, por fotocópia ou outro qualquer processo, sem prévia autorização escrita do Editor, é ilícita e passível de procedimento judicial contra o infractor.

Prefácio à edição definitiva

1. Ao se dirigir agora (nesta edição definitiva, em livro) a um público mais vasto do que o do "Boletim de Ciências Económicas", em que foi publicado pela primeira vez (*), o ensaio que segue pareceu requerer duas palavras prévias, para evitar possíveis mal entendidos...

A sua principal «mensagem» é, no entanto, muito simples, e pode resumir-se assim: Segundo a «tese» do seu autor, o célebre "modelo de Hansen/Samuelson" (ou "oscilador de Samuelson", precisamente como consta do título), mais de seis décadas passadas sobre a publicação, permanece de pé como "metáfora" por excelência dos "ciclos *económicos*" em relação a toda a "concorrência potencial" que, desde então, se vem acumulando nas prateleiras das escolas (nomeadamente, sem temer o confronto do concorrente mais conhecido: o "modelo de Hicks", onze anos posterior), por permitir elaborar uma família, o mais *simples* possível, de *tipos* «representativos» de "interacção" do "multiplicador" e do "acelerador", um deles (**) apto para *retratar inteligivelmente*, com suficiente *fidelidade*, a *permanência* e a *sinuosidade* (da «linha da vida») do MPC único e global em que vivemos hoje, à luz da *teoria* (macro)eco-

---

(*) Precisamente, nos vols. 41 (1998), pp 159-240, e 42 (1999), pp 245-384. Nesta edição em livro, especialmente dirigida aos estudantes, emendaram-se as gralhas (não muitas, por sinal...), adaptou-se o *Índice onomástico* e aditou-se o presente *Prefácio...*, sem quaisquer outras alterações.

(**) «Concretamente», o *oscilador* (com '$\alpha (1 + \beta)^2 < 4\beta$') *regular* ou *constante* (com '$\alpha\beta = 1$').

VI   Do "Oscilador de Samuelson" ao Espectáculo da "Propulsão"

nómica *fundamental*, e sem que a menor «margem» de «dessimplificação» a partir dele se não traduza em perda, não compensada, de inteligibilidade.

O vigor hermenêutico da célebre construção teórica ganha, de resto, hoje, entre nós, particular relevo, dada a maneira realmente "notável" como J. J. Teixeira Ribeiro, há mais de quatro décadas, a conseguiu *verbalizar* exemplificativamente, e a discreta perícia com que C. Laranjeiro logrou obter a versão informática do "raciocínio" daquele professor — e tudo isso se *valoriza*, ou se *revela* aqui.

Da parte do autor desta monografia não era, pois, de esperar que ele se detivesse sobre a massa de *tudo* o que, até ao fim do séc. XX que ora agoniza, veio a ser publicado sobre o assunto ou tema dos "ciclos *económicos*", por parte de 'tous les auteurs, grands et petits' (na expressão cruel de Charles Gide sobre uma *Economia social* do princípio do século, da autoria do português Marnoco e Sousa), mas sim, e só, que concluisse sobre a questão que se propôs tratar e, de facto, tratou.

2. O leitor interessado encontrará, no livro, todos os elementos para concluir por si. Dado, porém, tratar-se de uma "questão de método" realmente exemplar, parece necessário, para encurtar razões, resumi-los aqui.

Deparam-se, no tema (como tema *genérico*), duas estirpes divergentes de tratamentos que se revelam como *conjuntos* de *intersecção* quase *vazia*: a "teoria dos ciclos *económicos*" ('*trade* cycles') e a "teoria dos ciclos *dos negócios*" ('*business* cycles'). É claro que os *nomes* nada nos dizem sobre a *diferença*, e as «traduções» propostas apenas visam *distinguir*, e não *caracterizar*; mas a *diferença* é grande e, *grosso modo*, é a que intercede entre, digamos, as "metáforas" da *teoria* económica e aquilo a que chamei os "*mapas à escala 1:1*" da *realidade* económica que, por seu turno, a terem veleidades de "alegoria" ou de "metáfora", se tornariam um mecanismo cujo funcionamento seria assegurado por uma causa incógnita localizada "no exterior da teoria", como observa R. M. Goodwin, tão racional e relevante como uma maquineta de Rube Goldberg, hiante e alheado como um dos mundos paralelos das *Magias parciales del Quijote* de Jorge Luis Borges (***). A *ocupação* e o *lugar próprio* de ambos os tipos de indagação são, pois, *divergentes* também.

3. Segundo um subtítulo de Joan Robinson, de há trinta e oito anos, a Economia seria "um ramo da ética que luta arduamente por se tornar uma ciência"; segundo um título muito recente de Daniel Hausman, a mesma Economia antes será uma ciência, mas uma "ciência *inexacta*"; e, na verdade, se uma ciência se caracteriza, enquanto tal, pelo grau de exactidão das previsões feitas com base nela, todos sabemos o que sucede com as previsões, mesmo de muito curto prazo, feitas por *mais do que um* economista, sobre a evolução de quaisquer das categorias elementares da arte: será, é claro, «cada cabeça sua sentença», "e, às vezes, até mais!", conforme concluíu Lawrence Klein... Por isso mesmo, para A. W. Phillips, no actual

---

(***) Não propriamente o minucioso e infindável *mapa com mapa* de Josiah Royce, mas sim a própria *realidade* da *ficção* cervantina segundo o mesmo Borges: '*En realidad, cada novela es un plan ideal; Cervantes se complace en confundir lo objectivo y lo subjectivo, el mundo del lector y el mundo del libro*'. Mais numerosa e literalmente, '*los Colegios de Cartógrafos levantaron un Mapa del Imperio, que tenia el tamaño del Imperio y coincidía puntualmente con él*' (Borges, '*Museo*', '*Del rigor de la ciencia*', também em *El hacedor*, 1960, porém já publicado na *Historia universal de la infamia*, 1954). Por fim, ultimamente, definitivamente, '*Un hombre se propone la tarea de dibujar el mundo. [...] Poco antes de morir, descubre que ese paciente laberinto de líneas traza la imagen de su cara*' (*Id.*, *ibid.*, *Epílogo*).

«estado da *ciência*» ('*de sapientia*'), ou «estado da *arte*», viria a ser melhor (ou talvez menos mau) para os governos agirem sobre extrapolações prospectivas «artesanais» dos dados estatísticos do que informados pelos modelos econométricos.

É claro, portanto, que nada mesmo (pelo contrário!) haverá a dizer contra as honestas tentativas de «modelar» o mundo e, deste modo, temperar instrumentos para racionalizar o *objecto* de intervenção e a própria mente do *sujeito* de uma política cuja necessidade se nos oferece cada vez mais difícil de se não apoiar. Porém, elaborar *simuladores* de "ciclos *dos negócios*" com "*choques estocásticos*" a preencher a nossa fatal «*margem de ignorância*» sobre pontos nodais da cada vez mais complexa rede de conexões que caracteriza o mundo de hoje é coisa bem diversa de pretender «*teorizar*» *a partir da ignorância*, contra a lição de I. M. D. Little, o que equivaleria a pregar num deserto teórico quase lunar, "mimando" ou "imitando" o «*auberge espagnol*» da tradição do *Gil Blas* de Lesage, onde *todos encontram o que consigo levem para lá* (ver o final da nota ***), quer se trate, no caso, de admitir e emitir honestos axiomas sobre o que são e como se articulam a "produção", a "distribuição" e o "consumo", os "grupos sociais", e a "competição", e o "poder no mercado", quer se trate, no caso, de transportar consigo (como «armas e bagagens» para o deserto) velhas mezinhas marginais como a "função «neoclássica» de produção" (que, então, se impõe que seja "homogénea do 1º grau", para fazer valer o "teorema de Euler"...) ou, até, passando pura e simplesmente a *ignorar* o "laboratório secreto da *produção*" marxiano, assim, em simultâneo, ausente e «*materializado*» em '*meteoric stones*' marshallianas, e considerando, p. exº, esse deserto mineral como se fosse "povoado por *grande número* de *agentes idênticos* que assumem os *preços* como *dados*" ('*price taking agents*'), "todos tentando *maximizar* a *utilidade prevista* que se define segundo *sequências casuais* de *consumo* e de *ócio*", ou seja, no velho quadro marginalista da "concorrência pura e perfeita", com o insignificante *homo oeconomicus*, inúmeras vezes multiplicado ou dividido por si mesmo, *consumindo e dormindo*, e talvez *passeando* pela *«colina do prazer»* paretiana, mas fatalmente «desagregado» e sempre *«casualmente», em razão da ignorância* — e tudo isso para, no fim, alegre e alegadamente, se vir a alcançar "resultados importantes", e alguns deles mesmo "surpreendentemente exactos" (*'surprisingly accurate'*)!

4. Este livro contém um *ensaio* sobre a *"teoria* dos ciclos *económicos"* (aliás elaborado a partir de uma perspectiva *didáctica*), e não (*mais*) uma *tentativa* de *"simular"* (*'simulate'*), *"imitar"* (*'imitate'*), *"replicar"* ou *"duplicar"* (*'replicate'*; *'duplicate'*) ou, ainda, *"mimar"* (*'mimic'*) a *"realidade* dos ciclos *dos negócios"*, expressões que florescem em cerca de uma *grosa* ($12^2 = 144$) de pequenos artigos desta última década (1991-2000) que tenho à mão no momento em que escrevo, não poucas vezes elaborados à *sombra* do NBER, principalmente vindos a *lume* nas páginas da AER (o grosso da coluna), da ECN, da ECT, do JPE, da ZWS, e ultimamente, e em força, da EER.

Terá, *portanto*, algo de surpreendente que tais e tantas «criações do espírito» não encontrem aqui qualquer azo ou lugar, ou mesmo qualquer eco, para além deste *eco* do § 4 do *Apêndice* II?

5. Já que aqui se tratou de uma *primeira* (ou "principal") «mensagem» do ensaio que segue, será talvez conveniente dar-se razão da *última*: Contrariamente ao que se entenderia que se entendesse, na esteira de Alvin Hansen, em relação à realidade estrutural que vigorou, tipicamente, entre as *World Wars I & II* (mais propriamente, entre o decurso da "Grande Guerra" e o fim do após-guerra da "Guerra Mundial"), não parece hoje de *admitir* (e, agora, abertamente contra autores como Walter Heller e Teixeira

Ribeiro), no actual estado, «global» e exausto, do planeta em que vivemos na nossa era após-keynesiana, que o "estado social" se propusesse "*propuls(ion)ar a economia*", antes se lhe exigindo, pelo contrário, que ele se *limite* a (mas, igualmente, que ele se *empenhe* em) prosseguir tentando "*estabilizá-la*", o que, de resto, não constitui, por certo, tarefa de somenos...

Av. Dr. Marnoco e Sousa, e antigo Colégio de S. Pedro da Universidade de Coimbra, 8 de Setembro do ano 2000.

A. A.

'La verdad es cosa simple: dos y dos son cuatro.
Los filósofos y los economistas intentan convencernos
que dos y dos son cinco y con el progreso seran seis.
Pero dos y dos son cuatro y uno es igual a uno'

LANZA DEL VASTO, *ex voce*, à RTP 1 (1979)

0. *'Da capo'* (*)

0.1 É, a meu ver, este o *lugar* e o *tempo* azado para tratar o tema da *interacção* do *multiplicador* e do *acelerador*, principalmente com intuito didáctico, e na sequência de uma implícita *provocatio ad litem*, oficiosa e amigável, do Professor Jacinto Nunes ([1]).

(*) Quando ultimava este trabalho, faleceu J. J. TEIXEIRA RIBEIRO (4 de Outubro de 1908 – 8 de Março de 1997). Já me não foi, assim, possível esclarecer com ele os elementos cronológicos da nota 5. Como ficou escrito na nota 1, seria ainda seu o estímulo derradeiro para eu levar a cabo o escrito de agora. A melhor homenagem que poderei prestar a alguém que se soube manter estimulante, vivo e inteiro, até ao fim, será a de acabar tal como comecei: com toda a inteireza, em relação a alguém que irá permanecer connosco, vivo e estimulante, enquanto formos vivos.

([1]) Em 26 de Abril de 1993, no § iv da al. *d)* do *relatório* que elaborou, como membro do júri, sobre o meu *relatório* com um programa da disciplina de *Economia e Finanças Públicas*, que apresentei a um concurso para professor associado do Grupo de Ciências Económicas da Faculdade de Direito de Coimbra, o Professor Jacinto Nunes observou, sobre um dos vários «textos de apoio» que anexei ao *relatório*: "O autor trata, na parte VI, do multiplicador. Deveria tratar também do princípio da aceleração. Expunha o princípio da interacção, conjugando os dois. Tratar só do primeiro, pode inculcar a ideia de que matematicamente só se pode expor o modelo com o investimento autónomo". Eis, pois, mais uma sua "contribuição construtiva" para o enriquecimento do meu

Fá-lo-ei, contudo, obviamente a meu *modo* (horaciana-mente, '*sicut meus est mos*'), o que requer trabalho feito '*da capo*', como se escreve no italiano convencional das partituras musicais; no português corrente, mais explícito e *cabal*, fâ-lo-ei, portanto, "*de cabo* a rabo", a começar pelo *princípio* —os *fundamentos* teóricos do tratamento do *problema*— e a *acabar* segundo o *fim em vista* e à luz de uma *experiência* que é a minha *experiência*, com uma proposta de uma *razão didáctica* que creia adequada *hic et nunc*, i. e., às reais circunstâncias de *tempo* e de *lugar*.

0.2 Pus mãos à obra, pois, logo que pude; mas, entretanto, para além das tarefas profissionais de sempre, cumpria-me aprontar um outro artigo, *Imposto regressivo e redistribuição*, que vim a terminar já quase a meio do ano de 1995 ([2]); depois, «subitamente», vi-me ocupado, no segundo semestre do mesmo ano, por uma inesperada dupla tarefa como «jurisconsulto», que veio a dar origem a uns *Estudos de Direito Tributário*, que tive de cuidar para publicação ([3]).

---

desempenho enquanto estudioso e enquanto docente destas matérias; como era de prever, mais um *estímulo* para mim, a que o presente escrito vem em *resposta*. Só passado algum tempo (como a seguir relato, no § 0.3), me foi possível *recomeçar* este trabalho, a *começar* por refazer as «contas» de Samuelson, chegando a *outros* resultados, que confirmei com Carlos Laranjeiro, posto o que logo comuniquei os resultados certos das nossas contas ao Professor Teixeira Ribeiro que, por seu turno, me *estimulou*, em 18 de Outubro de 1996, a publicar, no «Boletim», os meus "comentários ao artigo de Samuelson": aí vão eles, e o mais que se verá...

([2]) *Ne varietur*, também, de certo modo, devido a um *estímulo* de M. Jacinto Nunes que, no seu *relatório*, tinha escrito também (no anterior § iii da mesma al. *d*)): "a «diferença» na progressividade do imposto continua para mim a ser matéria controversa, mas ao autor não pode ser assacada qualquer culpa de eu próprio não ter dado uma maior contribuição a uma controvérsia em que só parcamente participei". A controvérsia, em que também intervieram J. J. Teixeira Ribeiro e Carlos Laranjeiro ('*Ne varietur!*'), teve lugar no BCE de 1991.

([3]) Essa publicação viria a ter lugar no fim do ano de 1996, junto com a de outra obra minha, *O rosto de Camões*: uma obra que, apesar de

0.3 Neste entretempo, fui-me, entretanto, dedicando, desigualmente embora, ao reexame das bases analíticas do velho ensaio de Samuelson, revisitando velhos apontamentos e apurando as técnicas necessárias à elaboração do escrito de agora. A começar *pelo princípio* ('*Da capo*'), *refiz* «as contas» do autor, e dei-me conta dos irritantes erros e gralhas que o infestavam. Lembrei-me, então, de que, aqui há «um par» de anos, fora informado, por Carlos Laranjeiro, de que ele tinha "continuado o raciocínio do Doutor Teixeira Ribeiro", mas que, a partir de certa altura, alguns dos resultados eram diferentes, posto o que logo lhe dei a conhecer as minhas próprias «contas», feitas «à mão», e lhe pedi que refizesse as suas, introduzindo essa *rotina* numa «folha de cálculo» com que entretém convívio diuturno ([4]). E os *novos* resultados —naturalmente, concordes entre si—, serão agora reproduzidos nos quatro quadros do § 1.

0.4 Depois, ao retomar este trabalho sistematicamente, comuniquei os resultados certos das nossas contas ao Professor Teixeira Ribeiro que, por seu turno, me *estimulou*, em 18 de Outubro de 1996, a publicar, no «Boletim», os meus

---

inocente, nunca acusada e nunca condenada, foi forçada a cumprir — devido a «mau olhado» de uma parelha sucessiva de «responsáveis pela *(não)* edição»— a longa pena de treze anos no prelo...

([4]) Não sei dizer, precisamente, neste momento, há quantos anos Carlos Laranjeiro me fez a comunicação a que antes me refiro, sobre alguns erros (aliás, muito prováveis, principalmente naquele tempo, daquele modo...) introduzidos naquelas «contas», realmente "cada vez mais complicadas"... Uma certeza tenho, porém: a de C. L. (a quem aqui reitero a minha gratidão pelo trabalho que fez para mim) ter trabalhado, com a «folha de cálculo», sobre a 3ª ed. impressa das *Lições de Finanças Públicas* de Teixeira Ribeiro, de 1989 («vigente» até à 4ª, de 1991; tal como o Samuelson das *Economics*, o autor reeditava o seu manual de triénio em triénio, quase pontualmente), que, no seu 1º quadro (p 387), tinha, por gralha, 'u' em lugar de 'v' a denotar o «acelerador»: e assim também o fez C. L.

"comentários ao artigo de Samuelson" (ver o final da nota 1); como, contudo, já estava em trânsito (ou *in itineri*) para outra meta mais sedutora e mais estimulante, que lhes seria *transcendente* (a esses "comentários"), este segundo estímulo, a meio desta jornada, reforçou o primeiro, no início da jornada, com reforçado ânimo, devido à boa companhia de tais e tantos companheiros de jornada.

0.5 Por fim, uma ou duas palavras sobre o carácter deste escrito e o empenho com que escrevi. Quanto aos dois *componentes* da *"interacção"*, nada se oferecerá, de novo, aqui, porque o *multiplicador* (de R. F. Kahn e J. M. Keynes) e o *acelerador* (entre outros mais, de Karl Marx, Albert Aftalion e J. M. Clark) são *mecanismos* muito *simples* e muito *conhecidos*. O *problema* todo (*teorético* e *didáctico*: de *construção teórica* e de *teoria aplicada* da *didáctica*, quando menos implícita) parece residir numa *"conjugação"* de ambos os *"princípios"* (e ambos os *"efeitos"*), quer no tocante à escolha do *modo* de estabelecer, *criticamente*, o *alcance hermenêutico* da *construção*, quer no referente à escolha do *modo* de a ministrar aos estudantes deste *lugar* e *tempo*, que constituem, como *sempre*, o objectivo ou o *fim* último de toda a vida de uma *escola* cuja existência *justificam*, embora "em abstracto", enquanto tais.

Por isso mesmo, a certa altura, pensei em subentitular o escrito de agora «exercício didáctico»; deliberei, finalmente, não o fazer, por duas ordens de razões: primeiro, porque era *impróprio* o subtítulo, porque se trata, não de um texto *didáctico*, mas antes «*pré*-didáctico» (talvez «*meta*-didáctico»), dado que o seu miolo não deve, como é óbvio, servir-se a '*undergraduate students*', para mais alunos de Direito! Depois (realmente, *por fim*), porque, segundo o bom conselho de mestre Alfred Hitchcock, «os títulos das obras devem medir de uma a quatro palavras».

E assim *seria*, mais uma vez, não fora a *diferença* da *teoria* para a *ficção*...

1. Denúncia e correcção de um venerável erro de contas

1.1.1 Na última edição das *Lições de Finanças Públicas* de J. J. TEIXEIRA RIBEIRO (5ª edição, "refundida e actualizada", de 1995), a al. *d)* (pp 169-73) do § 15 ('*O multiplicador e o acelerador*') tem como título '*Efeito-propulsão*' e trata, fundamentalmente, da "acção combinada do multiplicador e acelerador" praticamente nos mesmos termos em que esse tema era tratado, pelo autor, quando eu era estudante, na edição policopiada de 1963 ([5]); e o tratamento é este:

> 'Ora, depois de Hansen (*Fiscal Policy and Business Cycles* [...], pág. 264), chama-se *leverage effect* (que temos traduzido

---

([5]) O excerto em referência consta já, *ipsis verbis*, da ed. policopiada das lições de *Finanças Públicas* de J. J Teixeira Ribeiro 'ao 3º ano jurídico de 1957-1958' (i. e., TEIXEIRA RIBEIRO 1957), que constituem já um texto didáctico da sua própria responsabilidade, e mantém-se *qua talis* nas sucessivas edições do manual, incluindo as impressas (a partir de 1977); actualmente (5ª ed. impressa, 1995), consta de pp 169-70. É claro que as «novidades keynesianas» não poderiam ter constado da edição de 1936, e ainda não constavam da de 1942, ambas elaboradas por estudantes e emendadas pelo professor; sabemos, no entanto, que, 'No ensino, a primeira referência a Keynes deve ter sido feita pelo Prof. Teixeira Ribeiro em Coimbra na Faculdade de Direito, nas suas lições de Economia e Finanças. Contactámo-lo pessoalmente, para determinar o ano preciso em que começou a falar do esquema keynesiano, numa primeira aproximação ainda simplificada: respondeu-nos "que terá sido nos finais da década de 40", mas não pôde precisar-nos o ano' (JACINTO NUNES 1982, p 55); quanto ao tema específico de que se trata agora, aqui, tal não constava, decerto, ainda, da ed. policopiada das lições de *Finanças Públicas* de J. J Teixeira Ribeiro 'ao 3º ano jurídico de 1950-1951', posto que o mesmo autor que fez essa pergunta a conheceu e utilizou na sua dissertação

por *efeito-propulsão*) das despesas à acção combinada do multiplicador e acelerador. Vamos assistir a essa interacção supondo que a propensão marginal ao consumo [*c*] é de 8/10, e que as despesas em bens de consumo provocam despesas

---

para doutoramento sobre um tema conexo (ver as '*Referências*' de JACINTO NUNES 1956) sem, no entanto, se lhe ter reportado ao tratar esse tema; quanto aos sete anos intermédios, sucede, infelizmente, que os livros de sumários da disciplina de *Finanças Públicas* são hoje dados como desaparecidos. Sabemos, todavia, o que mais nos importa: que, a meio da década *seguinte*, o tratamento didáctico do tema estava já suficientemente amadurecido para dar lugar ao seu registo *definitivo* (ver a nota seguinte) nas lições de *Finanças 'De harmonia com as prelecções feitas ao 3º ano jurídico de 1957-1958 pelo Prof. Dr. Teixeira Ribeiro'*, aliás reflectindo a leitura do cap. 12 de HANSEN 1951 que, na verdade, constituía então (e constitui ainda hoje) "a melhor descrição, numa linguagem não matemática", do tema da «*interacção*», segundo o juízo reiterado de uma inegável autoridade: cf HICKS 1949, secção II, em nota 5 à p 254 ('The best general description of this work in non-mathematical language, is that by Hansen *and Samuelson, in Fiscal Policy and Business Cycles*, ch. 12' [*sic; grifei*!]) e HICKS 1950, § 1.5 (em nota 2 à p 5, agora com a devida *emenda* de uma talvez verdade antes, contudo, denunciada de maneira indiscreta: 'The best general description of the modern "acceleration" theory, *based on Samuelson's work*, is to be found in A. H. Hansen, *Fiscal Policy and Business Cycles*, ch. 12'; *grifei* de novo). [INFORMAÇÃO ADICIONAL: Na sessão de 27 de Fevereiro de 1998 do Conselho Científico da Faculdade de Direito de Coimbra (e, ao que suponho, após uma primeira leitura deste trabalho), o Presidente, Prof. Doutor A. Castanheira Neves, *sponte sua*, narrou um episódio da sua prova oral de «*Moeda*» (3º e último semestre de *Economia Política*, dado no 3º ano) com Teixeira Ribeiro, em que, para terminar, o mestre o convidara a "expor algum assunto que tivesse estudado com particular interesse", sobre a matéria da disciplina, convite ao qual o candidato correspondera expondo o que sabia sobre "o pensamento de Keynes, *que então não era dado*", valendo-se, para o efeito, de "conhecimentos adquiridos numa «*Revista de Economia*» publicada na época": isto *no ano lectivo de 1949-50*; e, na verdade, o n.º 1 do vol. 2 (Março de 1949) dessa revista abria com um par de artigos sobre o tema: F. Pinto Loureiro, *Da economia neoclássica tradicional à nova economia keynesiana* (pp. 1-17), e L. Simões de Abreu, *Política fiscal e keynesianismo (algumas notas) (pp. 19-24)*].

quádruplas em bens de produção, isto é, que o coeficiente de aceleração (v) é 4.

Admitamos, então, que se verifica um aumento de 100 no investimento, e que esse aumento se renova em todos os períodos.

Ora, se o investimento aumenta de 100 no período *1*, o rendimento nacional aumenta igualmente de 100. Mas, no período *2*, o rendimento vai aumentar: de 80 (consumo derivado do aumento de investimento no período *1*); de 80 × 4 = 320 (investimento acelerado pelo aumento de consumo no período *2*); de 100 (renovação do aumento de investimento no período *2*); vai aumentar, portanto, de 80 + 320 + 100 = 500.

No período *3*, o rendimento será muito maior. Será de: 64 (consumo derivado do aumento de investimento no período *1*); mais 256 (consumo derivado do investimento acelerado no período *2*); mais 80 (consumo derivado da renovação do aumento de investimento no período *2*), mais 320 × 4 = 1 280 (investimento acelerado pelo aumento de consumo no período *3*; na verdade, o consumo aumenta no período *3* de 54 + 256 = 320); mais 100 (renovação do aumento de investimento no período *3*). O que tudo perfaz um rendimento de 1 780.

Podíamos prosseguir nas contas, através dos sucessivos períodos. Mas como elas seriam cada vez mais complicadas, e já foram feitas, o melhor é apresentar os resultados a que se chegou'.

Segue imediatamente um primeiro quadro, com os valores do 4° «exemplo numérico» do "Quadro 2" de SAMUELSON 1939a, com $\alpha \equiv$ 'c' $= 0,8$ e $\beta \equiv$ 'v' $= 4$, multiplicados por 'A' $= 100$ e arredondados para a nova «unidade de medida» (i. e., para a «centena» de «unidades monetárias»), e o seguinte comentário fundamental:

'Como se vê, é um efeito-propulsão explosivo, pois o rendimento, no nono período, será mais 1 224 112 que no período *0*. [...] Mas já assim não sucede se escolhermos valores menores para o multiplicador e para o acelerador. Pois, então, veremos que: 1° − o efeito-propulsão só actua com intensidade durante os períodos iniciais; 2° − passados eles, o efeito amortece progressivamente; até que 3° − em períodos ulteriores, mostrar-se-á inferior ao que seria no caso de se não ter investido mais 100 em cada período'.

Segue um segundo quadro, com os valores do 2° «exemplo numérico» do "Quadro 2" de SAMUELSON 1939a, com $\alpha \equiv$ 'c' $= 0,5$ e $\beta \equiv$ 'v' $= 2$, adaptado de forma semelhante, e a seguinte conclusão geral:

> 'Se o multiplicador e o acelerador são elevados, o efeito-propulsão das despesas é enorme [...]. Mas se o multiplicador e o acelerador são baixos, o efeito-propulsão é relativamente pequeno e só se verifica nos primeiros períodos; é um efeito-propulsão a curto prazo'.

1.1.2 É este, fundamentalmente, o tratamento, pelo autor português, do tema da "interacção" do "multiplicador" e do "acelerador" pelo menos desde há quarenta anos [6], sempre com base naquele par de «exemplos numéricos» para os quais, com efeito, "as contas já foram feitas", e foram publicadas há hoje, exactamente, cinquenta e oito anos.

---

[6] Na realidade, quanto a este ponto e seu contexto, ao longo do registo escrito do ensino oral de Teixeira Ribeiro só se verificaram pequenas alterações, e uma só delas de substância. Assim, a expressão «efeito *propulsor*» ainda consta da 3ª ed. impressa, de 1989, p 386, só vindo a ser substituída por «efeito-*propulsão*» a partir da ed. seguinte, de 1991, p 394. Quanto ao aspecto sistemático, com a 2ª ed. impressa (1984), o estudo das '*Despesas públicas e Rendimento Nacional*', em que o tema se insere, passou da *Parte II* ('*Despesas públicas*'), de que constava desde 1957, para uma última *Parte V*, intitulada '*Políticas financeiras*' e adicionada à *Parte IV* ('*Receitas públicas*' efectivas), para regressar à *Parte II* com a 5ª ed. (1995). Substancialmente, a alteração de maior vulto neste contexto foi a supressão de um § 18, sobre a '*A política do fomento financeiro (Pump-priming)*', que se seguia ao § 17 ('*A política das despesas compensadoras*') e já constava das lições de 1957, supressão essa que veio a ter lugar na passagem da última versão policopiada das lições de *Finanças*, de 1974, para a 1ª ed. impressa, de 1977.

Posto o que urgia, *sobre tudo*, ao retomar o tema, *repor tudo em questão*, pois também eu, tal como um velho e sábio lente canonista de Coimbra, "nunca jurei nas *palavras* [nem nos *números*!] de alguém" ([7]).

Como escreveu Teixeira Ribeiro no primeiro passo aqui reproduzido, "podíamos prosseguir nas contas, através dos sucessivos períodos. Mas como elas seriam cada vez mais complicadas, e já foram feitas, o melhor é apresentar os resultados a que se chegou". Porém, as «contas» não estão certas; e os «resultados», consequentemente, também não.

É claro que a circunstância não tem qualquer resquício de relevo teórico, e os poucos lapsos e erros de contas cometidos pelo então jovem Samuelson há bem mais de meio século são quase irrelevantes, e são, por certo, muito compreensíveis nas circunstâncias de tempo e modo em que então escreveu ([8]); por outro lado, trata-se de erros muito

---

([7]) Sem que eu pudesse (nem pretendesse) jactar-me de inflexibilidade na guarda de um segundo imperativo de *razão prática* que se segue ao primeiro, e tomando distância no respeitante a uma professa e insossa «moderação», peculiarmente a carácter do autor... Aqui se deixa, por isso mesmo, este pequeno passo das, na verdade (no dizer de Merêa), "preciosas memórias" de Trigoso: 'As maximas ultramontanas dos meus Mestres não fizeram em mim grande impressão, e muito menos estrago; para isso me valeram as doutrinas do segundo anno explicadas por Lentes que tinham outros gostos de estudos, e sobretudo me valeu a lição aturada das obras do Padre António Pereira de Figueiredo, da qual tinha tirado muito fructo. D'este modo corrigi os excessos que ás vezes ouvia nas aulas do terceiro anno, assim como as doutrinas d'estes Mestres corrigiam os excessos que encontrava na lição dos publicistas modernos, a que já então, e depois d'este tempo me applicava: e assim nunca jurei nas palavras de alguem, e nunca segui exclusivamente partido algum' (TRIGOSO 1933, cap. II, pp 29-30).

([8]) Sobre a maneira, forçosamente artesanal e quase *penitencial*, de «fazer contas» na época em que P. A. Samuelson elaborou o seu indubitavelmente "brilhante artigo", a evocação mais viva que me recordo de ter visto (e ouvido) é a do seu contemporâneo Milton Friedman, no programa televisivo de propaganda apaixonada do seu estremecido

12   *Do "Oscilador de Samuelson" ao Espectáculo da "Propulsão"*

«manhosos» e bem dissimulados, sempre a coberto da *tendência* geral ('*trend*', *hoc sensu*) que os «números» que os transportam pretendem ilustrar. A sua correcção constitui, todavia, um

«capitalismo puro e duro» de rosto ou máscara «neoliberal», intitulado '*Free to choose*'. M. F. apresentou então ao público um exemplar de calculadora manual *mecânica*, de reduzida capacidade, gémeo daquele que ele mesmo adquirira em 2ª mão, quando estudante, por preço elevadíssimo, em gritante contraste com as actuais calculadoras *electrónicas* portáteis, hoje ao alcance de toda a gente por menos de meia dúzia de contos, com um enorme potencial de cálculo automático quase instantâneo, as mais modernas delas directamente alimentadas por energia solar, praticamente sem desgaste mecânico, de duração praticamente ilimitada! E o então jovem Samuelson teve de trabalhar, por certo, então «à antiga (e *actual!*) portuguesa», desajudado da '*editorial*' e '*research* assistance' (e até, talvez, da '*financial aid*') que, anos mais tarde, teria ao seu inteiro dispor de forma sistemática, e que explica muito da sua portentosa actividade posterior de insofrível polígrafo, que levaria uma dupla de editores dos seus *Collected scientific writings*, exactamente há vinte anos, a este desabafo: 'In the year in which we worked on this volume, Professor Samuelson, as usual, wrote an imense amount. We must confess that it was a difficult task to keep up with his rate of production' (Hiroaki Nagatani & Kate Crowley, fim do pref° dos eds. ao vol IV de *The collected scientific papers of Paul A. Samuelson*, datado de '*June 1977*'). O que já se não compreende lá muito é que a brilhante peça que é SAMUELSON 1939a se tenha visto reproduzida, por várias vezes, quer em inglês (como no caso dos já referidos *Readings*, i. e., HABERLER & al. 1944, e do aqui referido vol. II dos seus *Collected scientific papers*, i. e., SAMUELSON 1977), quer traduzida (como é o caso da tradução castelhana nos *Ensayos sobre el ciclo economico*, de 1946, citada por JACINTO NUNES 1961), sem que, quer o autor, quer os seus «editores», quer a por certo enorme massa dos (ou *das*) «assistentes» ao seu inteiro dispor, tivessem tido a caridade de refazer e corrigir as contas... Os variados erros e gralhas que florescem no "Quadro 2" de SAMUELSON 1939a foram, ainda, *erradamente* reproduzidos em HANSEN 1941, cap. XXII, *enquanto "Quadro XXV": erradamente*, visto que o novo quadro *reproduz* o primeiro com a adjunção de nova gralha, referente agora ao rendimento do período nono do «exemplo numérico» (com $\alpha = 0,8$ e $\beta = 4$) da última coluna, realmente fatídica: concretamente, com '12,211.1216' pelo originário '12,241.1216' (i. e., com 30 000 *a menos!*). Uma outra gralha que surpreenderemos já em seguida nidificando *imperativo categórico* de ordem didáctica. Como é sabido, disse Pessoa: "Abomino a mentira: é uma inexactidão"; por mim, mais chãmente e *sans blage*, detesto a inexactidão, tanto mais quanto é certo que ela aqui se insinua numa peça didáctica proveniente de uma luta de sempre pelo *rigor*.

Há, pois, que os corrigir.

1.2 Começarei, é claro, por ambos os «exemplos numéricos» (2º e 4º) do referido "Quadro 2" (*'Table* 2'), da p 77 I de SAMUELSON 1939a, utilizados por Teixeira Ribeiro, expondo os resultados a que cheguei, também por «iteração», para os *dez* primeiros períodos no quadro que se segue, em que erros e emendas, para os *nove* primeiros períodos das «contas» de Samuelson, se destacam a negro ([9]):

Dois «exemplos numéricos» de "Interacção" do "Quadro 2" de Samuelson:

Períodos	$\alpha=0{,}5 \; ; \; \beta=2$		$\alpha=0{,}8 \; ; \; \beta=4$	
	P.A.S. 1939	*A.A.* 1998	*P.A.S.* 1939	*A.A.* 1998
1	1	1	1	1
2	2,5	2,5	5	5
3	3,75	3,75	17,8	17,8
4	4,125	4,125	56,2	56,2
5	3,4375	3,4375	**169,84**	**168,84**
6	2,0313	2,0313	**500,52**	**496,52**
7	**0,9141**	**0,6094**	**1 459,592**	**1 446,792**
8	− 0,1172	− 0,1172	**4 227,704**	**4 199,304**
9	0,2148	0,2148	**12 241,1216**	**12 168,4816**
10	....	1,4395	....	35 237,1536
....		....	....	....

(em «unidades monetárias» de despesa-compra do governo,
com arredondamento às décimas milésimas)

no período sete do segundo «exemplo numérico», aliás crucial, de SAMUELSON 1939a (com α = 0,5 e β = 2), será, contudo, exterminada, por esse mesmo autor, uma década mais tarde, usando '6.09' = 10 × 0,609 naquela posição, em vez dos enganados '0.9141' originários: cf HANSEN 1951, "Quadro XXI" (p178, para 17 períodos, com valores aliás calculados com larga margem de aproximação), aliás acompanhado (aliás, antecedido: na p 177) por um «gráfico de linhas» elaborado sobre esses mesmos dados, em tudo condizente (como seria, obviamente, de esperar!) com o «gráfico de fitas» da Figura 3 do presente trabalho.

([9]) Curiosamente, em nota ao resultado do "período 6" do primeiro dentre os quatro «exemplos numéricos» que constam desse quadro, o

Como é patente e se notou, ambos os erros são errinhos «perversos», posto que se rebuçam, «manhosamente», no seio ou envolvente da *tendência* notória seguida pelos termos da sucessão. Porém, a sua natureza é de índole bem diversa: enquanto o erro referente ao "período 7" do primeiro dos «exemplos» é um puro *erro de imprensa* ('*misprint*' ou «gralha»), que não afecta os (dois) passos seguintes da "iteração", já o erro surgido no "período 5" do outro «exemplo», muito «modesto», embora, na aparência —visto tratar-se apenas de *uma unidade...*; ou do seu *cêntuplo*, com 'A' = 100...—, é um *erro próprio* e um insigne «erro de contas», que vai reproduzir-se *multiplicada* e *aceleradamente* (digamos, neste caso, que «propulsada», «propulsionadamente»...) no interior do *mecanismo* de «interacção *explosiva*» (digamos, pois, de «*propulsão*») em que logrou insinuar-se! Tudo sucede, pois, exactamente como se, a par da acumulação «legítima» ou «*legal*» (quase em sentido *brasileiro*: segundo a *lei* de *acumulação* que preside ao modelo), nos termos da *equação de recorrência* que se define para a nossa «família»,

$$Y_t = 1 + \alpha (1 + \beta) Y_{t-1} - \alpha\beta Y_{t-2},$$

tivesse surgido outra, agora «clandestina», «ΔY_t», a «somar-se» à primeira,

$$«\Delta Y_1» = 1 = 169,84 - 168,84,$$

que irá «*propulsionar-se*» inteiramente «*fora da lei*»; ou, em certo sentido, embora clandestinamente, *segundo a lei* da *versão*

---

autor precisa que arredondou as contas "para quatro casas decimais" desta maneira inesperada e comprometedora: 'Table is *correct* to four decimal places' (*grifei*; querendo, visivelmente, dizer '*exact*'...)!

homogénea da equação de recorrência que constitui a expressão analítica do modelo de interacção em que se insinuou: como veremos,

$$y_t = \alpha (1 + \beta) y_{t-1} - \alpha\beta y_{t-2}.$$

Na realidade, $169,84 - 168,84 = 1$ «unidade monetária», surgida *a mais* após o "período 4" (o novo «período 0» da nova e indesejada "interacção", para novo «Y_0» $= 0$), no "período 5" (o novo «período 1», com $\alpha (1 + \beta) Y_{t-1} = \alpha\beta Y_{t-2} = 0$, para novo «$Y_1$» $= 1$) —talvez devido a casual «dupla contagem» de $g = 1$...—, surge logo a seguir *aritmeticamente* «multiplicada» por $\alpha (1 + \beta) Y_{t-1} = 4$ —com $\alpha\beta Y_{t-2} = 0$ para o (novo) «período zero», «Y_0» $= 0$—, de modo a dar origem a *mais* 4 «unidades monetárias» do que o devido,

$$\text{«}\Delta Y_2\text{»} = \alpha (1 + \beta) = 4 = 500,52 - 496,52,$$

no "período 6" (o novo «período 2»), sendo, em seguida, «multiplicada» pela *diferença* $4 \alpha (1 + \beta) - \alpha\beta$, em termos de

$$\begin{aligned} \text{«}\Delta Y_3\text{»} &= 4 \alpha (1 + \beta) - \alpha\beta = 16 - 3,2 = 12,8 = \\ &= 1\,459,\,592 - 1\,446,\,792, \end{aligned}$$

que se *devia* «multiplicar», no "período 8" (o novo «período 4»), de modo a dar

$$\text{«}\Delta Y_4\text{»} = 12,8 \, \alpha (1 + \beta) - 4 \, \alpha\beta = 51,2 - 12,8 = 38,4,$$

mas que, por novo erro («$\Delta'Y_4$»), vai dar, agora, menos *uma dezena*, ou seja uma *diferença* de

$$\text{«}\Delta'Y_4\text{»} = 12\,241,\,1216 - 12\,168,\,4816 = 28,4;$$

tomando, pois, em conta o novo erro (outro visível puro «erro de contas»; agora, um erro de *subtracção*), obtemos, *«finalmente»* (e *«finalmente»* só por aí terem *findado* as contas de Samuelson!), no "período 9" (o novo «período 5»),

$$«\Delta'Y_5» = 28,4\,\alpha\,(1 + \beta) - 12,8\,\alpha\beta = 113,6 - 40,96 =$$
$$= 72,64 = 12\,241,1216 - 12\,168,4816.$$

Passando, agora, aos resultados certos dos cinco «exemplos numéricos» do "Quadro 2" de Samuelson para valores *críticos* de α e de β, para *dez* períodos (e não apenas para os *nove* em que o humor algo perverso do autor quando jovem o terá conduzido a deter-se...), teremos, sem outros «erros e omissões», os números seguintes:

Cinco «exemplos numéricos» de "Interacção" ("Quadro 1" e "Quadro 2" de Samuelson)

Períodos	$\alpha = 0,5$ $\beta = 0$	$\alpha = 0,5$ $\beta = 1$	$\alpha = 0,5$ $\beta = 2$	$\alpha = 0,6$ $\beta = 2$	$\alpha = 0,8$ $\beta = 4$
1	1	1	1	1	1
2	1,5	2	2,5	2,8	5
3	1,75	2,5	3,75	4.84	17,8
4	1,875	2,5	4,125	6,352	56,2
5	1,9375	2,25	3,4375	6,6256	168,84
6	1,9688	2	2,0313	5,3037	496,52
7	1,9844	1,875	0,6094	2,5959	1 446,792
8	1,9922	1,875	− 0,1172	− 0,6918	4 199,304
9	1,9961	1,9375	0,2148	− 3,3603	12 168,4816
10	1,998	2	1,4395	− 4,2184	35 237,1536 ....

(em «unidades monetárias» de despesa-compra do governo,
com arredondamento às décimas milésimas)

1.3.1 Este o começo desta história, a que o melhor será fazer seguir imediatamente o primeiro dos excertos de Teixeira Ribeiro já aqui registados (com omissão, ainda, de ambos os quadros, e agora com o número «1 224 112» já corrigido para '[1 216 848]'), em que o autor nos convida a "assistir" (palavras suas, como vimos) ao *espectáculo da* *«propulsão»*, expondo, verbalmente, o desenvolvimento dos três primeiros períodos do 2° «exemplo numérico» do "Quadro 2" de SAMUELSON 1939a, e um quadro numérico o mais possível a condizer, também aqui já aludido:

'Admitamos [...] que se verifica um aumento de 100 no investimento, e que esse aumento se renova em todos os períodos.

Ora, se o investimento aumenta de 100 no período *1*, o rendimento nacional aumenta igualmente de 100. Mas, no período *2*, o rendimento vai aumentar: de 80 (consumo derivado do aumento de investimento no período *1*); de 80 × 4 = 320 (investimento acelerado pelo aumento de consumo no período *2*); de 100 (renovação do aumento de investimento no período *2*); vai aumentar, portanto, de 80 + 320 + 100 = 500.

No período *3*, o rendimento será muito maior. Será de: 64 (consumo derivado do aumento de investimento no período *1*); mais 256 (consumo derivado do investimento acelerado no período *2*); mais 80 (consumo derivado da renovação do aumento de investimento no período *2*) mais 320 × 4 = 1 280 (investimento acelerado pelo aumento de consumo no período *3*; na verdade, o consumo aumenta no período *3* de 54 + 256 = 320); mais 100 (renovação do aumento de investimento no período *3*). O que tudo perfaz um rendimento de 1 780.

Podíamos prosseguir nas contas, através dos sucessivos períodos. Mas como elas seriam cada vez mais complicadas, e já foram feitas, o melhor é apresentar os resultados a que se chegou': [Quadro 1].

Aqui temos o efeito-propulsão de um investimento autónomo de 100, renovado em todos os períodos, quando a propensão marginal ao consumo é de 8/10 e o coeficiente de aceleração é de 4. Como se vê, é um efeito-propulsão explosivo, pois o rendimento, no nono período, será mais [1 216 848] que no período *0* '.

(TEIXEIRA RIBEIRO 1995, § 15.*d)*, pp 169-72)

1.3.2 Na sequência imediata deste texto notável, em que o autor atinge, por ventura, os limites da susceptibilidade de *verbalização* de uma *exposição* dos resultados dos infinitos passos de um *mecanismo matemático* de *cálculo por iteração*, conseguindo chegar *até àquele (terceiro) ponto* — último susceptível, ao que suponho, de tratamento em *linguagem verbal*—, nada melhor, portanto, que introduzir, agora, os resultados (agora *certos*!) obtidos por Carlos Laranjeiro numa *folha de cálculo* em que ele introduziu uma *rotina* para reproduzir e "prosseguir", como escreveu, "o *raciocínio* do Doutor Teixeira Ribeiro" pelos adequados meios informáticos. Essa *rotina* está *esquematizada* nos próprios cabeçalhos das oito colunas em C. L. *desagregou* os resultados *globais* dos quatro «exemplos numéricos» do "Quadro 2" de SAMUELSON 1939a, com os *«valores acumulados»* das 6 últimas delas, para os 10 primeiros de um *qualquer número* de *períodos*, de '0' a '*n*'; está-o, contudo, na «linguagem de *acesso*», um nível *intermédio* (precisamente!) entre a linguagem *verbal* daquele «raciocínio» e a linguagem *binária de que se* servem (*com que nos* servem?) os *idiots-savants* maravilhosos que são os actuais *meios* de *cálculo automático* a que se recorreu, pelo que carecemos de a *racionalizar* nos *termos matemáticos* da *inteligência natural* própria dos seres humanos...

À parte as 2 primeiras colunas — contendo o *ordinal* dos vários *passos* (no caso, 10), sob a rubrica (1) '*Periodos*' $\equiv t$, e a *unidade* de «investimento autónomo», sob a rubrica (2) '*Inv. autonomo*' $\equiv g_t \equiv g = 1$ (aritmeticamente «não acumuláveis» de per si, como é óbvio)—, aos «valores acumulados» nas outras 6 correspondem as seguintes *expressões analíticas*, para *valores absolutos* das respectivas *funções* de *t* (as *componentes* e a *total*):

(3) *"Consumo derivado do investimento autónomo"*:
$$(\alpha - \alpha^t)\,(1 - \alpha)^{-1}\;(^{10});$$

(4) *"Consumo derivado do investimento induzido"*:
$$\alpha\,Y_{t-1} - (\alpha - \alpha^t)\,(1 - \alpha)^{-1};$$

(5) *"Consumo total"*:
$$C_t = \alpha\,Y_{t-1};$$

(6) *"Aumento de consumo"*:
$$C_t - C_{t-1} = \alpha\,(Y_{t-1} - Y_{t-2});$$

(7) *"Investimento induzido"*:
$$\beta\,(C_t - C_{t-1}) = \alpha\beta\,(Y_{t-1} - - Y_{t-2});$$

(8) *"Rendimento"*:
$$Y_t = 1 + C_t + \beta\,(C_t - C_{t-1}) = = 1 + \alpha\,Y_{t-1} + \alpha\beta\,(Y_{t-1} - Y_{t-2}).$$

Segue imediatamente o quadro:

(^{10}) A *função* $(\alpha - \alpha^t)\,(1 - \alpha)^{-1}$ de t equivale a $\ddot{Y}_t = (1 - \alpha^t)$ $(1 - \alpha)^{-1} - 1$, a *diferença aritmética* entre a *solução contínua* do primeiro dos cinco «exemplos numéricos» do "Quadro 2" de SAMUELSON 1939a (que surgirá aqui mais tarde, no § 3.3.1.**1**) e o *diminuendo* 1. Esse primeiro «exemplo», com ($\alpha = 0{,}5$ e) $\beta = 0$ (*sem acelerador*, portanto), de *expressão analítica* $Y_t = 1 + \alpha\,Y_{t-1}$ e *solução contínua* $\ddot{Y}_t = (1 - \alpha^t)$ $(1 - \alpha)^{-1}$, está, aliás, estreitamente conexionado com a forma $\ddot{y}_t = = \ddot{Y}_t - \ddot{Y}_{t-1} = \alpha^{t-1}$ de uma *equação de recorrência* também linear e de 1ª ordem, mas homogénea (sem termo independente), a que retornaremos no § 4.3.1 e no § 1.3.2.1 do *Apêndice I*. Do facto de não ser possível tratar conjuntamente *equações de recorrência* de *1ª* e de *2ª ordem* neste processo de *iteração* — posto que a (única) *condição inicial* das primeiras é incompatível com o *par de condições iniciais* das segundas — deriva o carácter *híbrido*, ao que parece inevitável, do actual elenco de encabeça-mentos (patente, sobretudo, no *item* 4), que, aliás, parece aqui dar teste-munho sobre os limites *essenciais* do *discurso verbal* para verter o *decurso* destes *processos*, por ele residir insuperavelmente aquém da necessária passagem ao *contínuo*.

(1) Pe-rio dos	(2) Inv. auto-nomo	(3) Consumo derivado inv.aut. (2) x c	(4) Consumo derivado inv.ind. (6) x c	(5) Consumo total (3)+(4)	(6) Aumento de consumo	(7) Investi-mento induzido (6) x u	(8) Rendimento c= .5 u= 0 (2)+(5)+(7)
1	1	0	.00	.00	.00	.00	1
2	1	.5	.00	.50	.50	.00	1.5
3	1	.75	.00	.75	.25	.00	1.75
4	1	.875	.00	.88	.13	.00	1.875
5	1	.9375	.00	.94	.06	.00	1.9375
6	1	.96875	.00	.97	.03	.00	1.96875
7	1	.984375	.00	.98	.02	.00	1.984375
8	1	.9921875	.00	.99	.01	.00	1.9921875
9	1	.9960938	.00	1.00	.00	.00	1.99609375
10	1	.9980469	.00	1.00	.00	.00	1.998046875

(1) Pe-rio dos	(2) Inv. auto-nomo	(3) Consumo derivado inv.aut. (2) x c	(4) Consumo derivado inv.ind. (6) x c	(5) Consumo total (3)+(4)	(6) Aumento de consumo	(7) Investi-mento induzido (6) x u	(8) Rendimento c= .5 u= 2 (2)+(5)+(7)
1	1	0	.00	.00	.00	.00	1
2	1	.5	.00	.50	.50	1.00	2.5
3	1	.75	.50	1.25	.75	1.50	3.75
4	1	.875	1.00	1.88	.63	1.25	4.125
5	1	.9375	1.13	2.06	.19	.38	3.4375
6	1	.96875	.75	1.72	-.34	-.69	2.03125
7	1	.984375	.03	1.02	-.70	-1.41	.609375
8	1	.9921875	-.69	.30	-.71	-1.42	-.1171875
9	1	.9960938	-1.05	-.06	-.36	-.73	.21484375
10	1	.9980469	-.89	.11	.17	.33	1.439453125

(1) Pe-rio dos	(2) Inv. auto-nomo	(3) Consumo derivado inv.aut. (2) x c	(4) Consumo derivado inv.ind. (6) x c	(5) Consumo total (3)+(4)	(6) Aumento de consumo	(7) Investi-mento induzido (6) x u	(8) Rendimento c= .6 u= 2 (2)+(5)+(7)
1	1	0	.00	.00	.00	.00	1
2	1	.6	.00	.60	.60	1.20	2.8
3	1	.96	.72	1.68	1.08	2.16	4.84
4	1	1.176	1.73	2.90	1.22	2.45	6.352
5	1	1.3056	2.51	3.81	.91	1.81	6.6256
6	1	1.38336	2.59	3.98	.16	.33	5.30368
7	1	1.430016	1.75	3.18	-.79	-1.59	2.595904
8	1	1.458010	.10	1.56	-1.62	-3.25	-.6917888
9	1	1.474806	-1.89	-.42	-1.97	-3.95	-3.36030464
10	1	1.484883	-3.50	-2.02	-1.60	-3.20	-4.21840179

(1) Pe-rio dos	(2) Inv. auto-nomo	(3) Consumo derivado inv.aut. (2) x c	(4) Consumo derivado inv.ind. (6) x c	(5) Consumo total (3)+(4)	(6) Aumento de consumo	(7) Investi-mento induzido (6) x u	(8) Rendimento c= .8 u= 4 (2)+(5)+(7)
1	1	0	.00	.00	.00	.00	1
2	1	.8	.00	.80	.80	3.20	5
3	1	1.44	2.56	4.00	3.20	12.80	17.8
4	1	1.952	12.29	14.24	10.24	40.96	56.2
5	1	2.3616	42.60	44.96	30.72	122.88	168.84
6	1	2.68928	132.38	135.07	90.11	360.45	496.52
7	1	2.951424	394.26	397.22	262.14	1048.58	1446.792
8	1	3.161139	1154.27	1157.43	760.22	3040.87	4199.304
9	1	3.328911	3356.11	3359.44	2202.01	8808.04	12168.4816
10	1	3.463129	9731.32	9734.79	6375.34	25501.37	35237.1536

1.3.3 Como é patente, no entanto, C. L. apenas procedeu à «informatização» dos quatro «exemplos numéricos» de rendimento do período *corrente*, Y_t, constantes do "Quadro

2" de Samuelson («exemplos numéricos» **1** e **3** a **5**, para os numerar segundo a ordem crescente dos valores dos parâmetros α e β que compõem os *coeficientes originários* dos *termos de rendimento* dos períodos *último* e *penúltimo*, Y_{t-1} e Y_{t-2}), pelo que ocorre completar a presente sinopse com o seguinte *sucedâneo*: a «ampliação» (para os primeiros vinte e dois «períodos») do "Quadro 1" de Samuelson, agora encabeçado com as formas algébricas das componentes da *equação de recorrência* sobre que versa a *iteração*, a traduzir os cabeçalhos originais ([11]):

**Oscilação cíclica *convergente*
("Ampliação" do "Quadro 1" de SAMUELSON):**
$(\alpha = 0,5; \beta = 1)$

t	g	$+ \ 0,5 \, Y_{t-1}$	$+ \ 0,5 \, (Y_{t-1} - Y_{t-2})$	$= \ Y_t$
1	1	0	**0**	1
2	1	0,5	0,5	**2**
3	1	**1**	0,5	2,5
4	1	1,25	0,25	2,5
5	1	1,25	**0**	2,25
6	1	1,125	−0,125	**2**
7	1	**1**	−0,125	1,875
8	1	0,9375	−0,0625	1,875
9	1	0,9375	**0**	1,9375
10	1	0,96875	0,03125	**2**
11	1	**1**	0,03125	2,03125
12	1	1,015625	0,015625	2,03125
13	1	1,015625	**0**	2,015625
14	1	1,0078125	−0,0078125	**2**
15	1	**1**	−0,0078125	1,9921875
16	1	0,9909375	−0,00390625	1,9921875
17	1	0,9909375	**0**	1,99609375
18	1	0,998046875	0,001953125	**2**
19	1	**1**	0,001953125	2,001953125
20	1	1,0009765625	0,0009765625	2,001953125
21	1	1,0009765625	**0**	2,0009765625
22	1	1,00048828125	−0,00048828125	**2**
....	....	....	....	....

(em «unidades monetárias» de despesa-compra do governo; valores *exactos*)

([11]) Os cabeçalhos originais («literários») de Samuelson são os

1.4 Com estes *números*, que constituem *factos* quase sem *argumentos*, fica, pois, *in itineri*, cumprida a parte *factual* do actual *itinerário*. Resta, *contudo*, ainda *quase tudo*: do "comentário ao artigo de Samuelson", solicitado ou sugerido por Teixeira Ribeiro, à questão de didáctica, anteriormente suscitada por Jacinto Nunes. Para o efeito, dar-se-á conta, em síntese, no § 3, da estrutura lógica do modelo de Samuelson, após algumas considerações sobre a sua eclosão, no § 2. Para, depois, no § 4, ponderar esses resultados e, finalmente, no § 5, tirar algumas conclusões.

---

seguintes: '*Periods*'; '*Current governmental expenditure*'; '*Current consumption induced by previous expenditure*'; '*Current private investment proportional to time increase in consumption*'; '*Total national income*'. Como é patente, tão expeditas indicações não estão *à margem* (muito menos, *acima*) de *alguma* discussão...

2. 'The background of his thinking'

2.1 O problema

Os aludidos *"fundamentos* teóricos do tratamento do *problema"* (ver o § 0.1) redundam na *combinação* de dois operadores da então renovada análise *macro*-económica, o *«multiplicador»* e o *«acelerador»*, a pôr em *interacção* num único modelo que conjugasse os seus *efeitos* sobre o *rendimento*: quanto ao *primeiro*, do aumento do *rendimento* por via do *investimento* através do *consumo*; quanto ao *segundo*, do aumento do *rendimento* por via do *consumo* através do *investimento*.

O tempo é esse mesmo, durante e após a «grande depressão» de 1929-34 ([12]), que eclodiu como estrondosa «falsificação» da velha *'loi des débouchés'*, vulgarizada por J. B. Say, e despertou, de novo, a atenção de alguns para os clássicos e Marx, como veremos já; e os *ciclos* económicos sucediam-se, então, com regularidade quase mecânica, com duas «fases» ou *hemiciclos* de semelhante duração, entre seis e doze anos ([13]), como resulta, p. ex°, dos dados sobre os ciclos da

---

([12]) Mais propriamente — ou em termos mais *imediatos* —, serviram de «detonador» (ou «catalisador») da atenção então prestada à "nova análise keynesiana do rendimento" e aos temas e problemas com ela conexionados (nomeadamente, a teoria dos ciclos económicos e os novos *agenda* estaduais), a realidade da «grande depressão» (e do *'New Deal'* roosveltiano) e a da sua indesejada sequência imediata: 'Around 1938 [...], Hansen's major task was to analize the 1937-38 recession. It was inevitable, therefore, that he should try to "dynamize" such Keynesian models as, say, that in Lange's 1938 "The Rate of Interest and the Optimum Propensity to Consume." ' (SAMUELSON 1959, p 183).

([13]) Trata-se, pois, de uma realidade estrutural e endógena ao próprio modo de produção, com o correr dos tempos cada vez mais

construção civil segundo uma tabela patenteada pelo próprio Alvin Hansen no início da sua obra *Fiscal policy and business*

conspícua, e insusceptível de ser *ignorada* (ver a nota anterior), sem revestir traço nenhum de *excepcionalidade* ou de *maravilhoso*. Convém, talvez, contudo, acentuar que não faltam exemplos de intervenções *ocasionais*, mas bem *visíveis* e sistemáticas, nestre domínio, do estado ou governo. Um exemplo venerável de *política financeira anticíclica* (também *conjuntural*; e também *permanente*; e também *estratégica*; e também *integrada*) é o do celebrado *Recipe* de Joseph ben Jacob ou José do Egipto, que, após ter decifrado, com agudeza quase freudiana (ou talvez junguiana...), ambos os sonhos do Faraó daquele tempo sobre espigas e vacas, gordas e magras, como constituindo «*um só*», propôs «*a* Faraó» uma *política financeira* simples mas eficaz: lançar um imposto *extraordinário, em espécie*, de 20% sobre o produto (agrícola) dos sete primeiros anos («de *vacas gordas*»), cuja *receita* global (0,2 × 7 = 1,4 ≡ 140% do produto anual médio daquela *fase* daquele *ciclo* bisseptenal) seria *consignada* ao financiamento dos preços *subsidiados* a praticar no segundo septénio, «de *vacas magras*», posto o que «Faraó» alcandorou aquele não reivindicado patrono ou padroeiro dos actuais *teóricos da política financeira* a nada menos que seu *ministro das finanças*! Segundo o *Génesis* (41.33-7; 41-2; 45; 53-4), *naquele tempo*, disse o sagaz José: 'Agora pois proveja o rei um varão industrioso, e o ponha por intendente da terra do Egipto: o qual estabeleça inspectores por todas as províncias: e, tomando a quinta parte dos frutos nos sete anos de fertilidade, os quais já estão sobre nós, a recolha em celeiros: e se guarde todo o trigo debaixo do poder de Faraó, e se reserve nas cidades: e se destine para a fome dos sete anos, que há-de oprimir o Egipto, e não se destrua a terra com a penúria. Agradou este conselho a Faraó, e a todos os seus ministros. [...] E disse mais Faraó a José: Eis aí te constituí eu superintendente de todo o Egipto. E tirou o anel da sua mão e meteu-o na mão dele: e lhe vestiu uma opa de linho fino, e lhe pôs à roda do pescoço um colar de ouro [...]. Mudou-lhe também o seu nome, e chamou-lhe, na língua egípcia, Salvador do Mundo [...]. Passados pois os sete anos da abundância, que houvera no Egipto, começaram a vir os sete anos de penúria que José prognosticara; e em toda a terra do Egipto havia pão'. É claro que, entre este nosso e aquele tempo — para além do *acerto* josefino do vaticínio (não, obviamente, *diagnóstico*...) e da *terapia*, ambos *maravilhosos*... —, a diferença conspícua reside na *excepcionalidade* da situação, e é a que vai da «*estagnação*» quase *linear* conatural às

cycles, de 1941 ([14]), que aqui se reproduz:

"Os períodos dos ciclos da construção civil nos últimos cem anos"

Ciclos:	Baixos	[Duração]	Altos	[Duração]	Baixos
1°	1830	6	1836	7	1843
2°	1843	10	1853	11	1864
3°	1864	7	1871	7	1878
4°	1878	12	1890	10	1900
5°	1900	9	1909	9	1918
6°	1918	7	1925	9	1934 .

É esse o tempo, pois, de tomar consciência de uma dualidade de paradigmas no seio da análise económica, e da necessidade de optar por um deles, uma vez que se impunha elaborar agora uma teoria dos ciclos económicos, quer por si mesma (como, digamos, *'ars gratia artis'*), quer como base de uma política «anticíclica» (de «estabilização» e «redistribuição»), consoante os óbvios novos *agenda*. Segundo uma importante síntese referente aos E. U. A. —sabidamente o epicentro do terramoto, o laboratório principal da produção teórica e o teatro da controvérsia que se seguiu à terapia adoptada—,

> 'The history of that period must [...] be in the forefront of the minds of those concerned with governmental policies to forestall depressions in the future. [...] It is evident from the political history of the thirties that the United States was no longer prepared to tolerate the privations of a serious depression in the traditional and "capitalist" way. The verdict of the electorate in 1932 testifies to this and the election of

---

sociedades agropecuárias tradicionais à manifesta *ciclotimia* do andamento do produto da sociedade industrial e após-industrial.

([14]) Cf HANSEN 1941, cap. 1, p 23, "Quadro 1", que aqui se deixa reproduzido com a adjunção, entre colchetes, da «duração», em anos, de ambas as «fases» de cada um dos ciclos.

> 1936 even more so. [...] But more than relief and recovery
> were at issue. Social and economic reform — in particular,
> social security, recognition of the rising political power of
> labor, and redistribution of income and economic power —
> could no longer be delayed.'
>
> (Smithies 1946, '*Introduction*', p 47).

Este, portanto, um tempo de que ficaram testemunhos de uma tomada de consciência sobre a referida necessidade, talvez nenhum tão precioso e temporão como o de Ragnar Frisch (quase todo o final do § 1, '*Introduction*', a que se segue imediatamente o § 2, intitulado, por alusão literal ao seu antecedente mais célebre e mais remoto, François Quesnay, nada mais nada menos que '*Le tableau économique*' (*du monde*), enunciando, além do mais, uma razão metodológica, talvez definitiva, da sua espécie de modelos, e estabelecendo, ainda, todo um novo e imenso programa de investigação ([15]):

> 'When we approach the study of business cycle with
> the intention of carrying through an analysis that is truely

---

([15]) É claro que também esta (tal como qualquer outra) proposição metodológica está fatalmente *datada* — concreta e literalmente, de há sessenta e quatro anos... —, o que é visível em certos promenores, alguns talvez irrelevantes (como é o caso da preocupação do autor em «contar equações» e «incógnitas», questão posteriormente superada por v. Neumann, Leontief, J. T. Schwartz, etc.), e em alguns pontos posteriormente revelados como cruciais, nomeadamente: (1) é, obviamente, erróneo designar como "secções" ou "subsistemas" (de um "sistema" *global*) peças avulsas de «análise *micro*económica» desde o início portadoras de uma lógica própria, aliás *também global* e, em princípio, irredutível à lógica própria da análise *macro*económica: recordar a "falácia da composição" keynesiana e os seus múltiplos exemplos típicos (Keynes, Hansen, Robinson; cf, ainda, p. ex°, Almeida 1989a, § II.2); (2) é inteiramente vazia de sentido a remissão, para um alegado mero problema de construção de «números índices», da «solução» do problema da «medida do capital» (Sraffa, Robinson).

dynamic and determinate [...], we are naturally led to distinguish between two types of analyses: the micro-dynamic and the macro-dynamic types. The micro-dynamic analysis is an analysis by which we try to explain in some detail the behaviour of a certain section of the huge economic mechanism, taking for granted that certain general parameters are given. Obviously it may well be that we obtain more or less cyclical fluctuations in such sub-systems, even though the general parameters are given. The essence of this type of analysis is to show the details of the evolution of a given specific market, the behaviour of a given type of consumers, and so on. The macro-dynamic analysis, on the other hand, tries to give an account of the economic fluctuations of the whole economic system taken in its entirety. Obviously in this case it is impossible to carry through the analysis in great detail. Of course, it is always possible to give even a macro--analysis in detail if we confine ourselves to a purely *formal* theory. Indeed, it is always possible by a suitable system of subscripts and superscripts, etc., to introduce practically all factors which we may imagine: all individual commodities, all individual entrepreneurs, all individual consumers, etc., and to write out various kinds of relationships between these magnitudes, taking care that the number of equations is equal to the number of variables. Such a theory, however, only have a rather limited interest. In such a theory it would hardly be possible to study such fundamental problems as the *exact time shape* of the solutions, the question of whether one group of phenomena is lagging behind or leading before another group, the question of whether one part of the system will oscillate with higher amplitudes than another part, and so on. But these latter problems are just the essential problems in business cycle analysis. In order to attack these problems on a macro-dynamic basis so as to explain the movement of the system taken in its entirety, we must deliberately disregard a considerable amount of the details of the picture. We may perhaps start by throwing all kinds of production into a variable, all consumption into another, and so on, imagining that the notions "production," "consumption," and so on, can be measured by some sort of total indices. At present certain examples of micro-dynamic analysis have been worked out,

28 Do "Oscilador de Samuelson" ao Espectáculo da "Propulsão"

but as far as I know no determinate macro-dynamic analysis is yet to be found in the litterature [...]'.

(Frisch 1933, final do § 1, pp 172-3)

2.1.1 Quanto ao *primeiro* aspecto (*primeira* componente do novo *mecanismo*, ao menos no referente à *formalização*), trata-se, é claro, do hoje clássico "multiplicador *instantâneo de* rendimento", tal-qual J. M. Keynes o recolheu em R. F. Kahn e explorou em 1936 ([16]). E o mecanismo é muito simples e fácil de versar, aliás cabalmente, mesmo a *ageómetras* professos, sem a menor referência explícita ao seu tão execrado cálculo diferencial.

A isso vem, precisamente, o exemplo de «texto de apoio» ora em questão, com o seu tratamento *intuitivo* e *discreto* (ao menos no sentido *matemático* do termo...), feito a partir do desenvolvimento em série de potências inteiras de *c* (aliás, simplicíssimo; constando já do programa do penúltimo ano da escolaridade pré-universitária, para os que têm a fortuna de aprender matemática elementar até ao «fim»...), com um aceno para a demonstração e a explicação *possível* de como $\Delta\,C\,/\Delta\,Y$ é necessariamente igual a C/Y no "multiplicador *instantâneo*" (ou "intemporal"), que creio valer a pena reproduzir aqui, acompanhada do fim da história que

---

([16]) Cf Kahn 1931, secção XI, expressão (2), apenas sendo de notar que R. F. Kahn tratou, especificamente — *caracteristicamente*, dado o tempo e o modo: o autor escrevia em 1931, e abria assim: 'The case for "public works" has often been discussed [...]'... —, do "multiplicador de *emprego*" (do "emprego *primário*" em "emprego *secundário*"); Keynes 1936 insere o tratamento do tema especialmente no § 10.1, pp 114-5, creditando-o a Kahn (cf Keynes 1936, *ad ind.*, *s. voc.* 'Kahn') e focando as (bem ténues) diferenças (especialmente em 10.2). Kahn, por seu turno, tinha, por certo, em mente Clark 1917, já então em trânsito para Clark 1935 (*Economics of planning public works*), cujo "*programa*" e cujo *credo* se podem logo deduzir das seguintes rubricas: I.D ('*Public works as an antidote to depressions*') e VI.C ('*Expansion without contraction*').

costumo contar, omitida no «texto»; começando por expor («razoadamente», como é óbvio!) duas cadeias *paralelas* de definições e relações *discretas*, e implicações elementares (em notação bem conhecida), *scilicet*,

$$Y = C + I \Rightarrow C/Y + I/Y = 1 \Rightarrow$$

$$C/Y = 1 - I/Y; \; I/Y = 1 - C/Y;$$

e

$$\Delta Y = \Delta C + \Delta I \Rightarrow \Delta C/\Delta Y + \Delta I/\Delta Y = 1 \Rightarrow$$

$$\Delta C/\Delta Y = 1 - \Delta I/\Delta Y; \; \Delta I/\Delta Y = 1 - \Delta C/\Delta Y,$$

passando a deduzir a fórmula do multiplicador à maneira *realista*, não «ideológica», de, p. ex°, Alvin H. HANSEN 1951 (§ 10 (.7), pp 159-60) e, entre nós, de SOUSA FRANCO 1992 (§ 5.13.*b*): cf o referido «texto de apoio», § 2.2); da maneira mais simples *em ambos os sentidos* (sem complexidades analíticas, aliás muitas vezes *inúteis*; e sem insinuar a etérea presença de algo como um «milagre da *multiplicação*», como aí mesmo se refere...), com

$$k \cdot \Delta I = \Delta Y \Rightarrow k = \Delta Y/\Delta I \Leftrightarrow k = [1 - (\Delta C/\Delta Y)]^{-1},$$

e acabando por *«mostrar»* — *«expor»*; *«explicitar»*; *«manifestar»*, como diria Wittgenstein; mas, nunca, «demonstrar»... — a *implicação*

$$C/Y = constante \Rightarrow \Delta C/\Delta Y = C/Y,$$

fazendo apelo, *verbalmente*, a uma experiência universal dos *estudantes* — é o que se passa na hipótese «intermédia» de alguém ter *sempre* a mesma *nota* em todas as cadeiras, caso esse em que a *«média* do curso» (ou «do ano»; ou da «época»...:

a «entidade *média*») é *sempre igual* à «*última* nota» (a «entidade *marginal*»); se não, para a «*média*» subir, é necessário que a «*última* nota» lhe seja *superior*; pelo contrário, se lhe for *inferior*, a «*média*» *diminui*—, para concluir, como se deixa ver, que o «multiplicador instantâneo de rendimento», pressupondo uma «propensão *marginal* a consumir» *constante*, e implicando a ocorrência de uma «propensão *média* a consumir» também *constante* e *igual à primeira*, pode exprimir-se por duas vias:

$$\Delta C/\Delta Y = C/Y \implies k = [1 - (\Delta C/\Delta Y)]^{-1} = [1 - (C/Y)]^{-1}.$$

Tendo, à partida, uma *função-consumo* do *rendimento* (referente, como é óbvio, ao *incremento do consumo* induzido por um *incremento inicial* ou *prévio do investimento*) suposta *linear*, destacando, em seguida, a expressão da derivada dC/dY (e o seu equivalente em termos de k) da conhecida fórmula do *multiplicador*, integrando, por fim, a primeira expressão em ordem ao rendimento Y [17], obtemos

$$k = (1 - dC/dY)^{-1} \implies dC/dY = (1 - k^{-1}) \implies$$
$$C = \int (1 - k^{-1}) \, dY = (1 - k^{-1}) \, Y + c = (dC/dY) \, Y + c.$$

Usualmente, a *"constante de integração"* '*c*' é interpretada como constituindo o «*termo de tendência*» ('*trend term*') da expressão analítica do consumo como função do rendimento

---

[17] Podemos, pois, no caso, *integrar* a expressão dC/dY em ordem a Y descurando a questão de um eventual consumo (ou /e de um investimento) *autónomo* e, até, de um eventual *investimento induzido*, sabidamente *não keynesiano*, uma vez que, no(s) primeiro(s) caso(s), se trataria de *constante(s)*, com uma (primeira) derivada em ordem ao rendimento necessariamente *nula*, e uma (outra) vez que, no respeitante a uma eventual *função-investimento* do *rendimento*, apenas haveria que substituir ao conceito dC/dY (das "derivadas «totais»") o conceito $\partial Y/\partial C$, das derivadas *parciais*", desconsiderando inteiramente a *outra «parte»* do problema, referente a $\partial Y/\partial I$: é o que se faz usualmente!

(com $c > 0$ representando, pois, uma alegada componente constante do consumo total) ([18]) ou, então, como representando a "despesa *autónoma* total", agora em termos genuinamente *keynesianos*: *uma parte* do consumo e *todo* o investimento ([19]).

Podemos, todavia e *sem mais*, considerar, igualmente, $c = 0$ (só considerando, pois, o *consumo induzido*, como sucede, *precisamente*, no *multiplicador*), com o seguinte resultado notável *imediato*:

$$c = 0 \implies C = (dC/dY)\, Y \implies C/Y = dC/dY.$$

«*Q. E. D*», como diria Samuelson!

2.1.2 Quanto ao *segundo* aspecto (*segunda* componente), do «*acelerador*», é hoje ponto assente que a concepção que lhe subjaz remonta a uma «teoria das crises» tidas por inerentes aos "ciclos de rotação" ('*Umschlagenzyklen*') do capital, de Karl Marx ([20]), antítese evidente da imperiosa '*loi des débouchées*', *vulgarizada*, como se disse, por J. B. Say:

> 'The ideia that pure reinvestment cycles might be produced during the process of replacement of capital instruments in a society, and that they might be of significance in explaining the business-cycle phenomenon, was no doubt first suggested by Karl Marx'.
>
> (EINARSEN 1938, p 295)

([18]) Assim, p. ex°, HICKS 1950, *Mathematical appendix*, §§ 17-8, com um tal '*K*' formalmente apresentado como constituindo 'the trend element in consumption *(if there is any)* [*sic*!]' (§ 18, p 184; *grifei*), aliás, visivelmente, como um fugaz *non sequitur*, uma vez que, tendo ele de anular-se na "Economia Regularmente Progressiva sem investimento autónomo" (*sic*, com maiúsculas e tudo, segundo o título de 18.ii), o autor acaba por o «negligenciar» (leia-se *aniquilar*)...

([19]) Cf, p. ex°: cf ALLEN 1957, § 2 ('*Keynes and the Classics*').5 ('*Macromodels in "real" terms*'), p 44.

([20]) Além dos textos e autores em seguida extractados, poderá ver-se, sobre este tema, p. ex°, SMITH 1937, com referências diferentes, de Böhm-Bawerk a Keynes, passando por Wesley C. Mitchell.

Não é demasiado insistir neste ponto, por motivos igualmente notórios:

> 'Aftalion, like Cassel and Spiethoff, owes a good deal to Marx and to the ideas derived from Marx. Marx himself did not, of course, work out an explicit theory of cycles in detail, but his writings are full of suggestions that have influenced much non-Marxist thinking about cycles, despite the fact that more orthodox writers have not always acknowledged or even realized the extent of their indebtedness to Marx';

(HANSEN & CLEMENCE 1953, p 129)

ou, especificando, nos próprios termos de um, na verdade, "brilhante artigo" (segundo Pasinetti) de Nicholas Kaldor, em que o autor, logo de início, faz alinhar Marx, Aftalion, Spiethoff e J. A. Hobson entre os "primeiros autores" a atribuir ao investimento o "papel-chave" na explicação dos ciclos económicos,

> 'The re-investment of the profits of business enterprise always has been, and still is, the main souce of finance of the industrial capital accumulation; we are now aware that the rate of accumulation is at the same time one of the main determinants of the amount of profits that is thus available for financing (That distinguished pupil and critic of English classical economics, Karl Marx, has seen this clearly; and this is perhaps one of the main aspects in which, on a pure analytical level, his doctrine departs from Ricardo's [...])'.

(KALDOR 1954, pp 66-7 e nota 1 à p 67)

Trata-se, pois, da perspectiva *clássica* que ilumina o papel do «investimento *induzido*», descurado por Keynes, na formação do capital, não, obviamente, como *função* directa do *rendimento* (de *todo* o rendimento), *à la marginaliste*, mas sim da taxa de acumulação do capital, aliás susceptível de ser conexionada com o «*volume de negócios*» (ou a «*procura*» que o traduz), precisamente, por meio de um «*acelerador*».

O tema consta principalmente do cap. 9 do livro II de *Das Kapital* ('*Der Gesamtumschlag des vorgeschoßnen Kapitals. Umschlagenzyklen*'), onde Marx elabora, no «ponto 3», um «exemplo numérico» (expresso em «libras») de «período *médio*» de *rotação* do «capital *total*» (neste contexto, como é óbvio, *fixo* e *circulante*, e não *constante* e *variável*), com a duração de 1 + 2/25 ≡ 1,08 «anos», e onde formula (final do «ponto 4»), após um novo «exemplo numérico» *medido* em «dólares»/ /ano, a conclusão fundamental extractada por Johan Einarsen logo a seguir ao excerto do texto. Aqui se deixa a tradução do passo crucial:

> "Uma coisa é certa: este ciclo de rotações interligadas, às quais o capital permanece ligado mediante as suas componentes fixas ao longo de uma série de anos, fornece a base material para as crises periódicas que conduzem os negócios através de períodos sucessivos de *depressão* [ou *abatimento*: '*Abspannung*'], *vitalidade* ['*Lebendigkeit*'] *média*, *euforia* [ou *exacerbação*: '*Überstürzung*'] e *crise*";
>
> (MARX 1963, 9.4, pp 185-6; *grifei*)

e o autor norueguês comentava em seguida:

> 'Unfortunately Marx did not follow the idea any further. Very little attention was payed to this suggestion of Marx until D. H. Robertson took up the point, first in a paper of 1913 and then in his work *A Study of Industrial Fluctuations* (London, 1915). Later, the Norwegian economist Professor K. Schønheyder, working independently, had reached the conclusion that the business cycle might be explained on the basis of the investment phenomenon. In a paper in the Norwegian periodical *Statsøkonomisk Tidsckrift* (published in 1927, pp. 57 116), he elaborated a detailed business-cycle theory on this basis. In the same number, Ragnar Frish (p.117 *et seq.*) wrote some remarks on the mathematical side of the problem'.
>
> (EINARSEN 1938, pp 295-6)

2.2 As tentativas de solução

2.2.1 Será, ainda, o mesmo Ragnar Frisch quem, logo cinco anos a seguir, vai abordar o tema «da perspectiva mais elevada», construindo um modelo muito complexo para formalizar "a mixed system of differential and difference equations" (FRISCH 1933, § 4, '*A macrodynamic system giving rise to oscillations*', p 183), tomando, no entanto, como base uma equação muito simples em que, porém, já está presente o *coeficiente* (ou o *factor*) de cuja intervenção virão a resultar os *ciclos* económicos, e uma alusão à sua origem ([21]):

> 'Professor J. M. Clark [...] said that the *rate of increase* of consumption exerts a considerable influence on the production of capital goods, and that the movement of this rate of increase preceds the movement of the absolute value of the consumption. Indeed, during a cyclical movement the rate of increase will be the highest, about one-quarter period before the maximum point is reached in the quantity itself. The effect which Clark had in mind is obviously the effect which we have expressed by the second term in (3). If we think only of this term, *disregarding the first term*, we will have the situation where y is simply proportional to the rate of increase of x'.
>
> (FRISCH 1933, § 3, pp 177-8; *grifei* a última expressão)

Reproduzindo, agora, as bases analíticas do aludido «ponto de partida» a que se segue o comentário, aí nos surge, desde logo, a expressa consideração de um "coeficiente «capital»/produto", μ, de alegada procedência walrasiana (com alegada base nos '*coefficients de fabrication*', a figurar também numa estrutura de equações simultâneas, claro que «dinamizada») a exprimir "the *change* $\dot{x}$ in the annual pro-

---

([21]) Aliás, ilustrando o modelo com um «exemplo numérico» em tudo semelhante ao de Marx: com $1 + \dot{x}/x = 1,05$, «em dinheiro»; como se viu no § 2.1.2, Marx exemplificou com um «período *médio*» de *rotação* de $1 + 2/25 \equiv 1,08$ «anos».

duction of consumption goods", com o 2° termo do 2° membro $\mu \, \dot{x}$ a sua equação (3),

$$y = mx + \mu \, \dot{x},$$

em que y representa a "produção anual de bens capitais", mx a depreciação dos bens capitais "directa e indirectamente" necessários para a produção anual dos bens de consumo; «desconsiderando», pois, como o autor, a «depreciação» formalizada no 1° termo do 2° membro da equação (3) de Frisch, teremos

$$mx = 0 \;\Rightarrow\; y = \mu \, \dot{x}$$

ou, «traduzindo», o *investimento* $y \equiv I$ como *função contínua* do consumo, dado pelo produto do «acelerador» $\mu = y/\dot{x} \equiv I//(dC/dY)$ pela *variação do consumo*, em cada *ponto*, $\dot{x} \equiv dC/dY$:

$$y = \mu \, \dot{x} \Leftrightarrow I = \mu \, dC/dY \;\Rightarrow\; \mu \equiv I/(dC/dY),$$

a confrontar (e contrastar) com a noção de Samuelson,

$$I_t = \beta \, (C_t - C_{t-1}) \;\Rightarrow\; \beta \equiv I_t/(C_t - C_{t-1}):$$

com a *derivada* dC/dY (ou *dois diferenciais*: $\mu \; dC = I \; dY$) como *limite* de *uma razão incremental* (ou de *dois incrementos*) em vez de uma *diferença* (ou *incremento*) [22].

---

[22] Não é difícil encontrar hoje bibliografia desenvolvida sobre os precursores, próximos e remotos, de ambos os *mecanismos* (e ambos os *«efeitos»*) de cuja «interacção» (ou cujo «casamento», segundo o próprio Harrod; cf o excerto do § 2.2.4) se trata aqui. Indicações fundamentais sobre ambos esses temas poderão ver-se, entre nós, p. ex° em JACINTO NUNES 1953 e JACINTO NUNES 1956 (caps. III.1 e VIII.1, respectivamente); contudo, a exposição *ex professo* mais ampla e extensa, até onde eu conheço, consta, ainda hoje, de HANSEN 1951, '*Part III* '. A maioria dos

36   Do *"Oscilador de Samuelson" ao Espectáculo da "Propulsão"*

2.2.2 Ocorre, de seguida, referir, em síntese, a eclosão da ideia de estabelecer a ligação entre a «teoria do multiplicador» e o «princípio da aceleração», a «interacção» samuelsoniana entre o multiplicador e *«a Relação»* (como o autor persistiu em designar, segundo Harrod e Hansen, de forma impenitentemente *anónima*, quer o «fenómeno», quer o «princípio» do *acelerador* ([23])!). E ocorre aludir, principal-

---

modelos de «interacção» que se seguiram a FRISCH 1933, principalmente por influência de SAMUELSON 1939a e HICKS 1950, vieram a exprimir-se por *equações de recorrência*, e não por *equações diferenciais*, como no caso de FRISCH 1933 (e, ainda, de KALDOR 1940 e GOODWIN 1951b, para referir, apenas, os que conheço que me parecem mais interessantes). Sobre os diversos tipos destes modelos, poderá ver-se o § 1 do *Apêndice II*.

([23]) Tal *idiossincrasia* é também um «legado» de Hansen a Samuelson; mas é o próprio Hansen quem lhe descobre a autoria, que parece caber, uma vez mais, a Sir Roy Harrod, ao remeter expressamente para 'the well-known principle of acceleration, which Harrod calls "the Relation." ' (HANSEN 1938, cap. 2, p 38). É claro que o «crisma» (de «acelerador» para «Relação») é infeliz; e, no entanto, só R. F. Harrod viria a alegar a inadequação do «nome de baptismo» («aceleração») da perspectiva da *matemática*, pois, na verdade, «aceleração» conviria melhor a d^2Y/dI^2 que a dY/dI (ver, p. ex°, as notas 5 e 6 do *Apêndice* matemático a ALMEIDA 1991b), aliás à maneira do autor (postulando o *continuum*; sem "lapso temporal"); ouçamo-lo, portanto, cheio de rigor e de ironia: 'The "Acceleration Principle" was there [*in* HARROD 1936, cap. 22] designated the "Relation." There is an objection to the use of the term acceleration in the connection. The study of the condition in which the demand and supply are following at an unaltered rate has long been known as Static Theory: this implies that the equilibrium of prices and quantities resulting therefrom is regarded as analogous to a state of rest. By analogy, therefore, a steady rate of increase of demand, which is our first matter for consideration in dynamic theory, and a major effect of which is expressed by the "Relation," should be regarded as a velocity. Acceleration would be a rate of change in this. However, the use of the expression Acceleration Principle in the sense of my relation is rapidly accelerating in current litterature, and I reluctantly bow to the *force majeur* of usage' (HARROD 1939, § 1, em nota 1 à p 201). Preciosismo este, contudo, bastante inesperado vindo de quem se apresta, na mente, a um seu precedente imediato (ou, por ventura, um contributo independente pontualmente contemporâneo) da inegável obra-prima que é SAMUELSON 1939a, de cujo "comentário" se tratará no princípio (§ 2.4) e no fim (§ 5.1.3) do que se irá seguir.

2.2.3 A "sequência de modelos simplificados" que terá estado na sua base remonta a Alvin H. Hansen e Paul A. Samuelson, o segundo dos quais, com uma modéstia em si inusitada, devolve "todo o mérito" desse primeiro (?) *modelo de interacção* ao primeiro de ambos os autores, e narra deste modo a eclosão do modelo:

> 'To facilitate the systematic consideration of the induced effects on private investment of governmental expenditure, Professor Hansen has developed a simplified model sequence which ingeniously combines the familiar *acceleration principle* or Relation with the Multiplier analysis. He assumes that induced private net investment is proportional to the increase in consumption from one period to the next, the numerical factor of proportionality being known as the Relation'.
>
> (SAMUELSON 1940, p 501) ([24])

---

ocorrência, para *designar* a «taxa de crescimento *ideal*», 'C_w' ('that rate of growth which, if it occurs, *leave all parties satisfied that they have produced neither more nor less than the right amount*'), por oposição à «taxa de crescimento *actual* (ou *corrente*)», 'C', como «taxa de crescimento *garantida*» ('the *warranted* rate of growth', sendo o vocábulo destacado, confessamente, para o autor, um manifesto '*unprofissional* term': HARROD 1939, *ibid.*, p 203)!

([24]) Realmente, o autor, logo de início (na nota 1 de SAMUELSON 1939a), exprime a sua dívida para com 'Professor Alvin H. Hansen of Harvard at whose suggestion the investigation was undertaken' — tendo, aliás, inserido no texto uma frase curiosamente semelhante à que vai extractada (logo no terceiro período da p 75 I) —, para depois, vinte anos mais tarde, lhe atribuir a precedência, porém em termos que deixam entrever tratar-se menos de um «acto de justiça» ('*suum cuique tribuere*')

38   Do "Oscilador de Samuelson" ao Espectáculo da "Propulsão"

2.2.4 A ideia de "combinar" ambos esses princípios num único modelo em que se conseguisse expor e explorar a sua *interacção* é, de facto, "engenhosa", e ficaria, na verdade,

---

do que de uma homenagem de um discípulo ao seu mestre, a quem endereça a responsabilidade pelo 'background of his thinking' e a quem pretende atribuir o alegado "crédito" por uma teoria realmente "nascida em berço de ouro" nestas palavras subtilmente lisongeiras de fingida modéstia: 'While I am proud of my own *modest* contribution to its development, I think this is a fitting occasion to give credit where [*sic*] credit is due — to Alvin Hansen' (SAMUELSON 1959, nota 1 e parágrafo final; *grifei*). Contudo, a alegada precedência de Alvin Hansen na *formulação* do problema não ficou *registada* publicamente: o autor dá a entender que o então mestre lhe terá comunicado, "manualmente", cálculos precisos do que se veio a revelar a espécie de fronteira da *oscilação cíclica constante* (com $\alpha = 0,5$; $\beta = 2 \Rightarrow \alpha\beta = 1$), o que, aliás, é muito verosímil, como veremos já; mas, realmente, em HANSEN 1938 (lugar citado, aliás *sem precisão*, na nota 2 de SAMUELSON 1959a), só com arqui-angélica boa vontade se poderá descortinar qualquer resquício de *operação precisa*: preciso é, na realidade, peregrinar *passim* toda essa obra para pescar os dois *disjecta membra* da "interacção" de 'the Multiplier' com 'the principle of acceleration, here called the Relation' (HANSEN 1938, p 48) pois, na verdade, a componente $\alpha = 0,5 \Rightarrow \kappa = 2$ ocorre apenas *de forma implícita*, mediante um «exemplo numérico» *sem formalização*, na nota 13 à p 122, e a componente $\beta = 100/50 = 2$ na p 128, em termos semelhantes ('Assume 100 labor-years available, for production each year, 50 employed in maintaining capital which consists of 50 "units" of an average durability of 5 years, and 50 employed in direct production'), num contexto (§ V, com ironia intitulado '*Recent trends in business-cycle theory*') em que, de resto, cobra grande relevo um interessante tratamento do «problema da *medida do capital*», vinte e dois anos antes de Sraffa... Na realidade, somente doze anos depois Hansen irá expor alguns cálculos seus para valores diversos de α e de β da equação $Y_t = 1 + \alpha (1 + \beta) Y_{t-1} - \alpha\beta Y_{t-2}$ de SAMUELSON 1939a (a última equação da p 76 II), com «exemplos numéricos» entre os quais esse (para *catorze* períodos), aliás obtidos «por iteração», sempre *sem formalização* alguma (cf HANSEN 1951, especialmente 11.2, '*The interaction of the multilier and the accelerator*', pp 177 e 178, "Figura 47" e "Quadro XXI"). Certo é, contudo, que Samuelson, embora em momento festivo, nos não esconde as «vistas *curtas*» com que o famoso professor de Harvard terá tirado as suas conclusões do «exemplo numérico»

na história da análise económica como um momento seminal. E, no entanto, para não falar em Ragnar Frisch, com melhor título poderia R. F. Harrod, *ao mesmo tempo* que Samuelson, reivindicar para si mesmo a precedência quanto à referida «combinação» (ver o § 2.4.2):

> 'The following pages constitute a tentative and preliminary attempt to give the outline of a "dynamic" theory [...]. It [...] consists in a marriage of the "acceleration principle" and the "multiplier" theory, and is a development and extension of certain arguments advanced in my *Essay on the Trade Cycle* (Especially in Ch. 2, secs. 4-5)'.
>
> (HARROD 1939, § 1, p 201 e nota 1)

O benemérito portador do *understated title* de *"Student of Christ Church"* de Oxford estivera, contudo, investigando mais para a *«eternidade»* da teoria de um *«crescimento»* económico capitalista «em equilíbrio de idade de ouro» que

---

que ele terá elaborado e lhe terá comunicado "em bandeja de prata", em termos tais que muito nos importa reproduzi-los integralmente aqui: 'I took *Hansen's* model [*sic*], recognized its identity to a second-order difference equation with constant coefficients, and proceeded to analyze its algebraic structure. At once I made the inference that *the drop in income which had so struck Hansen was not the end of the story*. Quite *by chance*, he had picked numerical examples for the marginal propensity to consume ($\alpha = 1/2$) and the "relation" ($\beta = 2$) which were on the razor's edge that yielded perpetual oscillations, with no dumping and no exploding. In other words, *if he had continued his numerical example far enough, his downturn too would come to an end; and he would have been able to generate a succession of never-ending expansions and contractions*. The numerical model [*sic*] was easily generalized to the case of *any* marginal propensity and relation coefficients α and β. Today it would be merely a matter of turning the deductive crank to analyze the stability regions corresponding to the different possible roots of the quadratic equation that constituted the dynamic system's characteristic equation; but even then, once *Hansen had handed me the problem on a silver platter*, the work went quikly' (SAMUELSON 1959, sec. II, pp 183-4; *grifei*, excepto '*Hansen's*' e '*any*').

para a *conjuntura* dos *ciclos económicos* de sobreprodução (ou de subconsumo) que urgia, então, «legalizar», e a que se impunha procurar acudir; e o seu modelo viria a revelar-se de uma *instabilidade* que daria lugar à expressão jocosa (que tanto irritaria Harrod!) de «fio da navalha» (*'knife-edge'* ou *'knife's edge'*; veja-se a expressão de Samuelson ainda agora aqui mesmo extractada, na nota 24) ([25]), para denotar a estreiteza e a casualidade da sua «via» (*'path'*) de crescimento, como virá a observar, uma década depois, o consequente mais relevante de Samuelson, ao acusar Harrod de um mal que Samuelson, no mesmo ano, já soubera evitar, e ao propor um remédio de que Samuelson, também no mesmo ano, soubera prescindir:

> 'A dynamic system which is economically unstable, having a high propensity to fluctuate, cannot be efficiently studied unless some of the variables are *lagged*. The easiest way to introduce lags is to work in terms of *period analysis*. Instead of treating time as continuous, we break it up into successive *periods*. The increment of output, which formerly appeared as dY/dt, will now appear as $Y_n - Y_{n-1}$. If there are no *lags*, the basic equation will then be written
>
> $$c\,(Y_n - Y_{n-1}) = s\,Y_n \qquad (1)$$
>
> the properties of which are substantially the same as those of Mr. Harrod's equation. But as soon as the equation is written in this form, it does at once look decidely queer. It is not

---

([25]) Na realidade, 'he is seeking to analyse a dynamic process, not an equilibrium situation. He does not want his system to settle down to "equilibrium". But this means that the only solution of the difference equation in which he will be interested is that which occurs when c is relatively large, so that the system becomes "explosive". He is quite ready for his system to explode, provided that it does not explode too fast' (HICKS 1949, sec. III, p 255). Sobre a aludida "irritação" de Harrod, alás «compreensível, cf o desabafo do próprio Harrod, precisamente "vinte e um anos depois": 'I hope that we shall hear no more of the "Harrod knife-edge" ' (HARROD 1970, *in fine*).

really reasonable to assume that current investment should depend upon the increment of output *in the same period* (especially if periods are fairly short), and still less is it reasonable to assume that saving depends wholly upon the income of the same period. If we make the simplest possible lagging assumptions, we shall make investment depend upon the increment of income in the preceding period, and *consumption* upon the income of the preceding period. Current saving would then equal $Y_n - (1 - s) \, Y_{n-1}$, so that the basic difference equation becomes

$$c \, (Y_{n-1} - Y_{n-2}) \; = \; Y_n - (1 - s) \, Y_{n-1}$$

or

$$Y_n \; = \; (1 - s + c) \, Y_{n-1} - c \, Y_{n-2} \tag{2}$$

An equation of this kind is completely stable in the short run [...]. These are the results for the "second order" equation, in which Y_n depends upon *two* previous values. Similar, but mathematically much more complex, results appear to hold for difference equations of higher orders'

(HICKS 1949, sec. II, pp 254-5; *grifei 'lagged'*, *'period analysis'*, *'periods'*, e *'lags'*) ([26]).

([26]) HICKS 1949 (p 250 e nota 2) refere-se a "certa equação" de HARROD 1948 que "apareceu primeiro" em HARROD 1939, sem maior precisão; contudo, a referência óbvia é para HARROD 1939, em nota 6 à sua equação (2), $s \, x_0 = C_p \, (x_1 - x_0) + k \, x_0 + K$ (não explicitamente reproduzida em HARROD 1948), de óbvia correspondência à equação 1 de HICKS 1949 (substituindo x_1 e x_0 por Y_n e Y_{n-1}, respectivamente, e isolando, no 1º membro, $x_1 \equiv Y_n$) salvo, porém, a ausência conspícua, neste último autor, *neste primeiro momento*, de um termo (e signo) equivalente ao "termo constante"'K' do primeiro, a denotar «*investimento autónomo*»... *negativo* (!), introduzido expressamente com vista a "reduzir a influência do acelerador" e a pretexto da intervenção (*constante* e *regular*!) de postuladas "inovações tecnológicas" (um certo 'K' figurará, contudo, por um fugaz momento, em HICKS 1950: ver a nota 18). Hicks, por seu turno, inserirá, no seu modelo, «tectos» e «chãos» (ou «limiares»), delimitando exogenamente a amplitude das oscilações cíclicas, a partir de um imaginoso expediente: a anteposição de «coeficientes de

2.2.5 Posto em confronto este novo modelo com o de Samuelson, teremos, com 't' de Samuelson em vez de 'n' em *índice*, e com as conversões $1 - s \rightarrow \alpha$ e $c \rightarrow \alpha\beta$, da notação de Hicks para a de Samuelson ([27]), as equações *fundamentais* de HICKS 1949 e SAMUELSON 1939a, expressas, *em comum*, como

$$Y_t = \alpha (1 + \beta) Y_{t-1} - \alpha\beta Y_{t-2} = \alpha Y_{t-1} + \alpha\beta (Y_{t-1} - Y_{t-2});$$

ou *então*, respeitando a *diferença* $c \equiv \lambda \neq \alpha\beta$, aliás *intencional* e *relevante* em Hicks (sem conversão $c \rightarrow \alpha\beta$, portanto), respectivamente, para SAMUELSON 1939a e HICKS 1950,

$$Y_t = \alpha (1 + \beta) Y_{t-1} - \alpha\beta Y_{t-2} = \alpha Y_{t-1} + \alpha\beta (Y_{t-1} - Y_{t-2});$$

e

$$Y_t = (\alpha + \lambda) Y_{t-1} - \lambda Y_{t-2} = \alpha Y_{t-1} + \lambda (Y_{t-1} - Y_{t-2}),$$

---

crescimento» em $[(1 + \sqrt{s})/(1 + g)]^n$ (com 'n' aqui a denotar a componente literal do '*índice*', 'g' como "taxa de crescimento" e 's' equivalendo a '$1 - \alpha$' de SAMUELSON 1939a, forma também aqui largamente explorada) aos três termos em 'Y' da equação característica (cf HICKS 1949, sec. III, equação (6) e respectiva estatuição notacional). A longa citação de HICKS 1949 será, de novo, dada aqui no § 1.2.1 do *Apêndice III*, ao confrontar a «teoria do crescimento económico» e a «teoria das flutuações económicas», não sem referência à sua «*síntese*» de ambas as teorias, segundo um *misto* de Harrod e Samuelson, que Hicks viria a publicar no ano seguinte.

([27]) Na realidade, as duas condições, antes formalizadas, para uma conversão da estrutura-base do modelo de Hicks na do de Samuelson, não são homólogas: ao passo que a *identidade* '$1 - s \equiv \alpha$' não passa disso mesmo (de uma *identidade*), a *equação* '$c \equiv \lambda = \alpha\beta$' supõe, logicamente, que se prescinda da distinção entre o "acelerador" e o "coeficiente «capital»-produto", presente em Hicks e ausente em Samuelson (cf JACINTO NUNES 1961, cap. II.6, especialmente em nota 13 à p 30).

como as, *então*, *irredutíveis protoversões* (as versões *homogéneas*) das expressões *fundamentais* de ambos os autores ([28]).

Uma *segunda* diferença *intencional* introduzida em HICKS 1950, em confronto ostensivo com SAMUELSON 1939a, respeita à expressão do «investimento *autónomo*» («não *induzido*») em ambos os autores: ao passo que, em Samuelson, tal entidade se representa mediante o "termo *independente*" (em relação ao factor 'tempo'), com a introdução do termo *fixo* $g_t \equiv g_0 \equiv g = 1$, a traduzir a *intervenção constante* do *estado* ou *governo*, dando lugar à expressão *definitiva* com $g = 1$ como *função constante* de *t*,

$$g = 1 \Rightarrow Y_t = g + \alpha (1 + \beta) Y_{t-1} - \alpha\beta Y_{t-2} =$$
$$= 1 + \alpha Y_{t-1} + \alpha\beta (Y_{t-1} - Y_{t-2}),$$

em Hicks surge, em sua vez, o termo *variável* 'A_n' (i. e., 'A_t', segundo a norma de conversão adoptada; *realmente*, 'g_t'...), dando lugar à expressão *preliminar*

$$Y_t = g_t + (\alpha + \lambda) Y_{t-1} - \lambda Y_{t-2} = g_t + \alpha Y_{t-1} + \lambda (Y_{t-1} - Y_{t-2}),$$

'where $[g_t]$ is the *current* level of autonomous investment', como *função linearmente crescente* de *t*, com 'r_t', o "desvio

---

([28]) Como é patente através do confronto do $2°$ membro da anterior equivalência com a equação fundamental de SAMUELSON 1939a, mais em geral, perfila-se claramente uma diferença *fundamental* entre o modelo de (Hansen e) Samuelson e os dos seus antecessores (nomeadamente, de Frisch e Harrod); ao passo que a equação fundamental do primeiro contém um *termo independente* (de *Y*), '*g*' = 1, as dos segundos são *homogéneas*, diferença esta obviamente devida ao intento comum de ambos os norte-americanos: o de estudar, especificamente, os efeitos de uma «intrusão» («nova» ou «autónoma»; ou, mesmo, «exógena») do «estado» ou «governo» na «economia da sociedade civil», aliás na origem de uma candente novidade *estrutural* por ambos alegada: a da «economia *dual*» ou «*mista*».

44 Do "Oscilador de Samuelson" ao Espectáculo da "Propulsão"

relativo" em relação ao "equilíbrio inicial" (E_0), na alegada "Economia Regularmente Progressiva" (doravante «ERP»), e com a «taxa de crescimento 'γ' dada por solução da equação quadrática

$$(1 + \gamma)^2\, r_t - (1 + \gamma)\, (\alpha + \lambda)\, r_{t-1} + \lambda\, r_{t-2} = 0:$$

tudo no «caso elementar»; cf HICKS 1950, § VII ('*Free or constrained cycles?*'). 2-3, pp 86-7.

Urge, contudo, neste preciso ponto, colocar uma questão candente e indecisa desde há hoje quase quarenta anos, sumamente importante, embora incidental, sobre a questão das relações da equação fundamental de SAMUELSON 1939a e o alegado «caso elementar» de HICKS 1940, e sua natureza em termos de análise periódica, o que será levado a cabo no *Apêndice III*.

2.3 «Períodos» e «lapsos temporais»

2.3.1 Uma importante prevenção: a circunstância de, nas fórmulas das equações de recorrência, como as de Samuelson e de Hicks, figurarem termos de rendimento, 'Y', referentes a *três* períodos *contíguos* (de *índices* 't', '$t-1$' e '$t-2$') —o que, obviamente, quer dizer que, ao proceder *por iteração*, é necessário conhecer os *dois* valores referentes aos períodos *último* (Y_{t-1}) e *penúltimo* (Y_{t-2}), para apurar o rendimento do período *actual* ou *corrente*, (Y_t) —, se nos revela a *ordem* ("2ª ordem") das equações de recorrência de que se trata aqui (dada, precisamente, pelo cardinal mais elevado em índice), não significa, no entanto, que nessas formas de "análise *periódica*" se opere com *um par* de *lapsos temporais* ('*lags*'); pelo contrário, em todos esses casos, só se opera com *um*, precisamente ao introduzir a conhecida noção robertsoniana de "período de rendimento" conveniente à "análise *periódica*" (ver o § 3.1), intercedendo entre a *variável* e a *função* de uma *função-consumo* do *rendimento* suposta *linear*

(ver o § 2.1.1): $C_t \equiv f(Y, t) = \alpha\, Y_{t-1}$, na notação de SA-
MUELSON 1939a, pois, na verdade,

> 'O facto de na equação de investimento $I_n = \beta\, (Y_n - Y_{n-1})$ entrar Y_{n-1} não corresponde a qualquer *lag* visto que a *variação do rendimento* é a que se *verifica* no mesmo período em que se *realiza* o *investimento*',
>
> (JACINTO NUNES 1961, cap. II.6, em nota 9 à p 29; *grifei*)

ou seja: $I_t = \Delta C_t = \beta\, (C_t - C_{t-1}) = \alpha\beta\, (Y_{t-1} - Y_{t-2})$, na notação de SAMUELSON 1939a, é uma *diferença* própria da análise *instantânea*, que *ocorre* (e *se revela*), *em termos de consumo, no próprio período actual ou corrente*, ou seja, *no presente*. Sucede, todavia, que este primeiro autor se apresta a operar, *tal qual como o segundo*, com uma *função rendimento* (*presente*) *do aumento do rendimento* no *período anterior*, de expressão analítica já nossa conhecida, ambos introduzindo, pois, *um* lapso temporal de *dois* períodos: para o *consumo* (como função do *rendimento* do *período anterior*) e para o *investimento* (como função do *aumento do rendimento* também *no período anterior*), embora de maneira diferente: *mediatamente*, segundo Hansen e Samuelson; *imediatamente*, segundo Hicks.

2.3.2 Temos, portanto (e em conclusão) que, na nossa família (samuelsoniana) de "equações de recorrência *de segunda ordem*, não homogéneas, com coeficientes e «termo» constantes", se verifica a ocorrência de um só e único '*lag*' ou lapso temporal, como, aliás, ocorre em HICKS 1949 (e HICKS 1950) e mecanismos semelhantes. É, no entanto, diversa e imprecisa a linguagem corrente neste nosso domínio a que, aliás, dedicaremos o *Apêndice III*.

2.4 Em "berço de ouro" e "bandeja de prata"

2.4.1 Os dois modelos *macro*analíticos que temos vindo a confrontar —o de Hansen e Samuelson, e o de Harrod e Hicks— pertencem, claramente, a famílias diferentes.

O primeiro deles (de Hansen e Samuelson) seguiu a via aberta por autores como Ragnar Frisch e Michal Kalecki, tendo surgido como estrutura discursiva formal predisposta ao estudo das *flutuações* ou *ciclos económicos*, com o intento *peculiar* de fornecer um quadro lógico para presidir ao estudo do papel do *estado* ou *governo* na actuação de um novo *agendum* keynesiano — no exercício de uma *política de estabilização* perante um orçamento efectivo *deficitário*, financiada por empréstimos ([29]):

> 'The principle of acceleration is one of the few tools of business-cycle analysis whose importance is universally con-

---

([29]) Ver, p. ex°, HANSEN 1938 (cap V, pp 120-1, *'governmental expenditures in excess of tax receipts'*) e SAMUELSON 1939a (de forma reiterada, desde a 1ª página, p 75 I: *'governmental deficit spending'*). A tal propósito é, aliás, de notar de passagem que Samuelson se antecipou, na ocorrência (à parte a *formalização*), em cinco anos, ao conhecido «teorema de Haavelmo» (cf HAAVELMO 1945, p 315, "Teorema I"): 'It is sometimes tought that the principle of the Multipier [...] provides a complet analysis of the effects of governmental expenditures upon the national income. This is completely without foundation. Given the level of total net investment, the Multiplier determines the movements of national income. But, in and of itself, knowledge of the level of government deficits throws no light upon movements of total investment. Our problem may be broken into two components: (a) What is the effect upon national income of any given change in total net investment brought about by a given fiscal policy? (b) What change in total net investment will result from a given amount of expenditure? The latter question is as important as the former and is left unanswered by the Multiplier analysis. Thus, it is conceivable that a dollar's worth of government investment might cause a simultaneous disinvestment of ten dollars on the part of private individuals, which with a marginal propensity to consume of two-thirds would result in a total *decrease* in the national income of twenty-seven dollars. The *government Multiplier* would therefore be negative even though the *total investment Multiplier* is positive. The former is equal to the investment Multiplier times the ratio of total additional net investment to the initial governmental expenditure. The latter ratio depends upon the amount of private investment induced throughout all time by the initial

ceded. Carefully stated, it can be made to yield information concerning the movements of investment from a knowledge of the movements of consumption. In particular, cyclical fluctuations in the latter will yield intensified periodic fluctuations in investment. C. O. Hardy, Ragnar Frisch, and other critics have rightly pointed out that it is a single relation between two series and does not constitute a self-contained, determinate business-cycle theory. Fluctuations in consumption will yield fluctuations in investment, but how do the original fluctuations in consumption arise? [...] On the other hand, J. M. Keynes in the *General Theory* has concentrated on the manner in which net investment acts upon and generates income and consumption. This is the so-called doctrine of the multiplier, the applicability of which is not confined to the analysis of governmental expenditures. [...] We have then two distinct analytical relations growing up side by side, and until recently their mutual interactions have not been exhaustively examined. R. F. Harrod [*The Trade Cycle* (Oxford: Clarendon Press, 1936)] and G. Haberler [*Prosperity and Depression*, Geneva: Leage of Nations, 1937)] and A. H. Hansen [*Full Recovery or Stagnation* [?] (New York: W. W. Norton & Co., 1938)] have to a considerable degree endeavour to remedy matters in this respect';

(SAMUELSON 1939b, pp 786-7)

esta a «*razão teórica*»; e a «*razão prática*» será enunciada logo a seguir, por essa mesma voz:

'The Great Depression stimulated an interest in the problems of governmental fiscal policy culminating in the development of the doctrine of the Multiplier by Clark, Kahn, and Keynes. Similarlly, the Recession of 1937 has once again brought to the fore the pressing problem of the effects of governmental expenditure upon the level of the national income and business activity. [...] To facilitate the systematic consideration of the induced effects on private investment of

governmental income creating expenditure, and it is to this problem that we must now turn our attention' (SAMUELSON 1940, p 500).

governmental expenditure, Professor Hansen has developed a simplified model sequence which ingeniously combines the familiar *acceleration principle* or Relation with the Multiplier analysis' [30].

(SAMUELSON 1940, pp 500-1)

2.4.2 É, porém, muito outra a *«razão pura»* do segundo modelo, ou da família de modelos a que pertencem os de Harrod e Hicks, também patente em ambos os autores; trata-se, agora, reivindicadamente, de abrir caminho ao cumprimento de uma velha aspiração marginalista, com o intuito expresso de lhe proporcionar ao menos um esboço da vertente *"dinâmica"*, como logo resulta do próprio título e das palavras introdutórias do imperfeito mas seminal ensaio de R. F. Harrod:

> 'The following pages constitute a tentative and preliminary attempt to give the outline of a "dynamic" theory. Static theory consists of a classification of terms with a view to systematic thinking, together with the extraction of such knowledge about the adjustments due to a change of circumstances as is yield by the "laws of supply and demand." It has for some time appeared to me that it ought be possible to develop a similar classification and system of axioms to meet the situation in which certain forces are operating steadily to increase or decrease certain magnitudes in the system. The consequent "theory" would not profess to determine the course of events in detail, but should provide a framework of concepts relevant to the study of change analogous to that provided by static theory for the study of the rest'.

(HARROD 1939, período inicial)

---

[30] No 2° excerto do actual extracto de Samuelson *ecoa*, quase *ipsis verbis*, a expressão do período final da 1ª coluna da 1ª página de *Samuelson* 1939a, com a diferença curiosa de '*simplified*' aí haver substituído '*new*'...

2.4.3.1 Trata-se, pois, confessamente, de uma tenção de projectar *no tempo* o estudo da «mudança», sob a égide das «leis da oferta e da procura», com decidida vocação para obter o traçado de pressentidas «vias» de «crescimento equilibrado de idade de ouro» (na expressão célebre de Joan Robinson), que irá cumprir-se, principalmente, com o mesmo J. R. Hicks que, cinco anos antes, junto com R. G. D. Allen, lançara as bases «axiomáticas» e analíticas das "leis da oferta e da procura", sob o estranho título de «teoria do valor» ([31]), na nova via para além do que, algo paradoxalmente (aliás, marginalistamente, segundo as próprias palavras de Harrod...), se poderia designar como o «estudo da *mudança* em *estado de repouso*»! Opõem-se, pois, no fundo, aqui, mais uma vez, *dois paradigmas contrastantes*: o paradigma *clássico*, a um tempo sublimado e transgredido por Karl Marx — reposto, então, por J. M. Keynes, não obstante o conhecido (ab)uso idiossincrático, pelo autor, do termo '*Classics*'—, e o paradigma *marginalista*, estabelecido, cerca de um século antes, por Walras, Jevons e Menger, devota e sabiamente cultivado por Hicks em toda a sua longa vida.

O passo crucial que distingue e contrasta ambas as obras primas de análise económica que são, seguramente, Samuelson 1939a (enquanto *legatário directo*, em vida, de Alvin H. Hansen, como será de notar bem!) e Hicks 1950, viria a ser posto em relevo, não obstante sê-lo de forma implícita, no entretempo que as medeia, por um dos outros grandes nomes deste novo e instável conjunto problemático, ao indigitar o

---

([31]) Cf o título de Hicks & Allen 1934 ('*A reconsideration of the theory of value*'), que se verá reproduzido, um quarto de século mais tarde, por Debreu 1959 ('*Theory of value: An axiomatic analysis of economic equilibrium*'), com um intento semelhante... Realmente, em ambos estes casos parece usar-se o termo "teoria" no "sentido lógico-matemático", e não no que convém a uma "ciência «real»" (no caso, "social"); cf Kornai 1971, §§ 2.1-3, pp 8-9 e 12-4, ap. Almeida 1989a, § 9, pp 64-5.

"coração da economia keynesiana" por este modo lapidar e certeiro:

> 'The heart of Keynesian economics is the argument that *employment* depends on *income*, which in turn is determined by the current volume of *investment* (and *propensity to save*). But investment (in the net sense) is nothing else but *the rate of change of capital*'.
>
> (DOMAR 1947, p 53; *grifei*)

É claro que o autor se refere, expressamente, ao Keynes da *General theory* (KEYNES 1936) e não ao "dos escritos anteriores", como é o caso do *Treatise on money* (KEYNES 1930) notoriamente predilecto entre os marginalistas ([32]). Estamos, portanto, agora em face de um autor cujo nome se vê citado, tão sistemática quão nesciamente, a seguir ao de Harrod (como um «nome composto», de alguém chamado «Harrod--Domar»...; como se se tratasse, mais que de um par de gémeos univitelinos, de dois irmãos siameses...), e como se *o segundo* surgisse como *co*autor das bases analíticas de uma

---

([32]) Após a nota 33, em que previne que 'This whole discussion is based in *The General Theory* and not in Keynes' early writings', o autor aponta a conhecida mutação de Keynes, ao considerar, então, que 'Productive capacity [...] being given, employment becomes a function of national income expressed, to be sure, not in money terms, but in "wage units." A wage unit, the remuneration "for an hour's employment of ordinary labour" (page 41), is of course a perfect fiction, but some such device must be used to translate real values into monetary and *vice versa*, and one is about as good or as bad than another. The important point for our purposes is the assumption that the amount of equipment (*i.e.*, capital) in existence is given' (DOMAR 1947, p 52). Quanto à consciência da diferença entre correntes e autores, o autor faz alinhar Marshall, Irving Fisher, Wicksell e Hayek entre os '*diversae scholae auctores*', e Marx, Aftalion, Kalecki, Hobson, Keynes e Lange entre '*nostri praeceptores*'; Samuelson e Harrod (aliás, HARROD 1936...) apenas colhem uma referência de pé de página, na puramente remissiva nota 13 (de que Hicks, como é óbvio, tinha de estar ausente, pois viria depois...).

nova e *comum* «teoria do crescimento equilibrado de idade de ouro», consideração por ventura tecida a pelo (ou a pretexto) do carácter mais vincadamente «analítico» do primeiro texto de Evsey D. Domar, um ano antes publicado pela «Econometrica»; porém, sem reparar, por certo, no que há de próprio e característico na *estrutura axiomática* do seu modelo e, desde logo, no próprio *início* do ensaio, que reza *exactamente* assim:

> 'This paper deals with a problem that is both old and new — the relation between *capital accumulation* and *employment*. In economic literature it has been discussed a number of times, *the most notable contribution belonging to Marx. More recently, it was brought forth by Keynes and his followers*'.
>
> (DOMAR 1946, p 53; *grifei*)

Trata-se, pois, agora, de estudar os *ciclos* da *acumulação do capital* (da *"rotação"* ou *"transformação"* do capital: os já referidos *'Umschlagenzyklen'* de Marx) e do *emprego*, e não o *crescimento* «equilibrado» do *rendimento* ou do *produto* «de todos nós»! A diferença, conspícua, entre ambas as variantes de um mesmo núcleo problemático *formal* (compartilhando, na verdade, os *instrumentos analíticos*), virá a traduzir-se, nitidamente, na própria *mutação* inicial praticada por Hicks no *acelerador* de Hansen e Samuelson, ao corrigir, modestamente, o mais nutrido erro de Harrod, num conhecido passo já aqui extractado (no § 2.2.4), com a seguinte «transmutação» ('$\rightarrow$'), nem inocente nem inábil:

$$\beta = I_t /(C_t - C_{t-1}) \Rightarrow I_t = \beta (C_t - C_{t-1}) = \alpha\beta (Y_{t-1} - Y_{t-2})$$

$$\rightarrow \lambda = I_t /(Y_{t-1} - Y_{t-2}) \Rightarrow I_t = \lambda (Y_{t-1} - Y_{t-2}),$$

ou seja, por palavras, assim o autor, vindo *depois*, está *de regresso* à *verdade* de sempre *marginalista* sobre a *causalidade simples* neste domínio, com o *investimento* como *função* (*directa*) do *rendimento «de todos nós»*, e não, *em termos marxianos e keynesianos* (e como em Hansen, e nesse jovem Samuelson), com o *rendimento* (e o *emprego*) como *função* do investimento, i. e. (ver o excerto de DOMAR 1947), da *(taxa de) acumulação de capital* [33], e, assim, *invertendo* os termos da questão [34].

2.4.3.2 A conspícua diferença entre uma *teoria dos ciclos económicos* (da *acumulação* e do *emprego*) e uma *teoria do crescimento* permanece presente, por ironia, mesmo nos mais sagazes dos eclécticos, ao pretenderem «unificá-las» sem as poderem «*coordenar*». É esse o caso do próprio HICKS 1950, ao construir a sua «ERP» a uma «taxa média» de «progressão regular», segundo uma função linear com o suave declive constantemente ascendente à razão de 3%, curiosamente exactamente *igual* à taxa de crescimento da massa monetária escolhida pelos autores *ultra-monetaristas*, depois de terem

---

[33] Que, como vimos agora mesmo, com Evsey D. Domar, constitui, para Keynes, a *variável independente* da função rendimento; mais do que isso como com ele vimos também (na nota 32), é uma "grandeza dada". E, a propósito de uma *diferença* ou *incremento* (com as relações *discretas* e *equações de recorrência* de Samuelson e de Hicks), e de uma *taxa* (uma *derivada*, com as *funções contínuas* e as *equações diferenciais* de Domar), o autor assevera, com razão, em relação a *Lange* 1938: 'This otherwise excellent paper has the basic defect in the assumption that investment is a function of consumption rather than of the rate of change in the consumption' (DOMAR 1947, nota 34).

[34] Sobre a diferença sintomática do tratamento de um mesmo núcleo problemático por ambos os autores, veja-se, sobretudo, a rigorosa análise comparativa do excelente SCHELLING 1947, a começar, talvez, pelo contraste de *vias* estratégicas de crescimento (entre a "*warranted* rate of growth" de Harrod e a "*required* rate of growth" de Domar) e a terminar, talvez, pelo contraste de *metas* estratégicas de crescimento (entre o "pleno emprego" de "instalações" de Harrod e o "pleno emprego" de "força de trabalho" de Domar; cf a sua nota 9), a traduzir a dupla concepção keynesiana da "capacidade produtiva" enquanto *variável*, e do "investimento" como *função* ("variável *estratégica*").

desistido do próprio *credo monetarista* (e, assim, de advogar a adopção, em exclusivo, de uma *política* monetária), reservando ao governo a resposta *automática* (ou a *rotina*) de multiplicar, todos os anos, no início do ano, *sempre* por 1,03 a *massa monetária* do período anterior, para acudir à automática e sistemática (modesta embora) '*auri sacra fames*' anual de um *organismo social* supostamente coeso, regular e impante, *crescendo sempre* àquela taxa ([35])!

2.4.4.1 Com a presente proposta de ligação deste cap. 2 a um cap. 3 que segue imediatamente, estamos, é certo, em pleno domínio da *simplificação* tipicamente keynesiana — com tudo o que ela tem de literalmente «provocadora» em

---

([35]) Cf, (1) sobre Hicks, o próprio HICKS 1950, § V ('*The accelerator in action*').1. 2, p 57: 'The other possibility of equilibrium [behind "our old friend", the "Stationary State"] is much more interesting. It is the Regularly Progressive Economy, the discovery of which (as an instrument of this sort of analysis) must be attributed to Mr. Harrod. In the regularly progressive economy, output is not constant, but grows at a constant rate; this output in period $n + 1$ is always $(1 + g)$ of output in period n, where g is a positive constant. (If the period was one year, and g was 0.03, we should have the trend growth which seems to have been characteristic of the the nineteenth century.)'; (2) quanto aos *ultra-monetaristas*, eles operam sempre com a asserção da persistência de uma alegada '*money constant growth rate*' de "3% a 5%", que é, aliás, o valor recolhido nos "estudos empíricos" do próprio *caput scholae* sucessivo de uns ('*monetaristas*') e outros ('*ultra*' ditos), Milton Friedman (cf AVELÃS NUNES 1991, §§ 19.3.1, p 411, 19.3.3, nota 529, e 20.1, nota 535), enquanto «quantificação» de uma '*money constant growth rate rule*', aliás, já avançada, em 1934, por H. Simons, no seu sintomaticamente chamado *Positive program for Laissez-faire* (cf AVELÃS NUNES 1991, nota 518): precisamente nesse mesmo sentido da *última opção* do primeiro coautor de *Free to choose* por um (deveras) "*limited government*". Será, por fim, de notar bem que, no discurso teorético de ambas as linhas de '*bons esprits*' aqui em '*en pleine rencontre*', se verifica a ocorrência de uma mesma *mistura*: uma *razão axiomática* não pouco «*heróica*», com uma alegação de *fundamentação empírica* não muito *matizada...*

54 Do "Oscilador de Samuelson" ao Espectáculo da "Propulsão"

relação aos alegados «clássicos»—; mas estamos, também (hoje principalmente: seis décadas depois), a *ignorar*, cientemente, todas as conhecidas *complexidades* da análise do tema, *a começar* pela questão da (não-)coincidência (muito «pelo menos», não necessária; e, certamente, nada «realista»...) entre o "período do multiplicador" e o "período de rendimento" a que passamos a reportar-nos (cf JACINTO NUNES 1956, cap. III, em nota 10 à p 43, e os lugares aí citados), *passando* pela questão da escolha da modalidade *mais simples* de "multiplicador", com assumido sacrifício de outras modalidades também mais complexas e «realistas» ([36]), e *a terminar*, talvez, com a *in*distinção, *ex post* (e sem *ex ante*...), entre o "ace-

---

([36]) Cf, de novo, cf JACINTO NUNES 1956, cap. III, notas 7, 22 e 23 ao cap. III, pp 38 e 52-4). Assim, p. ex°, ainda quanto ao *multiplicador*, considera-se aqui, igualmente, em princípio — mas sem, com isso, viajar *sem regresso*....—, "apenas a procura de bens de consumo", e não "também a procura de bens de investimento", contra o que ocorre em quase todos os autores após a crítica de F. E. NORTON, de 1956; e, quanto ao *acelerador*, também aqui se trata, ainda por isso mesmo, do «acelerador *ingénuo*», por *global* e por *constante*, alvo também de crítica no mesmo artigo do mesmo autor (cf, de novo, JACINTO NUNES 1961; cap. VIII. 4 e 10, e notas 11 e 32 ao cap. VIII). Não constitui, contudo, «complexificação» alguma o considerar —aliás, aqui, *desnecessariamente*...— uma (*unificadora*) "propensão à *despesa*", em vez uma «propensão a *consumir*» segundo dada «*função-consumo*», e de uma «propensão a *aforrar*», esta conexionada com uma alegada «*função de produção*» (que nunca vi, de resto, escorreitamente elaborada: cf ALMEIDA 1989, § 12, pp 145-61 e nota 101...), como parece defender JACINTO NUNES 1961 (cap. III.9, p 46 e nota 12 ao cap.) e o pratica TEIXEIRA RIBEIRO 1995, § 16. *b)*, p 178, ao *demonstrar* o «teorema de Haavelmo»: é que, *pelo contrário*, aquela *postulada* «unificação» *simplifica*, ela sim, este tipo de análise de uma maneira *irrealista* e ignorando, *marginalistamente*, o «problema da *des*agregação» (e não «da *agregação*»!)... Note-se ainda, de passagem, que a *solução contínua* do 'caso **1**' de Samuelson, adiante analisado, tem exactamente a mesma *estrutura formal* do «multiplicador *vertical*» (como o designa JACINTO NUNES 1961; cf o cap. III.3, especialmente a p 38, as expressões [3,9], [3,10] e [3,13] e as já referidas notas 7 e 22 ao cap. III).

lerador" *proprio sensu* e o "coeficiente capital/produto" ([37]).
A razão disso é óbvia e incontornável: o estarmos a partir
daqui em *direcção* ao '*simple model*' de SAMUELSON 1939a, por
ele apresentado, à cidade e ao mundo, naquele ano fatídico.

2.4.4.2 Certo é que o jovem Samuelson iniciou então
uma carreira excepcional como polígrafo (economista e
matemático) com a sorte dos predestinados. E essa sorte
deveu-se sobretudo, como parece claro, à mais do que modesta condição de *geómetra* (em sentido edgeworthiano) do
seu mestre Alvin Hansen, professor de Harvard, que lhe
comunicou, "em bandeja de prata", a "sequência de modelos"
de uma pristina simplicidade ([38]) que ele, *por si*, não soube,

---

([37]) Cf, ainda, JACINTO NUNES 1961, cap. II, §§ 4-7. A diferença é
palpável, e é a própria que intercede do "investimento *desejado*" ao
"investimento *realizado*", indisponível nos modelos de crescimento como
os de Harrod e de Domar, porém logo perdida com a heróica tentativa
ecléctica de HICKS 1950... Essencial é, no entanto, salientar aqui (o que
se não vê feito, em semelhantes ocorrências...) que o real *fundo do
problema* reside, *uma vez mais*, numa questão posta por Karl Marx, no
cap. 9 do livro II do Capital (MARX 1963, § 9.6, no quadro problemático
do excerto dado no § 2.1.1): a questão crucial e célebre da "*realização da
mais-valia*".

([38]) Mais propriamente, a sorte do discípulo terá derivado da
conjugação entre a notória falta de competência matemática do mestre
(ao menos por então) e a sua não menos notória cultura em termos de
teoria económica, realmente invulgar: é que foi isso mesmo (essa *conjugação*;
aquele *encontro* ou *desencontro*) que levou Hansen a *simplificar* ao máximo
os pressupostos analíticos do seu «modelo numérico» (como, bondo-
samente, lhe chama Samuelson), decerto com a esperança de o poder
trabalhar... Após uma referência à "absorção da nova análise keynesiana
do rendimento" pelo mestre, à sua "recensão favorável" de HARROD
1936 e à "surpresa e divertimento", por ele expressos, por a ninguém ter
ocorrido, "em 1936, redescobrir ou crismar ('*rename*') um princípio
antes tão discutido por autores como Aftalion, Hawtrey, Bickerdike, J.
M. Clark e Frisch", Samuelson acrescenta, quase ('*I think*') sem
eufemismos, uma observação que inteiramente se conforma com a

então, "identificar como *uma equação de recorrência de segunda ordem com coeficientes constantes*" e *termo independente* (do *rendimento* de ambos os períodos anteriores) também *constante* (também *independente*, pois, do «factor *tempo*»); e, se o *achado*, casual e algo insciente, fadou, portanto, o operoso mestre, caberia ao discípulo sobredotado pôr em relevo o seu *sentido* mediante um exercício de *Matemática* tão inspirada como elíptica (expressamente dada como *ancilar*, algo à imagem da velha '*Philosophia ancilla Theologiae*' dos escolásticos...), como ele mesmo, festivamente, viria a escrever, com auto-complacência sua peculiar, no vigésimo aniversário da sua inquestionável primeira obra prima:

> 'It was only at this point that I entered the scene. It was a case of mathematics not as the Queen of the Sciences but as the Handmaiden of the Sciences. I took *Hansen's* model, recognized its identity to a second-order difference equation with constant coefficients, and proceeded to analyze its algebraic structure. At once I made the inference that the drop in income which had so struck Hansen was not the end of the story. *Quite by chance*, he had picked numerical values for the marginal propensity to consume ($\alpha = \frac{1}{2}$) and for the "relation" ($\beta = 2$) which were in the razor's edge that yielded perpetual oscillations, with no damping and no exploding. In other words, if he had continued his numerical example far enough, his downturn too would have come to an end; and he would have been able to generate a succession of never-ending expansions and contractions. The numerical model was easily generalized to the case of *any* marginal propensity and relation coefficients α and β. Today it would be merely a matter of turning the deductive crank to analyze the stability regions corresponding to the different possible roots of the quadratic equation that constituted the dynamic system's char-

---

impressão por mim colhida como leitor atento da obra de Hansen: 'This is *to say nothing* of the *mathematical literature* of Tinbergen, Frisch, Kalecki, and Theiss, with which I think *Hansen was not familiar at that time*' (SAMUELSON 1959, secção I, p 183 I; *grifei*).

acteristic equation; but even then, once Hansen had handed me the problem *on a silver platter*, the work went quickly'.

(SAMUELSON 1959, secção II, pp 183-4; *grifei 'Quite by chance' e 'on a silver platter'*)

Tendo, pois, prescindido de toda a carga *axiomática* a que o amplo e profundo discurso teorético *puramente verbal* que é, na verdade, seu apanágio, o teria levado em outras circunstâncias ([39]), Alvin H. Hansen proporcionou a Paul A.

([39]) Veja-se a nota 38. Precisamente por esse tempo, em HANSEN 1938, '*Part one*' e respectivo '*Appendix*', o autor revela e aprecia, sensatamente, as concepções de Keynes (ainda o do *Treatise on money*, de 1930), de Harrod, Hayek e P. H. Douglas (sobressaindo de *tutti quanti* que o autor refere em fundo, episodicamente); e vem a ser, precisamente, ao estatuir as precisas razões do seu afastamento em relação ao «primeiro Keynes» que Hansen nos revela o verdadeiro "pano de fundo do seu pensamento" ao construir o embrião de modelo "nascido em berço de ouro", que oferecerá a Samuelson "numa bandeja de prata": depois de comparar o *Tratado* de Keynes com o *Capital* de Marx (sendo ambas obras 'which plowed deeply into ground only lightly dug before, which did so inadequately by developing a fundamentally incorrect structure, and yet [...] contained a multitude of correct ideas'), o autor observa, com agudeza, sobre esse «primeiro Keynes»: 'His equations are in danger of being used as *a kind of slot machine* into which one may insert a question and draw the correct answer. Tested by the second term of equations, it becomes too simply a matter to judge the value of various remedies for depression. There is thus danger that absurd conclusions may be arrived at with respect to governmental deficits, tariff policies, buy-now campaigns, and unempoyment doles. *There is a great danger in selecting certain formulae that do not form a closed determinate system, and applying them mechanically to to complex phenomena of economic life.* In doing so one is apt to overlook the indirect effects of the program under consideration' (HANSEN 1938, *Appendix to Part One*, pp 342-3; *grifei*). Depois, em HANSEN 1941 (talvez a sua obra mais criadora), o autor prossegue revelando a mesma excepcional cultura que constitui seu apanágio, para, uma década depois, ir dedicar toda uma parte (HANSEN 1951, '*Part III. Business cycle theory*') à «pré-história» e à «história» ('*13. A general survey of early concepts*'), e à «actualidade» do nosso tema, para

58 *Do "Oscilador de Samuelson" ao Espectáculo da "Propulsão"*

Samuelson a elaboração de um modelo de teoria dos ciclos económicos predisposto a durar e a manter o viço com que nasceu.

Trata-se, na verdade, de uma *estrutura lógica* simples e impecável, de uma *simplicidade ultra-keynesiana*: sem distinguir *aforro* e *investimento* (precisamente à maneira de Keynes) e, mais que isso, sem distinguir «investimento *desejado*» de «investimento *conseguido*»; sem uma «regra de crescimento», quer *«natural»*, quer *«garantido»*; sem distinguir «acelerador» e «coeficiente de capital»; contendo, apenas, como *dados*, valores '*ex-post*' e em *«unidades monetárias»* de *rendimento*, de *investimento* e de *consumo* «verificados» nos períodos *último* $(t - 1)$ e *penúltimo* $(t - 2)$, e usando α e β como *parâmetros* multiplicativos; sem "factores produtivos" ou "forças produtivas" que se tornasse necessário tentar «manter intactos» (como os «machados» da «parábola» de Wicksell ou o seu beato sucedâneo, representado pelos «tractores» universais e «maleáveis» de Hicks ([40])), ou mesmo «homogeneizar», este modelo de

---

terminar com uma panorâmica do saber do seu tempo ('*24. Modern cycle theory: A summary statement*'). Tudo nos leva a crer, portanto, que se ele dispusesse então da competência matemática que, pelo menos, então não tinha, o sábio mestre de Harvard teria então elaborado, quando muito, uma peça de *ars longa* bem menos desenvolta do que a do seu jovem discípulo, e de muito menor longevidade potencial.

([40]) Veja-se ALMEIDA 1989a, § 12, especialmente pp 143-7 e nota 102. Em aberto contraste com SAMUELSON 1939a, virá, onze anos depois, HICKS 1950, transportando consigo todo um velho arsenal marginalista insinuantemente elaborado, tratando os «factores produtivos» "em termos «reais»", para, nos dois últimos capítulos, os tentar *transmutar em dinheiro*, de uma maneira confessamente "muito incompleta" (cf HICKS 1950, no início da longa nota ao final do cap. XI, p 154) e com recurso ao seu já então célebre entendimento «neo-marginalista» da revolução keynesiana, aí com base num misto de "curva *IS/LM*" (nada e criada em e por HICKS 1937) e de "*cobweb*" (ver os caps. XI e XII de HICKS 1950, e as figs. 16 a 18 do primeiro deles). Mas, realmente, 'The fundamental ideas underlying his work are not new. They are still pre-Keynesian in substance.

(Hansen e) Samuelson passou incólume por todas as polémicas entretanto travadas, quer sobre a *teoria do capital*, quer sobre a *teoria do crescimento*. E, no entanto, trata-se de um modelo dotado de uma virtualidade essencial: a de constituir *um espaço lógico impecável*, embora *rarefeito* (ou até por isso mesmo...), contendo, entre ambos os limites de ambos os seus parâmetros ('α' e 'β'), um *mecanismo* de "interacção" (de 'κ' e 'β') capaz de produzir *flutuações cíclicas endógenas* (quer convergentes ou «depressivas», quer regulares, quer divergentes ou «explosivas»), nos termos de uma norma particularmente simples, aliás susceptível de dar razão da perspectiva hermenêutica das *«crises de rotação do capital»*, com *sobre*produção *periódica*, posta em relevo por Marx e por Schumpeter, por Keynes e Kalecki, por Alvin Hansen, e não sem apoiar uma asserção dramática sobre a origem das «flutuações», inerente ao sistema:

> 'The tragedy of investment is that it calls forth the crises because it is useful. I do not wonder that many people consider this theory paradoxical. But it is not the theory which is paradoxical but its subject — the capitalist economy';
>
> (KALECKI 1937, a terminar)

sem subtilezas, pois; porém, dispondo da solidez rara e perfeita (a que, aliás, não é alheia uma certa dose de «realismo» ([41])) que é o segredo da sua longa duração, talvez ilimitada...

This, however, has not always been recognised because of the new form they have taken' (NORTON 1956, em *'Conclusions'*).

([41]) Hansen preocupou-se, desde o início, com o «realismo» dos valores dos parâmetros a inserir no seu esquema de reprodução ampliada, como é patente, desde logo, pela inclusão, em HANSEN 1941, do *'Appendix: A statistical analysis of the consumption function'*, devido a Samuelson (SAMUELSON 1941), ao seu cap. XI, em que o autor convidado oferece dois valores estatísticos para 'α' e 'κ' ($\alpha = 0,56 \Rightarrow \kappa = 2,(27)$; $\alpha = 0,54 \Rightarrow \kappa = 2,173...$, respectivamente a pp 255 e 253), o segundo referente a

60 Do "Oscilador de Samuelson" ao Espectáculo da "Propulsão"

2.4.4.3 É certo que, entretanto, outras versões, bem mais especiosas e «realistas», foram elaboradas (ver o *Apêndice*

1929 e dispondo do elevado "coeficiente de correlação de Pearsons" de 0,97. Uma década depois, o mestre de Harvard fará novo convite a outra posterior figura dominante neste mesmo domínio, que veio a traduzir-se em nova peça autónoma que, *ao mesmo tempo* (para desespero dos bibliotecários!), constitui o cap. 22 de HANSEN 1951 (GOODWIN 1951a, *Econometrics in business-cycle analysis*), com referências às obras teóricas mais importantes (de E. Lundberg, L. Metzler e J. Tinbergen) e aos modelos de FRISCH 1933, de SAMUELSON 1939a e de HICKS 1950 (são do autor as expressões «entre aspas» que serviram de título ao *Apêndice II*), embora sem preocupações de adequação empírica em relação aos «dados» que utiliza. Um ano antes de SAMUELSON 1939a, Tinbergen publicara as "provas estatísticas" do «acelerador» («de tráfico ferroviário»: TINBERGEN 1938; cf o § 2 do *Apêndice I*), obtendo, p. ex°, "α" = 0,5 e "β" = 2,57 para os dezoito anos entre 1873 e 1890; um triénio depois, o mesmo autor (TINBERGEN 1942) apurará, para uma "função consumo" dos "não trabalhadores" na Grã-Bretanha, entre 1870 e 1910, "α" = 0,31, segundo as suas próprias sugestões [metodológicas] para uma teoria quantitativa dos ciclos económicos" (TINBERGEN 1935). Por fim, principalmente, na sequência imediata de HICKS 1950, surgiu um par de artigos de Gene E. Fisher, do mesmo ano, expressamente devotado a recolher "prova estatística" para os parâmetros de dois modelos: FISHER 1952a, em que o autor estabelece, com base em dados estatísticos do PNB dos EUA para 1947-50, para o modelo de SAMUELSON 1939a, valores como α = 0,608 $\Rightarrow$ κ = 2,551 e β = 0,482 para a "função consumo" e a "função investimento", e um *lapso temporal* de *um trimestre*, e FISHER 1952b, agora em relação a "um macro-modelo modificado tipo-Samuelson", com α = 0,7 e β = 0,(714 275), para 1919-35 nos EUA, sendo o de 'α' condizente com os valores achados por T. Haavelmo em 1947 e por R. & W. M. Stone em 1951, segundo informa o autor (cf, ainda, BENNION 1945, com o auxílio do próprio Samuelson, para um «samuelsoniano» dinamizado «à Hicks», com 'I_t' em vez de 'g = 1' e uns «experimentais» "α" = 0,(6); "β" = 1,5 $\Rightarrow$ "$\alpha\beta$" = 1, para confrontar o gráfico do seu comportamento oscilatório regular com uma «curva empírica» dotada de «epiciclos»). Tudo isto é, na verdade, não pouco impressionante, pricipalmente em face da *inimitável* simplicidade do modelo! Fora, porém, logo de início, o mesmo Trygve Haavelmo quem,

II); uma vez mais, é o próprio Samuelson o primeiro a mostrar plena consciência dessa fatalidade:

> 'In concluding I should like to point out that, throughout, all relations have been assumed to hold too rigidly. Obvious qualifications must be made before the results can be applied to the real world'.
>
> (SAMUELSON 1939b, parágrafo final)

Consoante a sábia previsão latente de Ragnar Frisch, já aqui extractada (ver o § 2.1), muito, entretanto, tem sido feito, por «engenheiros» e por «contabilistas» ([42]), no distante sentido de construir um «mapa à escala 1:1» da sinuosa linha da vida de um «MPC» actualmente sem concorrência, neste alegado período de «fim da história», talvez com um matiz semântico mais *radical* e inquietante do que o *vulgar* alcance da vulgar expressão.

---

ecoando uma sábia prevenção de FRISCH 1933 já aqui extractada (ver o § 2.1), acudira prevenindo os incautos: ' "Correction of *the form of* a priori *theory* by pure inspection of the *apparent shape* of time series is a very dangerous proceeding and may lead to spurious "explanations" ' (HAAVELMO 1940, *The inadequacy of testing dynamic theory by comparing theoretical solutions and observed curves,* '*Conclusions*')...

([42]) Para poder passar à prática de um exercício de «*tiro ao alvo*» tão pontual e ambicioso como esse a que se aprestam a proceder, os mais dotados e precavidos terão de devotar-se, liminarmente, ao delicado *tempero* ou *afinação* (lembrar '*fine tuning*'...) de ambos os utensílios a empregar: as *armas* e *o próprio alvo*. Para o efeito, irão surgir, logo em 55, dois primeiros guias de trabalho: ALLEN 1955 ('*The **engineer**'s approach to economic models*', logo seguido pelos §§ 9.2 e 9.6 de ALLEN 1956, prenunciando, p. ex°, PHILLIPS 1954 e, especialmente, PHILLIPS 1957) e BAXTER 1955 (com o título irónico '*The **accountant**'s contribution to the trade cycle*', denunciando a «intensificação» das *crises, altas* e *baixas*, pelos «contabilistas», devido à diferença, no tempo, dos *preços* por que aparecem contabilizados os «rendimentos» enquanto *custos* e enquanto *lucros*: supondo, é óbvio, a *inflação*). Sobre os problemas dos «engenheiros», algo poderá ver-se no *Apêndice II.*

Apesar disso (ou até *por* isso mesmo...), o modelo de (Hansen e) Samuelson está para durar, ainda hoje sem concorrentes como *veículo didáctico* para uma iniciação à teoria dos ciclos económicos. Cabe-nos, pois, ainda hoje, reconhecer esta verdade, festivamente anunciada, em dia fasto de há quase quatro décadas, não sem falsa modéstia, por Samuelson comemorando Samuelson:

> 'And so this particular theory was born. As theories go, it was born with a silver spoon in its mouth. Dealing with fundamentals easy to grasp, it was just deep enough to pique the interest and curiosity of business cycle students and to serve as a pedagogical introduction to dynamic economic models. While I am proud of my own modest contribution to its development, I think it is a fitting occasion to give credit where credit is due — to Alvin Hansen'.
>
> (SAMUELSON 1959, a terminar)

2.4.5 O ensaio de Samuelson é, no entanto, sabidamente evasivo e elíptico, como já se referiu, principalmente em relação à *estrutura lógica* do modelo que explora, e o autor desdenha de a explicitar com uma singeleza imperiosa e olímpica! Tendo a coragem e a energia necessárias para "dar à manivela dedutiva" ('*to turn the deductive crank*') de conhecidos procedimentos é, todavia, *sempre possível* encontrar, para os vários *tipos* das *equações de recorrência* desta família, uma *expressão geral* (correntemente designada, na literatura, por "*solução* geral" ou "*solução contínua*") representada na expressão com que Samuelson escassamente no-la deixa entrever na nota 1 à página 77 de SAMUELSON 1939a, numa formulação elíptica que aqui se reproduz *ipsis verbis (signisque)*:

> 'This is one of the simplest types of difference equations, having constant coefficients and being of the second order. The mathematical details of its solution need not to be entered here. Suffice it to say that its solution depends upon the roots —which in turn depend upon the coefficients α

and β — of a certain equation. Actually, the solution can be written in the form

$$Y_t = \frac{1}{1 - \alpha} + a_1 [x_1]^t + a_2 [x_2]^t,$$

where x_1 e x_2 are the roots of the quadratic equation

$$x^2 + \alpha [1 + \beta] x + \alpha\beta = 0,$$

and a_1 and a_2 are constants dependent upon the α's e β's chosen'.

(Samuelson 1939a, p 77, nota 1; colchetes seus)

Impõe-se-nos, portanto, seis decénios depois, o desempenho de uma tarefa que o autor desdenhou, então, empreender: de "dar à manivela dedutiva" para (re)estabe-lecer os *tipos críticos* de "interacção", e achar as suas *soluções contínuas* (*sem*, no entanto, como ele, *confundir* os coeficientes *originários* ou haveres próprios desta nossa «família», $a_1 = -\alpha (1 + \beta)$ e $a_2 = \alpha\beta$, com os coeficientes próprios dos vários tipos de *soluções contínuas*), assim suprindo, já a seguir, o incumprimento das vãs promessas dos melhores «livros de receitas»: Allen 1956 e Chiang 1984.

3. A estrutura lógica do modelo de "interacção" (de 'κ' e 'β') de P. A. SAMUELSON

3.1 A axiomática do modelo

Segundo a axiomática do modelo de «*interacção*» (de 'κ' e 'β') de (A. H. Hansen e) P. A. Samuelson, explicitando o intervalo para que valem α, a *propensão a consumir, constante*, de uma *função-consumo* suposta *linear*,

$$C_t = \phi \ (Y) = \alpha Y_{t-1}$$

— com α a denotar a *propensão a consumir* referida ao rendimento do período anterior—, e β, o *acelerador*, também *constante*, de uma *função-investimento* também suposta *linear*,

$$I_t = \phi \ (C) = \beta \ (C_t - C_{t-1})$$

— com β, um *coeficiente «de capital»*, a denotar a *razão* entre o investimento *"derivado"* do (ou *"induzido"* pelo) *aumento da procura* de meios de consumo no próprio período, e esse mesmo aumento [43]—, teremos, *por definição* de α e β,

$$\alpha = C_t / Y_{t-1} \ \Rightarrow \ C_t = \alpha Y_{t-1}; \ \beta = I_t / (C_t - C_{t-1})$$

$$\Rightarrow I_t = \beta \ (C_t - C_{t-1}) \ (1 > \alpha > 0; \ \beta \geq 0),$$

---

[43] Mais rigorosamente, deverá considerar-se "não apenas a procura de bens de consumo —tal como é enunciado o princípio [da aceleração] na sua formulação clássica— mas também a procura de bens de investimento [...]. É esta, aliás, a posição hoje assumida pela maior parte dos autores que se ocupam do tema — Hicks, Domar, [Norton,] etc": JACINTO NUNES 1956, cap. VIII.2, em nota 11 à p 120: cf. a nota 36.

donde

$$\alpha = C_t / Y_{t-1} \;\Rightarrow\; (1 - \alpha)^{-1} = (1 - C_t / Y_{t-1})^{-1} \equiv \kappa$$

(introduzindo a entidade 'κ', a esclarecer já a seguir) e, por *definição* de *recorrência*,

$$(C_t - C_{t-1}) / (Y_{t-1} - Y_{t-2}) = \alpha = constante$$

$$\Rightarrow\; I_t = \psi\,(Y) = \alpha\beta\,(Y_{t-1} - Y_{t-2})$$

(para qualquer t, com $t \in \mathbf{N}^0$), expressões, respectivamente: da *razão* (α) da *diferença* entre o *consumo* de dois períodos *contíguos* (o período t, *actual* ou *corrente*, e o *último* período, $t - 1$) pela *diferença* entre o *rendimento* dos dois períodos contíguos *imediatamente anteriores* (os períodos *último* e *penúltimo*, $t - 1$ e $t - 2$, além do *ponto de partida*, para $t = 0$, *aquém* do qual o rendimento é *nulo*; com $t - 1 \geq 0 \Leftrightarrow t \geq 1$ $\Rightarrow t > 0$ agora, sob pena de *indeterminação*); e de uma *função--investimento* do *rendimento* que aquela mesma *razão* α permite definir, representando o número *cardinal* mais elevado em índice de ambas aquelas expressões (no caso, o *número* '2') o *número de ordem* de uma *equação de recorrência* como expressão do *rendimento* de *cada* período como função do rendimento de *ambos os períodos anteriores*, segundo as formas

$$g_t \equiv g_0 \equiv g = 1 \;\Rightarrow\; Y_t = g_t + \alpha\,(1 + \beta)\,Y_{t-1} - \alpha\beta Y_{t-2} =$$
$$= 1 + \alpha\,(1 + \beta)\,Y_{t-1} - \alpha\beta Y_{t-2},$$

em que a *constante* "*g*" (o termo *independente*), já *arbitrada* enquanto $g = 1$, *pode* representar a *unidade* de *investimento*

Este, aliás, um dos motivos que levariam o autor, cinco anos mais tarde, a preferir "a versão de Hicks, porque a versão de Samuelson pode levar a considerar que só as variações de consumo induzem investimento e que as variações de investimento só através das variações do consumo terão o mesmo efeito, o que não é certo" (JACINTO NUNES 1961, cap. III.*A*, em nota 13 à p 30, aliás a conferir sobre as condições de equivalência formal entre ambas as versões do acelerador).

"autónomo" (ou seja, "keynesiano", ou não *"derivado"* ou *"induzido"*).

Na «solução *ecléctica»* do modelo, teremos, pois, o «investimento total» composto, em cada período, pela soma da expressão quantitativa de uma *«função-investimento»* do *rendimento*

$$I_t \equiv \phi\,(C) = \beta\,(C_t - C_{t-1}) \equiv \psi\,(Y) = \alpha\beta\,(Y_{t-1} - Y_{t-2})$$

com a unidade de «investimento autónomo» ($g = 1$), ou seja, formalmente,

$$Y_t - C_t \;=\; g + I_t \;=\; 1 + \alpha\beta\,(Y_{t-1} - Y_{t-2}).$$

Temos, portanto —com aquele sentido, e aditando o consumo, como função do *rendimento*, na forma $C_t = \alpha\,Y_{t-1}$ —, exactamente definida, para aquele domínio dos dois *parâmetros* α e β ($1 > \alpha > 0$; $\beta \geq 0$) [44], uma «família» (ou uma «subespécie») de equações de recorrência de operatória extremamente simples [45], que Samuelson apresentou há cinquenta e sete anos:

$$Y_t = 1 + \alpha\,(1 + \beta)\,Y_{t-1} - \alpha\beta Y_{t-2} =$$
$$= 1 + \alpha Y_{t-1} + \alpha\beta\,(Y_{t-1} - Y_{t-2}).$$

---

[44] *«Marginalmente»*, consideraremos a seguir, como *caso-limite*, precisamente no limite do *intervalo semi-aberto* (ou, então, *semi-fechado...*) $1 \geq \alpha > 0$ (ou $\alpha \in [0;\,1[$), o caso *extremo* $\alpha = 1$, ou seja, a *situação-limite* em que *tudo é consumo* sem que, contudo, $\alpha = 1$ implique $\beta = 0$, como que em outro «milagre hebraico», embora, na ocorrência, todo o *investimento* devesse ser *autónomo*, pois é *exógeno* —salvo se imaginarmos que outros hebreus americanos premiariam *sempre* o consumo *passado* dos seus irmãos da Terra Santa à razão de $I_t = \alpha\beta\,(Y_{t-1} - Y_{t-2})$—; é claro, porém, que o intervalo será *fechado* no outro *extremo* (com $\alpha > 0$), visto que '*primo edere, deinde philosophari*', sob pena de nos estarmos a dedicar também a exercícios *bizantinos* sobre a vida na terra de outros *anjos do céu.*

[45] A extrema simplicidade das equações de recorrência desta «família» tem sido posta em relevo por todos os autores, desde o então

para um qualquer *factor de escala* 'A' (de 'Arbitrary constant'), com $A > 1$, p. ex° usando $A = 100$, como vem sucedendo com Teixeira Ribeiro:

$$100 \ Y_t = 100 + \alpha \ (1 + \beta) \times 100 \ Y_{t-1} - \alpha\beta \times 100 \ Y_{t-2} \ ;$$

mais simplesmente ainda, passando o rendimento de cada período (e as parcelas que o compõem) a ser «contado» em *centenas de* «unidades monetárias», sem se alterar a notação anterior.

3.2 Expressões analíticas das equações de recorrência ("Y_t") referentes aos cinco «exemplos numéricos» de Samuelson, e respectivas soluções contínuas ("$\ddot{Y}_t$")

Tendo como referência uma forma transposta daquela mesma expressão analítica das *equações de recorrência* desta nossa «família»,

$$Y_t - \alpha \ (1 + \beta) \ Y_{t-1} + \alpha\beta Y_{t-2} = 1,$$

a *forma geral* correcta das respectivas *soluções contínuas* pode representar-se como [46]

$$\ddot{Y}_t = (1 - \alpha)^{-1} + a_{q+1} \ x_1^{\ t} + a_{q+2} \ x_2^{\ t},$$

em que $(1 - \alpha)^{-1}$ —a "solução particular", que vai substituir-se ao termo $g = 1$ na *solução contínua*— constitui a *solução* da equação *linear*

---

jovem P. A. Samuelson (ver a nota final de Samuelson 1939a) a R. G. D. Allen (aliás, sob o título enganadoramente promissor do § 7.2 de Allen 1957, '*Detailed solution of the simple model*').

[46] Ver, sobre a notação, o § 1.2 e a nota 1 do *Apêndice I*.

$$\kappa + a_1 \kappa + a_2 \kappa = \kappa - \alpha (1 + \beta) \kappa + \alpha\beta \kappa = 1 \implies$$
$$\kappa = (1 - \alpha)^{-1} = (1 - C_t / Y_{t-1})^{-1},$$

com κ —aliás, como vimos no § 2.1, *inerente* ao *modelo*; melhor: à sua *axiomática*— a denotar, portanto, o "multiplicador *periódico* de rendimento" ([47]) (com "*lapso* temporal": consoante a propensão a *consumir* parte do *rendimento* do período *anterior*), segundo a noção de "*período de* rendimento" de D. H. Robertson, com base no conceito de "rendimento *disponível*" ('*disposable income*') —em vez do multiplicador *instantâneo* de rendimento de (R. F. Kahn e) J. M. Keynes, este com

$$k = (1 - c)^{-1} = (1 - C_t / Y_t)^{-1} = (1 - C / Y)^{-1} —$$

e com x_1, x_2 constituindo o par de *soluções* da equação *quadrática*

$$x^2 + a_1 x + a_2 = x^2 - \alpha (1 + \beta) x + \alpha\beta = 0 \implies$$
$$x_1, x_2 = 0,5 \{\alpha (1 + \beta) \pm \alpha^{0,5} [\alpha (1 + \beta)^2 - 4\beta]^{0,5}\}$$
$$\implies x_1 + x_2 = \alpha (1 + \beta); x_1 \cdot x_2 = \alpha\beta;$$

e, finalmente, com a_{q+1} e a_{q+2} enquanto substitutos de a_1 e a_2, com $i \in \mathbf{IP^0}$ (o conjunto dos *números pares*: $q = 0, 2, 4$, quanto à nossa «família», com $q = 0$ no caso **1**, $q = 2$ nos casos **5** a **7** e $q = 4$ nos casos **2** a **4**), representando $0,5 (q + 2)$ o *número de ordem*, segundo o seu *crescente* grau de

---

([47]) Dado que a expressão de $\kappa \equiv (1 - \alpha)^{-1}$ em termos de α, segundo a identidade nocional que o define, é de uma grande simplicidade, o uso adequado da «rasoura de Occam» —segundo a qual '*entitia non sunt multiplicanda (praeter necessitatem)*', como é sabido— parece aconselhar que, tal como em Samuelson 1939a, o signo 'κ' não *venha* a ser (mais propriamente, não *volte* a ser) utilizado neste capítulo.

complexidade, dos vários tipos de elaboração a que há que proceder para passar dos coeficientes originários dos vários tipos de *equações de recorrência*, $a_1 = -\alpha (1 + \beta)$ e $a_2 = \alpha\beta$, aos coeficientes próprios da respectiva *solução contínua*, a_{q+1} e a_{q+2}.

Convém, seguidamente, expor aqui um certo número de valores críticos de α e de β, a começar pelos cinco «exemplos numéricos» de SAMUELSON 1939a, agora acompanhados por quatro outros, para podermos alicerçar, sobre as várias espécie de «interacção» a que eles dão lugar, um juízo de «probabilidade» sobre a sua ocorrência e, consequentemente, sobre o respectivo potencial hermenêutico.

3.3 Nove «exemplos numéricos»

3.3.1 Os cinco «exemplos numéricos» de Samuelson

1. Seguindo a ordem do próprio Samuelson, começaremos pelo caso mais simples, com $\beta = 0 \Rightarrow a_2 = \alpha\beta = 0$, com uma única solução não trivial:

$$\alpha (1 + \beta)^2 = \alpha;\ 4\,\beta = 0 \Rightarrow$$
$$x_1,\, x_2 = 0,5\, \{\alpha (1 + \beta) \pm \alpha^{0,5}\, [\alpha (1 + \beta)^2 - 4\,\beta]^{0,5}\,\} =$$
$$= 0,5\, (\alpha \pm \alpha) = \alpha,\, 0,$$

ou seja, uma solução *útil* e a solução *trivial* de uma equação do 1º grau em x, pelo que, neste caso, Y_t como que «degenera» numa equação de recorrência de *1ª ordem*, com $x = \alpha$ e a seguinte solução contínua:

$$\beta = 0 \Rightarrow Y_t = 1 + \alpha Y_{t-1};\ \ddot{Y}_t = (1 - \alpha)^{-1}\, (1 - \alpha^t)$$
$$t \to +\infty \Rightarrow \ddot{Y}_t = (1 - \alpha)^{-1}\, (1 - \alpha^t) \to (1 - \alpha)^{-1};$$
$$\alpha = 0,5;\ \beta = 0 \Rightarrow Y_t = 1 + 0,5 Y_{t-1};\ \ddot{Y}_t = 2\, (1 - 0,5^t);$$
$$t \to +\infty \Rightarrow \ddot{Y}_t = 2\, (1 - 0,5^t) \to 2,$$

posto o que estamos em presença de um exemplo de *interacção estável depressiva*.

Graficamente,

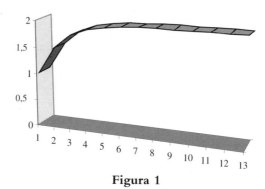

Figura 1

2., **3.** e **4.** Seguem-se os casos **2** a **4**, com um par de *raízes complexas conjugadas*:

$$\alpha (1 + \beta)^2 < 4 \beta \Rightarrow \alpha^{0,5} [\alpha (1 + \beta)^2 - 4 \beta]^{0,5} =$$
$$= \alpha^{0,5} [4 \beta - \alpha (1 + \beta)^2]^{0,5} i$$
$$\Rightarrow x_1, x_2 = 0,5 \{\alpha (1 + \beta) \pm \alpha^{0,5} [4 \beta - \alpha (1 + \beta)^2]^{0,5} i\},$$

em que $i \equiv \sqrt{-1}$ representa um *número imaginário*; multiplicando, agora, discriminadamente, o *número complexo* $\alpha^{0,5} [4 \beta - \alpha (1 + \beta)^2]^{0,5} i$ por $\alpha^{0,5} (1 + \beta) [\alpha^{0,5} (1 + \beta)]^{-1} = 1$, obtemos $\alpha (1 + \beta) \{[4 \beta \alpha^{-1} (1 + \beta)^{-2}] - 1\}^{0,5} i$, em que tan θ figura entre chavetas; podemos, pois, condensar a equação de x_1 e x_2 pondo $\alpha (1 + \beta)$ em evidência, chegando a uma expressão geral mais simples e elucidativa, embora ainda «inoperacional»:

$$x_1, x_2 = 0,5 \alpha (1 + \beta) (1 \pm i \tan \theta).$$

Estamos, pois, em presença de uma «(sub-)família» de *funções trigonométricas*, com *raio-vector* ou *módulo* $R = \sqrt{\alpha\beta}$, perante a ocorrência de infinitos *ciclos* com igual duração em número de «*períodos*» (*hoc sensu*) ou «lapsos temporais», dada por

$$\tau = 2 \pi \theta^{-1},$$

e a *duração mínima* superior a 4 «*períodos*» ([48]), *ciclos* compostos, por seu turno, cada um deles, por um par de *hemiciclos* ou «*fases*» com *igual duração* dada, obviamente, por

$$0,5 \ \tau = \pi \ \theta^{-1}.$$

Neste grupo de casos, teremos:

2. $\alpha = 0,5; \ \beta = 1 \ \Rightarrow \ Y_t \ = \ 1 + Y_{t-1} - 0,5Y_{t-2}.$

Temos, pois, neste caso, $x_1 , x_2 = 0,5 \ (1 \pm i)$ e a *solução contínua*

$$\ddot{Y}_t \ = \ 2 \ (1 - 0,5^{0,5\,t} \cos 0,25\pi t);$$

$$\tan \theta = 1 \ \Rightarrow \ \theta = 0,25 \ \pi \ \Rightarrow \ \tau = 2 \ \pi \ \theta^{-1} = 2 \ \pi \ (0,25 \ \pi)^{-1} = 8;$$

estamos, assim, perante a ocorrência de infinitos *ciclos*, cada um exactamente com a duração de oito «*períodos*», compostos, por seu turno, por um par de *hemiciclos* ou «*fases*» com *igual duração*,

$$0,5 \ \tau = \pi \ \theta^{-1} = \pi \ (0,25 \ \pi)^{-1} = 4,$$

e sendo $R^2 = \alpha\beta = 0,5 < 1$: dando lugar, portanto, a um *perpetuum mobile* com «oscilação cíclica *depressiva*», com os ciclos *convergindo* para a cota ou valor de *equilíbrio* $(1 - \alpha)^{-1} = 2$.

([48]) Do intervalo da medida, em π radianos, do ângulo θ, resulta que a *duração* dos ciclos desta (sub-)família («família celular») de funções trigonométricas se situa no intervalo fechado $\tau \in [4; + \infty]$:

$$0 < \theta < 0,5 \ \pi \ \Rightarrow \ \theta \to 0,5 \ \pi \ \Rightarrow \ \tau \to 2 \ \pi \ (0,5 \ \pi)^{-1} = 4;$$
$$\theta \to 0 \ \Rightarrow \ \tau = \to + \infty \ \Rightarrow \ 4 < \tau < + \infty.$$

Neste caso, em face dos valores do eixo *vertical* (*imaginário*) e do eixo *horizontal* (*real*) do "diagrama de Argand", $v = [4\alpha\beta - \alpha^2 \ (1 + \beta)^2 \ ]^{0,5} \ i$ e $h = 0,5 \ \alpha \ (1 + \beta)$, o domínio das funções trigonométricas $\ddot{Y}_t$ de t é o do seu 1º *quadrante* (ou *sector circular*), com um mínimo para $v = 0 \Leftrightarrow \theta = 0°$ (para o qual, obviamente, se não define a expressão $\tau = 2 \ \pi \ \theta^{-1}$) e um

Graficamente,

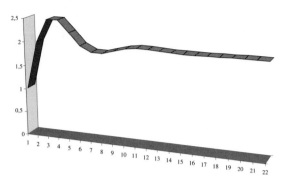

Figura 2

3. $\alpha = 0{,}5$; $\beta = 2 \Rightarrow Y_t = 1 + 1{,}5\, Y_{t-1} - Y_{t-2}$; x_1, $x_2 = 0{,}75\, (1 \pm \sqrt{0{,}(7)}\ i)$,

$$\ddot{Y}_t \approx 1{,}75^{-0{,}5} \sin 0{,}23\, \pi t + 2\, (1 - \cos 0{,}23\, \pi t);$$
$$\tan \theta = \sqrt{0{,}(7)} \Rightarrow \theta = 0{,}230\,053\,456\,171\ldots\, \pi\ \text{rads} \Rightarrow$$
$$\tau = 2\, \pi\, \theta^{-1} = 8{,}693\,631\,616\,26\ldots,$$

ou seja: estamos, agora, perante a ocorrência de infinitos *ciclos* om a duração de 8, 693 631 616 26... «*períodos*», compostos, cada um, por um par de *hemiciclos* ou «*fases*» com *igual duração*, dada por

$$0{,}5\, \tau = \pi\, \theta^{-1} = 4{,}346\,815\,808\,13\ldots,$$

e sendo $R^2 = \alpha\beta = 1$: dando lugar, portanto, a um *perpetuum mobile* com «oscilação cíclica *regular*», com os ciclos alternando, *regularmente*, em torno da cota ou valor de *equilíbrio*, também

---

máximo para $v \to R \Leftrightarrow \theta \to 0{,}5\, \pi$ rads. $= 90°$. Ver o § 1.3.3 e a nota 5 do *Apêndice I*.

$(1 - \alpha)^{-1} = 2$, atingindo por vezes, também *regularmente* (nos «ciclos baixos»), valores *negativos*.

Graficamente,

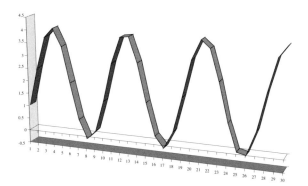

Figura 3

4. $\alpha = 0,6$; $\beta = 2 \Rightarrow Y_t = 1 + 1,8\, Y_{t-1} - 1,2\, Y_{t-2}$; $x_1, x_2 = 0,9\,(1 \pm \sqrt{0,(481)}\ i)$,

$\ddot{Y}_t \approx 2,5 + 1,2^{0,5t}\,(0,69(3)^{-0,5} \sin 0,1931\,\pi t - 2,5 \cos 0,1931\,\pi t)$;

$$\tan \theta = \sqrt{0,(481)} \Rightarrow \theta = 0,193\,090\,791\,324... \pi \text{ rads} \Rightarrow$$

$$\tau = 2\,\pi\,\theta^{-1} = 10,357\,821\,759\,8...,$$

ou seja: estamos, agora, perante a ocorrência de infinitos *ciclos* com a duração de 10, 357 821 759 8... «*períodos*», compostos, cada um, por um número de *hemiciclos* (ou «*fases*» com *igual duração*) dado por

$$0,5\,\tau = \pi\,\theta^{-1} = 5,178\,910\,879\,9...,$$

e sendo $R^2 = \alpha\beta = 1,2 > 1$: dando lugar, portanto, a um *perpetuum mobile* com «oscilação cíclica *explosiva*», com os ciclos *divergindo* da cota ou valor de *equilíbrio*, agora $(1 - \alpha)^{-1} = 2,5$, e com os «ciclos altos» e «baixos» tendendo, respectivamente, para $+\infty$ e $-\infty$.

Graficamente,

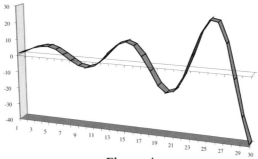

Figura 4

5. Falta tratar o caso **5** de Samuelson, com $\alpha = 0{,}8$ e $\beta = 4$, e

$$\alpha (1 + \beta)^2 > 4\beta \Rightarrow$$
$$x_1, x_2 = 0{,}5 \{\alpha (1 + \beta) \pm \alpha^{0,5} [\alpha (1 + \beta)^2 - 4\beta]^{0,5}\},$$

um par de *raízes reais diferentes*.

$$\alpha = 0{,}8; \beta = 4 \Rightarrow Y_t = 1 + 4 Y_{t-1} - 3{,}2 Y_{t-2};$$
$$\ddot{Y}_t = 5 + (\sqrt{11{,}25} - 2{,}5)(2 + \sqrt{0{,}8})^t - (\sqrt{11{,}25} + 2{,}5)(2 - \sqrt{0{,}8})^t;$$
$$t \to + \infty \Rightarrow \ddot{Y}_t \to + \infty,$$

sendo $\ddot{Y}_t$, agora, uma expressão *visivelmente* representante de um crescimento *literalmente explosivo* do *rendimento* (*interacção estável explosiva*), *sem nada a ver* com a expressão do «valor de equilíbrio», agora dado por $(1 - \alpha)^{-1} = 5$.

Graficamente,

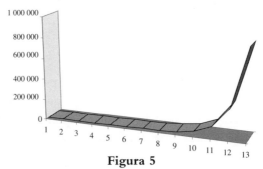

Figura 5

3.3.2 Mais dois «exemplos numéricos», para ilustrar o caso das raízes reais iguais

6., 7. Requere-se, agora, que este par de «exemplos numéricos» satisfaça a condição $\alpha\,(1 + \beta)^2 = 4\,\beta$, donde decorre que ambas as raízes (x_1 e x_2) das soluções contínuas serão *números reais iguais*:

$$\alpha\,(1 + \beta)^2 = 4\,\beta \Rightarrow$$
$$x_1, x_2 = 0,5\,\{\alpha\,(1 + \beta) \pm \alpha^{0,5}\,[\alpha\,(1 + \beta)^2 - 4\,\beta]^{0,5}\} = 0,5\,\alpha\,(1 + \beta);$$
$$\alpha\,(1 + \beta)^2 = 4\,\beta \Leftrightarrow \alpha^2\,(1 + \beta)^2 = 4\,\alpha\beta \Leftrightarrow$$
$$0,25\,\alpha^2\,(1 + \beta)^2 = \alpha\beta \Leftrightarrow 0,5\,\alpha\,(1 + \beta) = \sqrt{\alpha\beta}$$
$$\Rightarrow x_1 = x_2 \equiv x = -0,5\,a_1 = 0,5\,\alpha\,(1 + \beta) = \sqrt{\alpha\beta}\,.$$

Neste caso, portanto, teremos, para β *em função* de α,

$$\alpha\,(1 + \beta)^2 = 4\,\beta \Leftrightarrow \alpha\beta^2 + 2\,\alpha\beta + \alpha = 4\,\beta \Rightarrow$$
$$\alpha\beta^2 - 2\,(2 - \alpha)\,\beta + \alpha = 0,$$

com um par de soluções (raízes) *positivas recíprocas* [49],

$$\beta_1, \beta_2 = 2\,\alpha^{-1}\,(1 \pm \sqrt{1-\alpha}) - 1 = \alpha^{-1}\,(1 \pm \sqrt{1-\alpha})^2 \Rightarrow$$
$$\beta_1 \cdot \beta_2 = \alpha^{-2}\,[(1 + \sqrt{1-\alpha})\,(1 - \sqrt{1-\alpha})]^2 = \alpha^{-2} \cdot \alpha^2 = 1,$$

convindo fixar α num valor *aritmeticamente cómodo* (com α tal que $\sqrt{1-\alpha}$ seja *também* um número racional) e *economicamente significante*; p. ex°, para $\alpha = 0,75$, teremos $\beta_1 = 3$ e $\beta_2 = 0$, (3), com

6. $\alpha = 0,75;\ \beta_1 = 3 \Rightarrow Y_t = 1 + 3\,Y_{t-1} - 2,25\,Y_{t-2}\,;$
$$\ddot{Y}_t = 4 + 2\,(t - 2) \times 1,5^t;$$
$$t \to +\infty \Rightarrow \ddot{Y}_t \to +\infty,$$

---

[49] Para uma *expressão mais simples* das *noções* de β_1 e β_2, de que resultam, *imediatamente*, $\beta_1 \cdot \beta_2 = 1$ e $\beta_1 + \beta_2 = 2\,(2\alpha^{-1} - 1)$, e uma consequente reelaboração de uma *tipologia* hicksiana alternativa à «samuelsoniana» que segue no § 3.4.4, cf o *Apêndice IV*.

ou seja, um outro caso de *interacção estável explosiva*, graficamente semelhante ao caso '**5**', da Figura 5;

7. $\alpha = 0,75;\ \beta_2 = 0,\ (3) \Rightarrow Y_t = 1 + Y_{t-1} - 0,25\ Y_{t-2}$;

$$\ddot{Y}_t = 4 - 2\ (t + 2) \times 0,5^{\,t}$$

$$\Rightarrow\ t \to +\infty\ \Rightarrow\ \ddot{Y}_t \to 4,$$

ou seja, um outro caso de *interacção estável depressiva*, graficamente semelhante ao caso '**1**', da Figura 1.

3.3.3 Dois últimos «exemplos numéricos», para ilustrar o caso-limite $\alpha = 1$

8., **9.** Neste *caso-limite*, em que *tudo* é consumo, com

$$\alpha = 1\ \Rightarrow\ C_t = \alpha\ Y_{t-1} = Y_{t-1}\ ;$$
$$I_t = \beta\ (C_t - C_{t-1}) = \beta\ (Y_{t-1} - Y_{t-2}),$$

— que só se pode conceber, *economicamente*, na falta de investimento *endógeno*, como um qualquer «milagre hebraico» —, define-se um princípio simples de *recorrência*, segundo o qual o *cardinal* do período é igual à soma da *unidade de "investimento autónomo"* e da *diferença* entre o *consumo* do período (ou *rendimento do último* período: $C_t = Y_{t-1}$) e a *aceleração* do *consumo* do *último* período (ou *rendimento do penúltimo* período: $C_{t-1} = Y_{t-2}$),

$$t = 1 + Y_{t-1} - \beta Y_{t-2}\ ,$$

expressão que poderemos designar por *padrão temporal simples* e nos permite passar de uma equação de recorrência de *segunda* ordem, com termo independente *constante* ('1'), a uma equação de recorrência de *primeira* ordem com termo independente *variável* ('t'), pois, na verdade,

$$\alpha = 1\ \Rightarrow\ Y_t = 1 + \alpha\ (1 + \beta)\ Y_{t-1} - \alpha\beta Y_{t-2} =$$
$$= 1 + (1 + \beta)\ Y_{t-1} - \beta Y_{t-2}\ \Rightarrow$$
$$Y_t = \beta Y_{t-1} + t.$$

Estamos, portanto, em qualquer caso, nesta última hipótese (com $\alpha = 1$), a caminhar, agora, *na corda tensa* daquela «região» (*unidimensional!*) graficamente correspondente aos infinitos pontos da semi-recta constituída pela abcissa tirada da ordenada 1 no diagrama em que consiste o "Mapa 2" de Samuelson.

O novo *género* (ou a nova *família*) de equações de recorrência situa-se no *limite superior* do *intervalo fechado* $1 > \alpha > 0$ (ou $\alpha \in [0; 1]$), ou seja *fora* já do *domínio* estipulado para α como função de β, visto nos depararmos, como se viu, com um paradoxo (salvo «milagre»...) irredutivelmente conexionado com a hipótese $\alpha = 1$, para a qual nem sequer se define o multiplicador periódico de rendimento:

$$\alpha \to 1 \ \Rightarrow \ (1 - \alpha)^{-1} \to + \infty.$$

Neste modelo inverosímil, no seio do qual tudo se perde e tudo se «acelera» sem «multiplicação», existe, no entanto, um "equilíbrio móvel" em torno do valor de 't', para todas as *espécies* daquele *género* todo composto por sistemas de interacção de carácter («temperamento»?) "explosivo" ou "eufórico" (assegurado para toda a família, pelo andamento sempre crescente de $Y_t = \beta \, Y_{t-1} + t$), com poder explosivo ou tonus de euforia *potenciado*, em exclusivo, *caeteris paribus*, pelo *crescente* valor de $\beta \geq 0$, desde o seu *mínimo*, em que a espécie exprime a mera *sucessão dos números naturais*, importando focar, também expressamente, o caso mais notável, com $\beta = 1$, precisamente situado na *intersecção* (ou na *tangência*) de todas as três linhas do diagrama, com, *simultaneamente*, $\alpha = 1$, $\alpha\beta = 1$ e $\alpha (1 + \beta)^2 = 4 \, \beta$; em qualquer caso, dando lugar a equações de recorrência extremamente simples, com soluções contínuas *imediatas*; no primeiro dos dois casos (com $\beta = 0$),

$$Y_t \ = \ \ddot{Y}_t \ = \ t$$

e, no segundo (com $\beta = 1$), com t representando a *diferença constante* entre o rendimento de cada período e o do seu antecedente ($Y_t - Y_{t-1} = t$):

8. $\alpha = 1; \beta = 0 \Rightarrow Y_t = 1 + Y_{t-1} = \ddot{Y}_t = t,$

com Y_t (t) como função *linearmente* crescente de t, e t, o *ordinal* do período, representando o próprio *rendimento* de cada período, visto que $\Delta Y (t) = Y_t - Y_{t-1} = 1$.

9. $\alpha = 1; \beta = 1 \Rightarrow Y_t = 1 + 2 Y_{t-1} - Y_{t-2} = Y_{t-1} + t;$

$$\ddot{Y}_t = 0,5\, t\, (t + 1),$$

como mais um exemplo de *interacção estável explosiva* que, aliás, se traduz, para qualquer t, na expressão do *somatório dos números naturais*, de 1 (*ou* 0) a t, com

$$Y_t = Y_{t-1} + t = 0,5\, t\, (t + 1) = \sum_{s=0}^{t} Y_s = \sum_{s=1}^{t} Y_s = \sum_{s=0}^{t} s = \sum_{s=1}^{t} s,$$

visto que $\Delta Y (t) = Y_t - Y_{t-1} = t$ (a partir do par de "*condições iniciais*" $Y_0 = 0$ e $Y_1 = 1$, *impostas* ao modelo). E valendo, obviamente, para ambos os casos (que não interessa analisar aqui com maior detenção),

$$t \rightarrow + \infty \Rightarrow \ddot{Y}_t \rightarrow + \infty.$$

3.4 A área do domínio das equações de recorrência

Impõe-se, agora, o estudo sucinto da área do domínio das equações de recorrência, que Samuelson versou, muito elipticamente, no final do artigo, em ligeiro comentário ao que ele *desenhou* e *designou* por "Mapa 2", que se começa por reproduzir aqui modernizadamente, na Figura 6.1 [50]

---

[50] Como é *visível*, a Figura 6.1, com o gráfico correspondente ao "Mapa 2" de Samuelson, foi aqui construída por aproximações discretas,

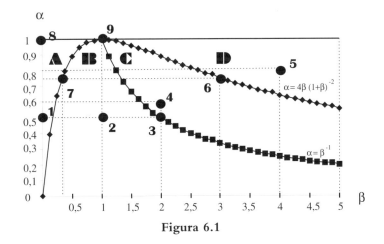

Figura 6.1

a que convém fazer algumas observações.

3.4.1 Os intervalos para que se definem as funções $\alpha_1 \equiv \phi(\beta)$ e $\alpha_2 \equiv \psi(\beta)$, representadas na Figura 6.1, são os seguintes ([51]):

$$\alpha_1 = \beta^{-1}; \quad \alpha_2 = 4\beta(1+\beta)^{-2}; \quad 0 \leq \beta \leq +\infty; \quad 0 \leq \alpha_1 \leq 1;$$
$$0 \leq \alpha_2 \leq 1.$$

3.4.2 Da equação da curva $\alpha_1 = \beta^{-1}$ (que representa o ramo de uma hipérbole rectangular ou equilátera, com assímptotas nos eixos do 1° quadrante, estritamente positivo, do diagrama ortogonal), segue-se que

$$d\alpha_1/d\beta \equiv d(\beta^{-1})/d\beta = -\beta^{-2}; \quad d^2\alpha_1/d\beta^2 \equiv d^2(\beta^{-1})/d\beta^2 = 2\beta^{-3},$$

---

para 33 valores de α_1 (assinalados com quadrados) e 41 valores de α_2 (assinalados com losangos).

([51]) É claro que o limite $\beta \leq 5$ só diz respeito à área da Figura 6.1, podendo a variável assumir quaisquer valores em todo o intervalo $0 \leq \beta < +\infty$.

dando o declive *decrescentemente* ($d^2\alpha_1/d\beta^2 = 2\,\beta^{-3}$) decrescente ($d\alpha_1/d\beta = -\beta^{-2}$) da curva.

3.4.3 Da equação da curva $\alpha_2 = 4\,\beta\,(1+\beta)^{-2}$ conclui-se que ela tem por assimptotas a ordenada tirada do ponto $\beta = -1$ e o eixo das abcissas do 1º quadrante do diagrama ortogonal, pois, na verdade,

$$\beta \to -1 \;\Rightarrow\; 4\,\beta\,(1+\beta)^{-2} \to -\infty; \;\; \beta \to +\infty \;\Rightarrow$$
$$4\,\beta\,(1+\beta)^{-2} \to 0.$$

Diferenciando $\alpha_2 = 4\,\beta\,(1+\beta)^{-2}$ em ordem a β, obtemos

$$d\alpha_2/d\beta \equiv d[4\,\beta\,(1+\beta)^{-2}]/d\beta = 4\,(1-\beta)\,(1+\beta)^{-3};$$
$$\beta = 1 \;\Rightarrow\; d\alpha_2/d\beta = 0,$$

ponto em que a curva tem um *extremo relativo* (um *máximo*, no caso); e, ainda,

$$d^2\alpha_2/d\beta^2 \equiv d^2\,[4\,\beta\,(1+\beta)^{-2}]/d\beta^2 = 8\,(\beta - 2)\,(1+\beta)^{-4};$$
$$\beta = 2 \;\Rightarrow\; d^2\alpha_2/d\beta^2 = 0,$$

ponto em que a curva passa de *crescentemente* decrescente a *decrescentemente* decrescente.

3.4.4 As curvas $\alpha_1 = \beta^{-1}$ e $\alpha_2 = 4\,\beta\,(1+\beta)^{-2}$ intersectam-se no ponto $\alpha = \beta = 1$:

$$\alpha_1 = \alpha_2 \;\Leftrightarrow\; \beta^{-1} = 4\,\beta\,(1+\beta)^{-2} \;\Rightarrow\; 4\,\beta^2 = (1+\beta)^2$$
$$\Rightarrow\; 3\,\beta^2 - 2\,\beta - 1 = 0 \;\Rightarrow\; \beta = 1,$$

uma vez que a solução $\beta_2 = -0,(3)$ da equação $3\,\beta^2 - 2\,\beta - 1 = 0$ —correspondente à intersecção da curva $\alpha_2 = 4\,\beta\,(1+\beta)^{-2}$ com *o outro* ramo da hipérbole $\alpha_1 = \beta^{-1}$ localizado no 3º quadrante, estritamente negativo, do diagrama ortogonal — não pertence ao domínio da variável nem das funções, tal como o definimos.

A partir do desenho de ambas as curvas e áreas que delimitam, e considerando, especialmente, a localização nelas dos nove «exemplos numéricos» anteriormente analisados e insertos no diagrama, estamos, agora, em condições de estabelecer a seguinte *tipologia* das equações de recorrência desta nossa «família»:

1. $\alpha = 1 \Rightarrow$ interacção estável *explosiva* ("**8**"; "**9**");
2. $1 > \alpha \geq 4\,\beta\,(1 + \beta)^{-2}$
2.1. $\beta > 1 \Rightarrow$ interacção estável *explosiva* ("**5**"; "**6**");
2.2. $\beta < 1 \Rightarrow$ interacção estável *depressiva* ("**1**"; "**7**");
3. $\alpha < 4\,\beta\,(1 + \beta)^{-2} \Rightarrow$ oscilação *cíclica*;
3.1. $\alpha\beta < 1 \Rightarrow$ oscilação cíclica *depressiva* ("**2**");
3.2. $\alpha\beta = 1 \Rightarrow$ oscilação cíclica *regular* ("**3**");
3.3. $\alpha\beta > 1 \Rightarrow$ oscilação cíclica *explosiva* ("**4**").

Desta maneira, a zona de interacção estável *explosiva* corresponde à área "**D**", com *inclusão* da curva $\alpha_2 = 4\,\beta\,(1 + \beta)^{-2}$, para $\beta \geq 1$, e mais aos casos com $\alpha = 1$ e $\beta < 1$; a zona de interacção estável *depressiva* corresponde à área "**A**", com *exclusão* da curva $\alpha_2 = 4\,\beta\,(1 + \beta)^{-2}$, para $\beta < 1$, e dos casos com $\alpha = 1$; por fim, a zona de *oscilação* ou *flutuação cíclica* corresponde às áreas "**B**" e "**C**", correspondendo, pois, a todos os valores (pares ordenados de β e α) *sob* a curva $\alpha_2 = 4\,\beta\,(1 + \beta)^{-2}$ (i. e., com *exclusão* dela); visto podermos interpretar, em casos como este, um "integral *definido*" como "uma *área sob uma curva*" ([52]), partindo da expressão do integral *indefinido*

$$\int [4\,\beta\,(1 + \beta)^{-2}]\,d\beta \ = \ 4\,[(1 + \beta)^{-1} + \ln\,(1 + \beta)] + c,$$

podemos estatuir, em geral (para $\beta > 0$),

([52]) Ver, p. ex°, Chiang 1984, § 13.3 (.2), '*A definite integral as an area under a curve*', pp 448-51.

$$\beta^{-1} \int_0^\beta [4\beta(1+\beta)^{-2}]\, d\beta = 4[\beta^{-1}\ln(1+\beta) - (1+\beta)^{-1}],$$

uma expressão que pode interpretar-se como representando a *probabilidade* de um *casual* par ordenado de β e α, pertencente ao intervalo considerado ($0 \leq \beta \leq 4$, originariamente, no "Mapa 2" de Samuelson; ou $0 \leq \beta \leq 5$, p. ex°, como agora), «cair» na zona de *flutuação cíclica*, em termos de alíquota da *"certeza* estatística" ("probabilidade *um*") de ele «cair» no «mapa» da Figura 6.2:

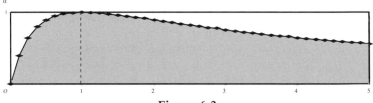

Figura 6.2

Assim teremos, p. ex°,

$$\beta = 4 \Rightarrow \beta^{-1}\int_0^4 [4\beta(1+\beta)^{-2}]\, d\beta =$$
$$= \ln 5 - 0{,}8 = 0,809\,437\,912\ldots$$

e

$$\beta = 5 \Rightarrow \beta^{-1}\int_0^5 [4\beta(1+\beta)^{-2}]\, d\beta =$$
$$= 0{,}8 \ln 6 - 0{,}(6) = 0,766\,740\,909\ldots,$$

correspondendo, pois, a área "**B**"+"**C**" (a área *sombreada* da figura 6.2 ([53])), nos intervalos assinalados, $0 \leq \beta \leq 4$ e $0 \leq \beta \leq 5$, a cerca de 81% e 76,7%, respectivamente, da área global do paralelogramo "**A**"+"**B**"+"**C**"+"**D**".

([53]) A Figura 6.1 é ilusória em termos de *área*, uma vez que, por imperativo de *legibilidade*, os valores em ordenada figuram nela numa escala cerca de 2,5 vezes superior à dos valores em abcissa; por isso mesmo foi incluída agora a Figura 6.2, com *coordenadas normalizadas* (com a altura reduzida a cerca de 0,4 da extensão original). A zona de *flutuação cíclica* só deixa de constituir *mais de metade* da área total da função $\alpha_2 = 4\beta(1+\beta)^{-2}$ de β para $\beta < 0,390\,283\,444\ldots$ e $\beta > 14,389\,147\,2\ldots$

4. Balanço ou ponto da situação

4.1.1 Após a análise *formal* a que se procedeu no § 3 e nos *Apêndices I* a *IV*, e agora *em trânsito* para o § 5, contendo as *conclusões*, torna-se imprescindível, precisamente neste *ponto*, tirar o *ponto* da situação ou fazer um *balanço* intercalar (tecnicamente, um «balancete») que nos faculte a *transição*.

4.1.2 Uma genérica "razão *pura*" e uma *específica* "razão *didáctica*" que nos trouxeram até aqui traduzem-se, em conjunto, numa resposta a dar à indagação sobre qual a maneira mais adequada de transmitir, num nível superior, porém a meros iniciados sem formação matemática prévia, conhecimentos *fundamentais* sobre a *teoria dos ciclos económicos* e a *teoria da política* (quer «*económica*», quer «*financeira*») de *estabilização* e *redistribuição*, no exercício dos dois mais importantes novos *agenda* do «estado social» após-keynesiano.

Para fazer o *ponto da situação*, neste momento desta viagem, sobre a *linha da vida* (da teoria) deste modo (ou sistema) de produção capitalista (hoje, por certo, sem concorrentes e, ao que parece, sem futuro), dispomos hoje de *um texto modelar* ([54]), que seria insensato desconhecer aqui ou

---

([54]) Não haver «bela sem senão» é, no entanto, quase fatal! E, assim, na síntese notável do excelente Richard M. Goodwin, extractada a seguir, se resisti a substituir 'producers' por '[entrepreneurs]', não poderia resistir a pospor '[*sic*!]' a uma surpreendente expressão piedosa, tão deslocada como *vulgar*, de forma acrítica inserida no lúcido contexto, para denotar os «empresários». Quem tem memória, mesmo que pouca, recordará, por certo, que no refluxo da fase revolucionária que se seguiu,

tentar refazer, no qual assume o devido relevo o nome de Karl Marx, o inevitável precedente de John Maynard Keynes ([55]). Na realidade, neste domínio,

> 'Perceptive analysis begins with Marx, who, taking a Darwinian view of society and the economy, investigated the reasons for change and growth, and reached the conclusion that they can only proceed irregularly, a conclusion amply confirmed by the statistics of economic history. The first step is to acknowledge that for at least two centuries industrialized societies have experienced involuntary unemployment more often than not. This fact, which any usable economic theory must explain, as to be emphasized since, strangely enough, the dominant economic paradigm, competitive laissez faire, does not do so. Derived from Adam Smith's benediction of capitalism with the remarkable proposition that the uncontrolled pursuit of private gain would lead to the general good, economists have tended to embrace a theory which assumed that competition would clear all markets in an optimal way. Walras convinced himself and others that it was indeed the case. This involved the demonstrably false proposition that not only markets for produced goods but also for unproduced goods, or "factors of production", would all be cleared. Wicksell, more aware than most, stated explicitly that in his analysis he assumed full employment and hence elaborated an analysis of disequilibrium in terms of banking misbehaviour,

---

em Portugal, ao 25 de Abril, os actuais por vezes ditos «empregadores» se viram designados como «dadores de emprego», como se fossem desinteressados, benevolentes «dadores de sangue»! Adiante!

([55]) Conforme o célebre dito de um autor tão importante, neste contexto, como Lawrence R. Klein, "Marx analisou as causas por que o sistema capitalista não funciona nem pode funcionar adequadamente. Keynes analisou as causas por que o sistema não funciona mas pode funcionar adequadamente" (ap. JACINTO NUNES 1989, p 62): uma pequena-grande diferença específica, por mim grifada no excerto, (re)conhecida pelo autor; e com a observação adicional de que só não há grande exagero nesse confronto de posições fundamentais se se der o devido peso específico ao advérbio "adequadamente"...

the "output" of banks being essentially different from other production. This type of theory became understandably popular since it enabled economists to reconcile a theory which denied persistent unemployment with the fact of its evident existence. It was only Keynes, thoroughly conversant with the monetary mechanism, who unmasked orthodoxy, by saying not only that unemployment must be explained as a part of the normal operation of the economy, but also that it could be, in some sense, an equilibrium position.

To understand this it is helpful to go back to Marx, who said that capitalism was a new mode of production in which the essential decisions about both production and employment were made by the capitalists, not the workers. It follows quite simply from this that employment is determined by producers [*sic*!] in the context of market demand, not by individuals offering labour. It is therefore not surprising that Marx described employment, in the form of the Industrial Reserve Army, as endemic in capitalism. Say's law in its original formulation offers no salvation, since it only yields a neutral equilibrium of aggregate demand and output at any level, including any degree of unemployment'.

(GOODWIN 1987, pp 575-6)

Temos, portanto, de procurar estabelecer, a partir deste recomendável *"regresso a Marx"*, com *passagem por Keynes*, os instrumentos analíticos convenientes a um *primeiro* (ou *segundo*) contacto com a constelação problemática que nos propomos explorar, após o elenco que ficou *desenhado* (mais que *esboçado*; e, quando menos, *tipificado*) no *Apêndice II*.

4.2.1 Pois escolher é rejeitar, são, desde logo, de excluir, enquanto candidatos, quaisquer *modelos econométricos* — de resto já exterminados, no *Apêndice II*, do "desfile de modelos" do § 2 para o seu «lugar próprio» do § 4, dos ditos "mapas à escala 1:1" —, por razões evidentes: não faria sentido deixar de fornecer aos estudantes «*evidência*» estatística (leia-se *"prova"*; ou "exemplo"; ou "amostra"...), ou gráfica ou numérica, embora estilizada ([56]), para lhes servir, em seu lugar, o *sucedâneo* de uma confessa *simulação* de uma realidade a apreender teoricamente e a expor teoreticamente! Por outro lado, a manifesta dificuldade técnica das suas leis de construção bastavam, na ocorrência, para postergar tal sorte de modelos, para mais sujeitos, como se viu no § 4 do *Apêndice II*, às aporias irresolutas fatais nas tentativas de «conversão» ('*Umformung*'; «agregação») *de* dados recolhidos e hipóteses de «comportamento» de índole *micro*económica *em* instrumentos de análise *macro*económica, já aqui postas em relevo ([57]). E, deste modo, do mesmo passo evitaremos, des-

---

([56]) Diga-se "gráfica", de preferência a "numérica", quer por maior «legibilidade», quer por conter a dose adequada de "estilização"; ver o exemplo de Paul A. Samuelson (que, aliás, peca por exagero...), contendo um "*mapa mundi*" "estilizado" da evolução da realidade económica mundial a decorar as últimas edições das suas *Economics* (p. ex° SAMUELSON 1980, verso da capa e guarda, com as "tendências de crescimento do PNB *real*" (*sic*!) de seis países dominantes, entre 1880 e 1980).

([57]) Cf o extracto de ADELMAN & ADELMAN 1959 dado no § 4.2, e a nota 30, do *Apêndice II*. Um exemplo interessante de encontro com as "aporias irresolutas" a que se faz referência é o que é dado pelo próprio Lawrence R. Klein —aqui mesmo referido (cf a nota 55) e, indubitavelmente, um dos mais importantes autores da teoria e prática da construção de modelos econométricos—, ao tratar da «modelação» ('*model building*') e ao «converter» os três operadores do circuito económico (ou "*macrodecisores*"), '*E*' ('*the Firm*'), '*F*' ('*the Household*'; ambas *no singular*) e '*G*' (cominutivamente fracturado este; cf KLEIN 1950, caps. 1 e 2, e *ad ind.*, *s. voc.* '*Government*'). O mesmo autor, três anos antes, iniciara um artigo importante (em que, aliás, acabaria por fornecer *três* modelos diferentes, *à escolha*!) com uma profissão de fé numa ilusão já há muito desfeita, que aqui se deixa a concluir, *sem* (outros) *comentários*: 'It is desirable to provide tools of analysis suited for public economic policy that are, as much as possible, *independent of personal judgements* of a particular investigator. Econometric models are put forth *in this scientific spirit*, because these models, if fully developed and properly used, eventually should *lead all investigators to the same conclusions, independent of their personal whims*. The usual experience in the field of economic policy is that there

Balanço ou ponto da situação 87

ta feita, ter de tratar *ex professo* as aporias e os impasses de vária natureza que se perfilam na transição do *«real racional»* ao *«racional real»*, quer uns e outros se revelassem como *profundos* (como é o caso indigitado por ADELMAN & ADELMAN 1959 sobre o modelo de KLEIN & GOLDBERGER 1955: cf a nota 57 e os lugares aí referidos), quer como *superficiais*, ao menos em primeira aparência, aliás assinalados desde o início, como é o caso da "inadequação de testar a teoria dinâmica pela comparação das soluções teoréticas com os ciclos observados" (HAAVELMO 1940) e de uma recorrente "medição sem teoria" (KOOPMANS 1947)...

4.2.2 De excluir, igualmente, são os modelos de "interacção" (de 'κ' e 'β') analiticamente menos *«ingénuos»* ou mais elaborados (ou rebuscados), como é o caso dos modelos «não lineares» (literalmente ou *'at heart'*) —por ventura munidos de um «acelerador *inteligente*», "de *cremalheira*", que só entra em funções quando convenha ao construtor...—, pois, na verdade —para além de tais modelos perderem, obviamente, a cristalina *simplicidade* e o *carácter intuitivo* das primeiras versões, menos ambiciosas, o que se torna *decisivo* da perspectiva da *didáctica*—, para os preferir aos outros seria necessário convencer todos de que a *«realidade»*, não sendo *linear* (como todos convêm...), seria, sim, antes «quadrática», «cúbica» ou «quártica» (cf o extracto de GOODWIN 1955 dado no § 3.2.2.1 do *Apêndice II* ([58]))...

---

are about as many types of advice as there are advisors (*sometimes even more!*)' (KLEIN 1947, proposições iniciais; *grifei*)!

([58]) Recapitulando: ao asseverar que a "separação entre a tendência e o ciclo [só] se justifica *se a realidade* for *aproximadamente linear*", e ao observar que "falta estabelecer empiricamente que existem *não-linearidades importantes na economia*", Richard M. Goodwin (especificamente, GOODWIN 1955, secção I, p 7) desfere, por certo, uma acerada dupla crítica na direcção das ambições «quadráticas» de retratar a «realidade» sem ter estabelecido a *regularidade* (sob essa mesma espécie) da «realidade» a

4.2.3 É claro que também estão, naturalmente, excluídos da nossa ocupação de agora, por razões semelhantes, os modelos de ciclos com base em equações diferenciais ou «mistos», delineados nos §§ 1.1 e 1.2 da "tipologia" com que abre o *Apêndice II*. Por maioria de razão, operar com *n* derivadas, por sua *ordem*, de '*Y*' em '*t*', nada tem de intuitivo, e é ainda mais arbitrário, enquanto tentativa de imprimir regularidade a um complexo conjunto de fenómenos *sociais* complexamente conexionados por relações complexas de *inter*causalidade, do que operar com singelas diferenças como as que ocorrem nas '*difference* equations'. Por isso mesmo se torna hoje inteiramente compreensível que se tenha baldado o esforço pioneiro de Ragnar Frisch e de Michal Kalecki, nas suas tentativas de adaptar ao estudo dos *ciclos económicos*, próprios da economia *política* do MPC, os instrumentos analíticos utilizados para estudar fenómenos *físicos* de *propagação de ondas*, não obstante a semelhança de perfil *sinusóide* que ambos os tipos de fenómenos parecem revestir.

4.2.4.1 Ficam, portanto, por fim, à nossa escolha, os dois modelos (*formalmente*) lineares mais reputados e conhecidos: o de (Hansen/) SAMUELSON 1939a e o de (Harrod/) HICKS 1950, ambos, precisamente, localizados na linha de fronteira traçada, entre outros, por um *econometrista* soviético, há pouco mais de vinte anos, com o seguinte fundamento:

> 'The Samuelson-Hicks model is based on a combination of the idea of the multiplier, which appeared in the 1930s, with the older idea of the accelerator [...]. This model is quite

---

«retratar». O autor incorre, no entanto, do mesmo passo, algo surpreendentemente, no conhecido vezo do velho "realismo gnosiológico" que vem acompanhando o paradigma marginalista desde as *origens* mais remotas, e lhe parece conatural. Sobre o assunto, que aqui apenas se deixa indigitado, cf ALMEIDA 1989a, '*da capo*' (desde o § 1 e respectivas notas).

simple. Within the limits of the real values for the structural coefficients, it does, as a rule, generate a cycle. [...] Further research by Western economists showed that the idea of the "naive accelerator" [...] set out in the Samuelson-Hicks model does not stand up to empirical examination. [...] A model that gives birth to internal explosive fluctuations is not sufficiently realistic, which is the reason for further work by Hicks and other economists to improve it. This took the direction of attempts to find non-linear accelerators (A. W. Phillips and others) and "ratchet" accelerators, which behave differently according to how the economy functions (J. Duesenberry). [...] Attempts to improve the Samuelson-Hicks model made it too cumbersome, as cycle regulation involved too many different switchings on and off.

(MENSHIKOV 1975, § 7.1.e, pp 315-7 ([59]))

4.2.4.2 E, entre ambos —pelas razões já invocadas, e pelas dadas a seguir—, a nossa escolha pende (*deve* pender) para *o primeiro*. É que o "modelo de Hansen/Samuelson" (segundo o próprio *segundo* "*co*autor") ou "*oscilador* de Samuelson" (como também é conhecido), para além das suas *próprias* virtualidades e *virtudes* (já aqui destacadas), está igualmente livre dos *vícios próprios* do modelo de Hicks: desde a sua *maior complexidade* e *menor transparência*, que o contradistinguem do seu «incómodo» precedente, passando pelos vícios lógicos que o ferem, como vimos (cf, principalmente, o § 2.1 do Apêndice II, os §§ 2.4 e 2.5 do *Apêndice III* e, ainda, o *Apêndice IV*). Mas a razão fundamental desta «prefe-

---

([59]) Com a expressão "modelo de Samuelson-Hicks", o autor quer refere-se, como é óbvio, à «versão Hicks» do "modelo de Hansen e Samuelson". S. Menshikov utilizou, fundamentalmente, o modelo de KLEIN 1950 (porém, com a partição de 'Y' entre 'W' e 'P', os *salários* e *lucros*, para dar conta da "luta de classes") para estudar os ciclos económicos nos EUA do após-guerra (MENSHIKOV 1975, § 7.1, p 315, e § 7.1.f), tecendo algumas interessantes considerações (algumas outras, nem por isso...) sobre a evolução do pensamento económico «ocidental», além de explicitar uma observação deveras acurada, que se registará aqui no § 5.

rência revelada» vem a ser a seguinte: sabido que a realidade das flutuações ou ciclos económicos, *aqui, na terra*, nada comporta de *regular* e, muito menos, um movimento regular em torno de uma *tendência regular* de «crescimento sustentado» por ela, constitui, certamente, uma *torção ideológica insustentável* dessa realidade (melhor: do «estilizado» sucedâneo dessa realidade que a sua «ERP» pretende ser) ensaiar «constrangê-la» ([60]) a crescer em arabescos regulares em torno de um postiço *eixo de simetria* que é uma vertente suave e linear, a uma razão de 3% (segundo as suas figs. 11 e 12; nossa figura 9), desta maneira comparecendo, *pontualmente*, ao encontro *marcado* com os já referidos "*ultra*marginalistas" (cf a nota 35 e o § 3.1.3.2 do *Apêndice II*), que exigem do estado ou governo, tanto o grau zero de uma política *financeira* (como "*monetaristas*"), como o grau zero de uma política *monetária* (enquanto "*ultras*"), assim impondo ao estado ou governo o *grau zero da política*, ditando-lhe a inércia do velho '*Laissez faire!*', visto que apenas lhe permitem (melhor, lhe *impõem*) o anual gesto *automático*, e *cego* à *conjuntura*, de proceder todos os anos, no início do ano, segundo o '*Recipe*' «multiplicar M por $1 + \Delta M = 1{,}03$» (cf, de novo, o § 3.2.3.1 do *Apêndice II*)! E, como vimos, a arbitrariedade do seu dispositivo peculiar «sobreposto» ao modelo, intencionado a tentar superar o seu "«incómodo» antecessor", aliás omnipresente, já foi denunciada , de modo radical, por esse mesmo R. M. Goodwin que, num fugaz primeiro momento, lhe festejara a aparição: é que, em verdade, o *forçar* um modelo, *logicamente construído*, a receber *no decurso do jogo*, *contra as regras do jogo*, «intermitentemente», novos e novos pares de «condições iniciais» *ad libitum*, vindas de fora do modelo e nele introduzidas «*à martelada*» (usando o «algoritmo

---

([60]) O termo, é claro, é do vincado cunho do próprio Hicks 1950, ao enunciar a «pergunta retórica», de antemão decidida, do § VII: '*Free or constrained cycles?*'.

do martelo», como diria Samuelson...) ([61]), dessa maneira *violando*, grosseiramente, a *equação fundamental* que lhe devia *presidir*, só poderia ter um fito bem pedestre, irredutível a qualquer resto de lógica dedutiva: veicular um preconceito ou um capricho, não disfarçado, do próprio construtor. Reproduzindo, em parte, a irrecorrível asserção já aqui incluída num contexto mais amplo, sobre a inviabilidade de casar ciclos económicos com «crescimento sustentado» ([62]),

> 'In Professor Hicks's *Trade Cycle*, we see how difficult is the problem, for in elaborating the Harrod theory into a cycle model *he loses* the theory of the trend *in all but a trivial sense*. Professor Hicks gets a trend by putting in an exponential autonomous investment, but *this trend is unrelated to* required capital or indeed to *anything except the necessity to get a trend*'!
>
> (GOODWIN 1955, secção I, p 7; *grifei*)

Os permanentes obstáculos a um tal casamento não são, de resto, uma coisa própria de Sir John Hicks, nem uma moda dos anos de cinquenta do século que agoniza; pelo contrário, é esse mesmo o testemunho, seis anos posterior, de Luigi L. Pasinetti, em discussão com H. Neisser, como vimos também (no § 3.2.2.1 do *Apêndice II*) ([63]).

([61]) Cf, p. ex°, a confissão de MINSKY 1959 (p 81) reproduzida na nota 27 do *Apêndice II*. Em face de tais grosserias, alguém subtil e reflectido como Sir John Hicks não poderia deixar de passar a *fugir à questão*, refugiando-se, após 1950, num *eclectismo* não praticante, de tipo *diacrónico* ou *sucessivo* (e não *sincrónico* ou *simultâneo*) que se desprende do seu extracto de 1960 com que, aqui, finda o (§ 2.5 do) *Apêndice III*, e que redunda, *forçosamente*, em prescindir de uma *tendência* (de *longo prazo*) adrede *a*posta ou *sobre*posta, com abusão e com abuso, ao *acelerador* (de *curto prazo*, e *não miscível* com a *«função de produção agregada»* que, a *longo prazo, segundo o autor*, o deveria *substituir*).

([62]) Para confrontar ambos esses momentos de um mesmo autor (GOODWIN 1951b e GOODWIN 1955), confiram-se, de novo, os §§ 3.2.1 e 3.2.2.1 do *Apêndice II*.

([63]) Rever, de resto, mais em geral, o excerto de PASINNETTI 1974 reproduzido no § 2.4 do *Apêndice III*, ou este, seu contíguo, que aqui se

92 Do "Oscilador de Samuelson" ao Espectáculo da "Propulsão"

4.2.4.3 É claro, contudo, que, para o MPC, o «parar é morrer», e o crescimento uma questão de pura e simples sobrevivência; e o sistema, a longo prazo, embora com altos e baixos, passos à frente, passos atrás, tem vivido a crescer. Mas assinar a um seu «modelo» uma pacífica *tendência linearmente crescente*, violando as *leges artis* da sua própria construção, é um abuso insustentável. Quer nos gráficos meramente estatísticos (mesmo de duração *secular*), quer nos que ilustram modelos econométricos que os visam reflectir, os ciclos são irregulares e aparentam desenvolver-se praticamente ao longo de uma só *ordenada*, que representa uma *constante*, o que parece uma constante, desde os antigos aos modernos [64]. Talvez convenha, pois, neste momento de transição, deixar aqui uma (outra!) curta e antiga prevenção do mesmo Samuelson, hoje reconhecível como predestinada para *durar* até aos dias de hoje, continuando aplicável a todos os modelos «de interacção»:

'*The acceleration principle can determine the nature of the oscilations but not the average of the system*'.

(SAMUELSON 1939b, p 791; *grifado* pelo autor)

---

reproduz: 'The situation is that, on the one hand, the macro-economic models which provide a cyclical interpretation of the economic activity cannot given any explanation of economic growth, and, at the other hand, those theories which define, or rely on, the conditions of a dynamic equilibrium to be reached or maintained cannot given an explanation of business cycles' (PASINETTI 1960, § II.8, p69).

[64] Desde, p. ex°, TINBERGEN 1935 (fig. 1, para 1870-1910) a MENSHIKOV 1975 (figs. 7-2-A e B, para 1922-42, e 4-1-B, para 1947-70). Falta, aliás, que eu saiba, uma norma «universal» para as medidas relativas dos valores da função, em ordenada (no nosso caso, 'Y'), e da variável, em abcissa (no nosso caso, 't') e, embora bem se entenda que se «caricaturem» os valores da função «quase constante», precisamente para relevar o espaço do «quase», práticas como as de Samuelson 1980, já aqui aludida (cf a nota 56), com uma representação *desmesurada* ou *desmedida* para os valores da variável dependente, para a tornar «bem visível», deformam a realidade, *nessa mesma «medida»*, sem justificação...

De qualquer modo, um argumento *"ex ignorantia"* não poderia, como é óbvio, constituir um convite *aceitável* à pura e simples *contrafacção* «em prol da verdade»: de uma *verdade*, é certo, *elementar*, mas que persiste em extravazar do quadro dos modelos!

4.2.4.4 Uma *última razão*, não menos *decisiva*, nos leva, finalmente, a optar pela *primeira* dentre duas *famílias* com *linhagens* de tal modo distintas que só uma semelhança *puramente formal* (de *mera formalização*) entre elas pode levar a confundir a *linha de Hansen/Samuelson* com a *linha Harrod/ /Hicks*, na já referida designação conjunta «modelo de Samuelson-Hicks», pois, na verdade, *substancialmente*, Hicks concebe o seu modelo inteiramente segundo a tradição marginalista de definir as «quantidades» de *meios de produção* em termos *«físicos»* ou *«reais»*, à imagem dos *«tractores»* maleáveis do seu *Value & capital* (HICKS 1946), deste modo incorrendo nas aporias e impasses que, sucessivamente, se foram *revelando* nas sucessivas *controvérsias sobre o capital* ([65]), ao passo que,

---

([65]) Cf ALMEIDA 1989a, nota 103 e contexto. Só nos dois últimos capítulos do seu pequeno livro o autor se dispõe a considerar, sucessivamente, 'The monetary factor' (cap. XI) e 'The place of the monetary factor' (cap. XII), consideração adicional confessamente incompleta ('The theory of the cycle which has so far been put forward in this book is almost entirely non-monetary [...]. 'This emphasis on the *real* (non-monetary) character of the cyclical process has of course been entirely deliberate': 'Incipit' e 2º período do cap. XI; 'The monetary theory set out in this chapter may be very incomplete as a theory of the cycle [...]': nota final ao cap. XI, p 154), mas evidentemente reveladora do seu carácter convencional: basta dizer que a elaboração aí contida parte da "síntese neoclássica", sob a figura da célebre "curva «IS/LM»", da sua iniciativa, "poucos meses depois de publicada a *Teoria geral* de Keynes" (cf HICKS 1937, e as figs. 16 e 17 de HICKS 1950), por si modestamente apresentada, aí mesmo, como constituindo 'the most covenient summary of the Keynesian theory of Interest and Money, which has yet been procuced' (HICKS 1950, § XI.2, p 137; *N. B.* a ausência do "Emprego"...)! Sobre o

do esquema reprodutivo esboçado por Hansen e transmitido a Samuelson, em 1938, na metafórica e argêntea "bandeja" já aqui exibida, constavam simples *números* exprimindo *imediatamente* quantidades de *moeda* (*quantias em dinheiro*; *despesas e receitas*: *compras e vendas, e rendimentos*), tal como já constavam de HANSEN 1938 e, por *influência directa* sua, sucederá logo com SAMUELSON 1939a, cujos "quadros" e "mapas" (salvo, obviamente, o "Mapa 2", contendo o gráfico da função α de β, aqui reproduzido na Figura 6.1) surgem encabeçados por '*(Unit: one dollar)*', e, em seguida, com o mesmo autor, no seu ensino (veja-se o esquema de SAMUELSON 1980 aqui reproduzido no § 5.1.3, expresso em "milhões de *«unidades monetárias.»*").

4.3 Uma vez feita a nossa escolha —diga-se uma vez mais: *por* SAMUELSON 1939a—, convir-nos-á proceder, na ocorrência, ao acabamento dos instrumentos analíticos a usar *afinal, com as devidas adaptações*. Passamos, pois, a *proceder*.

4.3.1 O operador "γ_t" surgiu como resposta à questão de saber como se poderia definir a *versão homogénea* de Y_t, uma *família* de *equações de recorrência* lineares, *não homogéneas*, de (*1ª* e de) *2ª ordem*, compartilhando, *em abstracto*, os mes-

---

intento que preside às torções infligidas às duas componentes da dita "curva *«IS/LM»*", no cap. XI de HICKS 1950, o seu contexto e o seu significado, poderá confrontar-se a atitude de Wicksell, ao ponderar os estreitos limites do relevo hermenêutico que este autor atribui à "parábola dos machadeiros" da sua própria "função de produção neoclássica" (vulgarmente dita «de Cobb/Douglas»), ao comentar a eventualidade de o *«produto»* ("económico") exceder o *produto aritmético* de ambos os *«factores produtivos»* pelas respectivas derivadas parciais ('this is, the entrepreneur *as such* will necessarily obtain a profit': *ap.* ALMEIDA 1989a, nota 104, p 157), com este comentário de Hicks à hipótese inversa: 'If to receive less than one's marginal product is to be exploited, everyone is exploiting everyone else' (HICKS 1960, secção II, p 129).

mos *coeficientes originários*, $a_1 = -\alpha\ (1 + \beta)$ e $a_2 = \alpha\beta$, compostos dos *parâmetros* α e β (com $1 > \alpha > 0$ e $\beta \geq 0$), cuja *determinação identifica* cada um dos *indivíduos* membros dessa "*família*" e nos permite distribuí-los por *três* "*subfamílias*", segundo *qualquer uma* das *três tipologias* aqui mesmo incluídas (cf o § 3.3.4 e o *Apêndice IV*). Ao impor, contudo, a y_t as mesmas *condições iniciais* de Y_t, para as tornar *formas homólogas* e susceptíveis de confronto, y_t viria a definir-se, *precisamente*, como [66]

$$y_t = Y_t - Y_{t-1} = g_t + \alpha\ (1 + \beta)\ Y_{t-1} - \alpha\beta\ Y_{t-2} -$$
$$- [g_t + \alpha\ (1 + \beta)\ Y_{t-2} - \alpha\beta\ Y_{t-3}] \Leftrightarrow$$
$$y_t = \alpha\ (1 + \beta)\ Y_{t-1} - \alpha\ (1 + 2\beta)\ Y_{t-2} + \alpha\beta\ Y_{t-3} =$$
$$= \alpha\ (1 + \beta)\ (Y_{t-1} - Y_{t-2}) - \alpha\beta\ (Y_{t-2} - Y_{t-3}).$$

Sem incluir g_t, *retrogredindo um período* em relação a Y_t, "y_t" viria, pois, a revelar-se como sendo o *acréscimo* ou *incremento* que, *a cada passo* (ou seja, *em cada período*), se verifica, em relação a Y_{t-1}, para passar de Y_{t-1} a Y_t:

$$y_t = Y_t - Y_{t-1} \Leftrightarrow Y_t = Y_{t-1} + y_t \Rightarrow y_t \equiv \Delta\ Y_{t-1}$$
$$\Rightarrow Y_t = Y_{t-1} + y_{t-1} = Y_{t-1} + \Delta\ Y_{t-1}\ .$$

4.3.2 Tudo parece, pois —agora em termos de confronto das respectivas *soluções contínuas*—, levar a concluir que $\ddot{Y}_t$, trazendo a *marca* ou o *carácter*, seu *específico*, da introdução do «investimento *autónomo*» (com $g_t \equiv g = 1$, e $(1 - \alpha)^{-1}$ na *solução contínua*), ocorre, neste modelo amplificado $\{\ddot{y}_t;\ \ddot{Y}_t\}$, como hipotética *alternativa virtual* em relação a uma (igualmente hipotética) situação *logicamente* «prévia» [67], $\ddot{y}_t$ (com

---

[66] Ver o final do § 1.3 e a nota 6 do *Apêndice I*.

[67] E não «um bocadinho» ('*une quantité très petite*', segundo a celebrada e tocante expressão de Vilfredo Pareto: cf ALMEIDA 1989a, § V.3,

$g_t \equiv g = 0 \Leftrightarrow \gamma_p = 0$; ver o § 2.1.2 do *Apêndice I*), que configura a *ausência* de investimento *autónomo*.

4.3.3 Após a operação, o *sistema global* (ou «sistema conjunto») $\{\ddot{y}_t;\ \ddot{Y}_t\}$, representado no *modelo*, não muda essencialmente, mantendo as suas características específicas originais, segundo *uma* das *cinco* modalidades de «interacção» que nele têm lugar, consoante a *espécie* de determinação *aritmética* dos parâmetros α e β (constituintes dos *coeficientes originários*) que, *em cada caso*, prevaleça.

4.3.4 O advento da hipótese $\ddot{Y}_t$, em contraposição a uma $\ddot{y}_t$ com os mesmos *coeficientes originários* (não propriamente «*cronologicamente anterior*», mas «antes» *logicamente alternativa*), ocorre sob a espécie da intersecção de *formas semelhantes* em *momentos diferentes*, uma vez que o «passado recente» de ambas (representado por [68] $Y_{-1} = Y_{-2} = 0$ e $\gamma_{-1} \neq \gamma_{-2} \neq 0$) é *por definição* diferente. Na verdade, nos casos de *2ª ordem*, ao passo que, para Y_t (e $\ddot{Y}_t$), se verifica a ocorrência

$$t \leq 0 \implies Y_t = \ddot{Y}_t = 0,$$

em relação a γ_t (e $\ddot{y}_t$), a opção por lhe impor o mesmo par de *condições iniciais* imposto a Y_t (e $\ddot{Y}_t$) —designadamente, $Y_0 = \gamma_0 = 0$ e $Y_1 = \gamma_1 = 1$ (e $\ddot{Y}_0 = \ddot{y}_0 = 0$ e $\ddot{Y}_1 = \ddot{y}_1 = 1$)— levou a um resultado necessariamente diverso ou *divergente*,

---

p 298) de «*real sobreponível*», «*realmente sobreposto*» a um «*real suposto*» pela enviesada ideação marginalista *à Samuelson* (cf SAMUELSON 1939a, em nota à 6ª linha da 4ª coluna do "Quadro 1")...

[68] Como é patente, neste lugar, por brevidade, apenas vão enunciadas, formal(izada)mente, a*s* (*duas*) *condições iniciais* dos *quatro* casos de *2ª ordem*.

Balanço ou ponto da situação

para y_{-1} (e $\ddot{y}_{-1}$) e y_{-2} (e $\ddot{y}_{-2}$), conforme o quadro do § 3 do *Apêndice I* que aqui parcialmente se reproduz:

$y_t = 0,5\, y_{t-1}$	$\ddot{y}_t = 0,5^{t-1}$	$y_0 = 2$	
$y_t = y_{t-1} - 0,5\, y_{t-2}$	$\ddot{y}_t = 0,5^{0,5\,t-1} \sin 0,25\,\pi t$	$y_{-1} = -\sqrt{2}$	$y_{-2} = \sqrt{0,4}$
$y_t = 1,5\, y_{t-1} - y_{t-2}$	$\ddot{y}_t = \sqrt{2,(285714)}\ \sin 0,23\,\pi t$	$y_{-1} = -1$	$y_{-2} = 1,5$
$y_t = 1,8\, y_{t-1} - 1,2\, y_{t-2}$	$\ddot{y}_t = 1,2^{0,5\,t} \times 0,39^{-0,5} \sin 0,1931\,\pi t$	$y_{-1} = -0,8\,(3)$	$y_{-2} = 1,25$
$y_t = 4\, y_{t-1} - 3,2\, y_{t-2}$	$\ddot{y}_t = \sqrt{0,3125}\ [(2+\sqrt{0,8}\,)^t + (2-\sqrt{0,8}\,)^t]$	$y_{-1} = -0,3125$	$y_{-2} = -0,390625$

4.3.5 Pode, em geral, dizer-se que em todas as cinco modalidades de «interacção» se obtêm *valores mais elevados* para $\ddot{Y}_t$ do que para $\ddot{y}_t$, sem que, em princípio, cada modalidade de «interacção» com isso *mude de figura* [69].

4.4.1 Na mal chamada ou dita «interacção estável *depressiva*», este confronto, a que aqui se procede, serve, contudo, para afinar alguns conceitos e prevenir alguma distracção. É que, no caso, por excepção, a diferença entre as versões *não homogénea* e *homogénea* vai revelar-se *crucial*. Realmente, ao passo que nas outras quatro modalidades, de 2^a *ordem*, a função $\ddot{Y}_t$ de t *não muda de figura* em relação à função $\ddot{y}_t$ de t, tal como a definimos, neste caso, porém, seja qual for o valor numérico de α (sempre com $1 > \alpha > 0$), a cláusula $\beta = 0$ como que «provoca a degenerescência» de uma *equação de recorrência* de 2^a *ordem* numa *equação de recorrência* de 1^a *ordem*, com

$$\beta = 0 \;\Rightarrow\; \ddot{Y}_t = 1 + \alpha\,(1+\beta)\,Y_{t-1} - \alpha\beta\,Y_{t-2} = 1 + \alpha\,Y_{t-1}\,;$$

ao confrontar, portanto, $\ddot{Y}_t$ com a $\ddot{y}_t$ *correspondente*, no caso $\beta = 0$, ao passo que $\ddot{Y}_t$ (com «investimento autónomo» *permanentemente injectado*, de fora, no sistema, à razão, digamos, de $g_t \equiv g = 1$ *por período*) é uma função *monótona*

---

[69] Cf. o § 1.3 do *Apêndice I*.

crescente de *t*, embora *decrescentemente* crescente, *tendendo* para um *tecto* ou «estado estacionário» graficamente dado por uma semi-recta paralela ao eixo das abcissas, de ordenada constante $(1 - \alpha)^{-1}$, com

$$t \to +\infty \Rightarrow Y_t = 1 + \alpha\, Y_{t-1} =$$
$$= \sum_{t=1}^{n} \alpha^{t-1} \in \ddot{Y}_t = (1-\alpha)^{-1}(1-\alpha^t) \to \sum_{t=1}^{\infty} \alpha^{t-1} = (1-\alpha)^{-1},$$

já $\ddot{y}_t$ é uma função *monótona decrescente* de *t*, constituindo uma *série geométrica convergente* de *razão* $\alpha < 1$, *tendendo* para *zero*, com

$$t \to +\infty \Rightarrow y_t = \alpha\, Y_{t-1} \in \ddot{y}_t = \alpha^{t-1} \to 0,$$

que, aliás, define e concretiza o *multiplicador de rendimento* (quer *instantâneo*, quer «*periódico*»). Embora aqui também suceda, como em geral, que $\ddot{Y}_t$ oferece *valores mais elevados* do que a $\ddot{y}_t$ correspondente, aqui, contudo, *o caso muda de figura* (ver o § 4.2.5); e a *figura* é a seguinte:

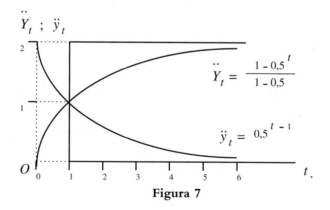

Figura 7

Com a alternativa $\ddot{Y}_t = (1-\alpha)^{-1}(1-\alpha^t)$ a $\ddot{y}_t = \alpha^{t-1}$, portanto, a «interacção» de *1ª ordem* não só conhece *valores mais elevados*, como também *muda de carácter*. Desta maneira, adjectivar como *«depressiva»* uma *função monótona (decrescentemente) decrescente* de *t*, será, talvez, adequado; adjectivar, porém, do mesmo modo uma *função monótona (decrescentemente) crescente* de *t* constitui, certamente, um velho *abuso de linguagem*, e vale a pena transcrever aqui, a tal respeito, uma observação de M. Jacinto Nunes, de há trinta e oito anos, que mantém, todavia, toda a actualidade (aliás *em ambos os sentidos*, como depois veremos):

'O processo do multiplicador nem sempre tem sido devidamente compreendido. A realização de *uma despesa adicional* nunca dá — directamente [o *directamente* tem por finalidade ressalvar possíveis efeitos induzidos no investimento privado] — origem, em qualquer período, a acréscimos de rendimento *superiores ao seu montante. Cumulativamente* é que os acréscimos de rendimento são, em geral, *superiores à despesa inicial*. Uma *elevação com carácter permanente* do rendimento exige a efectivação *permanente* do fluxo de investimento inicial'.

(Jacinto Nunes 1959, final do § III.11, pp 50-1 e nota 19 ao capítulo; *grifei*)

4.4.2 «Investir autonomamente» é sempre *promover* a *alteração* do *rendimento* de y_t para $Y_t = Y_{t-1} + y_t$. Porém, no caso paradoxal da *«explosão estável»*, com $\ddot{Y}_t$ como função *monótona crescentemente crescente* de *t*, tal significaria *potenciar* uma «explosão» potencialmente *ilimitada*.

4.4.3.1 Quanto às modalidades mais interessantes, de *flutuação cíclica*, também a alternativa $\ddot{Y}_t$ a $\ddot{y}_t$ se vem a traduzir pela *elevação* dos valores comparados de $\ddot{y}_t$ e $\ddot{Y}_t$, quer pela introdução, pela via de $\ddot{Y}_t$, do (digamos: da *unidade de*) «investimento autónomo», $g = 1$, representada por $y_p = (1 - \alpha)^{-1} > 1$ na *solução contínua*, quer pela introdução, também pela via de $\ddot{Y}_t$, do elemento "$-(1 - \alpha)^{-1} \cos \theta t$" a *moderar* o ciclo, componente esta antes ausente por a sua presença na *solução contínua* da *equação de recorrência* depender da *não nulidade* da respectiva «constante arbitrária», que se observa em $\ddot{Y}_t$, com $a_5 = -(1-\alpha)^{-1} < -1$, mas se não «observava» em $\ddot{y}_t$, com $b_5 = 0$, além de que a alternativa $\ddot{Y}_t$ a $\ddot{y}_t$ «ocorre» «a contraciclo», devido à divergência dos valores comparados de $\ddot{Y}_0 = \ddot{Y}_{-1} = \ddot{Y}_{-2} = 0$, e $\ddot{y}_{-1}$ e $\ddot{y}_{-2}$ (cf o quadro do § 4.2.4); na "hipótese intermédia" da "interacção cíclica *regular* ou *constante*", esses valores são $\ddot{y}_{-1} = \gamma_{-1} = -1$ e $\ddot{y}_{-2} = \gamma_{-2} = 1,5$ (cf o quadro do § 4.2.4), e gráfico de Y_t e γ_t é o seguinte:

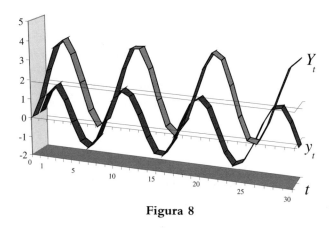

Figura 8

4.4.3.2 A persistência de *flutuações cíclicas* não depende sequer da presença do termo de *consumo* «robertsoniano» no período (com *um lapso* temporal de *um período*), $C_t = \alpha\, \gamma_{t-1}$, na *expressão analítica* da *forma descontínua*, originária, da *equação de recorrência*, mas tão somente da persistência nela de *um lapso* temporal *de dois períodos* em relação ao *investimento* «induzido», como ficou patente no § 2 do *Apêndice I*, com a forma «γ_t» = «γ_{t-1}» − «γ_{t-2}» ∈ «$\ddot{y}_t$» = sin 0, (3) πt, a partir das *condições iniciais* «γ_{-1}» = «γ_{-2}» = $\sqrt{1,(3)} -1$.

4.4.3.3.1 «Investir autonomamente» em situação de «explosão» cíclica, embora «*eleve*» sensivelmente, *no início*, os valores da função da *cota zero* à *cota* $(1-\alpha)^{-1} > 1$, não evita a «*catástrofe*».

4.4.3.3.2 Tanto na flutuação «regular» ou constante, como na mal chamada flutuação «depressiva» (em lugar de algo como «flutuação *convergente*»), «investir autonomamente» é *elevar* o «ponto de equilíbro» (ou «ponto médio» de Hicks), à volta de que oscilam «regularmente», ou para que convergem assimptoticamente, $\ddot{Y}_t$ e $\ddot{y}_t$, de *zero* para $(1 - \alpha)^{-1} > 1$, deste modo *elevando* a *cota* das *crises altas* e *crises baixas*, sem que, *aliás*, o ciclo *mude de figura* (de *período* ou de *perfil*).

4.5 Em suma, *talvez* aquilo que vai escrito neste último § 4.4 tenha ficado aquém da *margem* de visível arbítrio com que muitos e bons economistas —sem excluir muitos dos maiores vultos, desde Marshall a Hicks [70]— se vêm entretendo a «traduzir» *álgebra elementar* (repito: *elementar*) para um «economês» constituído, em boa parte, por rosários ou terços de *abusos de linguagem*.

---

[70] Este último autor sentiu necessidade de exaltar certa nobre pobreza com uma metáfora de evidente mau gosto, em que compara os instrumentos analíticos que utilizou ao «quebra nozes», posto em contraste com o «martelo pneumático» que, então, figuraria, nesse confronto, pela álgebra superior, como se, p. ex°, as *equações integrais* tivessem algo de grosseiro ou pesado! Vale a pena talvez deixar aqui transcrito o excerto em questão, que assevera o seguinte: 'I have [...] taken some trouble to find ways of avoiding the use of advanced methods which a professional mathematician would probably employ in dealing with some of these problems. For the purpose in hand, the nutcracker seems to be sufficient; economy and clarity alike must advise its use, even though the steam-hammer is available' (HICKS 1950, *Mathematical appendix*, final do § 1, p 169).

5. Regresso à base e repristinação

5.1 Flutuações, estado e «sociedade civil»

5.1.1 Após esta longa jornada (*post tot tantosque labores*), impõe-se-nos, por fim, e «de «regresso à base» (ou de regresso a *casa*), tirar algumas conclusões.

Para o efeito, reproduzamos, de novo, agora integralmente (salva que seja a omissão de ambos os quadros, já aqui corrigidos, no § 1.2), e com o número «1 224 112» já corrigido para '[1 216 848]', o inserto fulcral de Teixeira Ribeiro já aqui registado (parcelarmente embora, logo de início: no § 1.1.1), que nos trouxe até aqui:

'Ora, depois de Hansen (*Fiscal Policy and Business Cycles* [...], pág. 264), chama-se *leverage effect* (que temos traduzido por *efeito-propulsão*) das despesas à acção combinada do multiplicador e acelerador. Vamos assistir a essa interacção supondo que a propensão marginal ao consumo [c] é de 8/10, e que as despesas em bens de consumo provocam despesas quádruplas em bens de produção, isto é, que o coeficiente de aceleração (v) é 4.

Admitamos, então, que se verifica um aumento de 100 no investimento, e que esse aumento se renova em todos os períodos.

Ora, se o investimento aumenta de 100 no período *1*, o rendimento nacional aumenta igualmente de 100. Mas, no período *2*, o rendimento vai aumentar: de 80 (consumo derivado do aumento de investimento no período *1*); de $80 \times 4 = 320$ (investimento acelerado pelo aumento de consumo no período *2*); de 100 (renovação do aumento de investimento no período *2*); vai aumentar, portanto, de $80 + 320 + 100 = 500$.

No período *3*, o rendimento será muito maior. Será de: 64 (consumo derivado do aumento de investimento no período

1); mais 256 (consumo derivado do investimento acelerado no período *2*); mais 80 (consumo derivado da renovação do aumento de investimento no período *2*) mais $320 \times 4 = 1\ 280$ (investimento acelerado pelo aumento de consumo no período *3*; na verdade, o consumo aumenta no período *3* de $54 + 256 = 320$); mais 100 (renovação do aumento de investimento no período *3*). O que tudo perfaz um rendimento de 1 780.

Podíamos prosseguir nas contas, através dos sucessivos períodos. Mas como elas seriam cada vez mais complicadas, e já foram feitas, o melhor é apresentar os resultados a que se chegou': [Quadro 1].

Aqui temos o efeito-propulsão de um investimento autónomo de 100, renovado em todos os períodos, quando a propensão marginal ao consumo é de 8/10 e o coeficiente de aceleração é de 4. Como se vê, é um efeito-propulsão explosivo, pois o rendimento, no nono período, será mais [1 216 848] que no período *0*.

Sucede assim, todavia, porque escolhemos valores elevados para o multiplicador e para o acelerador; porque admitimos que todo o rendimento se consumisse e que as despesas em bens de consumo provocassem sempre despesas quádruplas de investimento.

Mas já assim não sucede se escolhermos valores menores para o multiplicador e para o acelerador. Pois, então, veremos que: 1° – o efeito-propulsão só actua com intensidade durante os períodos iniciais; 2° – passados eles, o efeito amortece progressivamente; até que 3° – em períodos ulteriores, mostrar-se-á inferior ao que seria no caso de se não ter investido mais 100 em cada período.

Na verdade, assim acontece quando a propensão marginal ao consumo é de 5/10 e o acelerador é de 2: [Quadro 2].

Como se vê, o rendimento aumenta sempre até ao período *5*; no período *7* já se torna inferior ao rendimento do período *1*; no período *8* é menor do que seria se porventura não se investissem mais 100 em todos os períodos; no período *9* volta a ser maior, mas só de 21.

Aqui temos dois modelos: o primeiro é modelo de efeito-propulsão quando o multiplicador e o acelerador são elevados; o segundo é modelo de efeito-propulsão quando o multiplicador e o acelerador são baixos.

Se o multiplicador e o acelerador são elevados, o efeito-propulsão das despesas é enorme: renova-se em todos os períodos o investimento autónomo de 100 e o rendimento no nono período atinge [1 216 848].

Mas se o multiplicador e o acelerador são baixos, o efeito-propulsão é relativamente pequeno e só se verifica nos primeiros períodos; é um efeito-propulsão a curto prazo.

Compreende-se que se pergunte: no nosso País será grande ou pequeno o efeito-propulsão das despesas? [...] entre nós, o efeito-propulsão das despesas talvez seja relativamente pequeno e só se verifique a curto prazo. Sofremos os contras de ser pobres, e as fugas de rendimentos para o estrangeiro, através da importação de bens de consumo e de bens de produção, a persistente subida do nível dos preços, os engarrafamentos na agricultura e o excesso de equipamento nas indústrias é bem possível que nem sequer nos deixem fruir os benefícios de um multiplicador e acelerador elevados'.

(TEIXEIRA RIBEIRO 1995, § 15.*d*) , pp 169-73)

5.1.2 Uma primeira observação, que aqui logo me ocorre, é a seguinte: Que eu saiba, estranhamente, tem sido Teixeira Ribeiro o único professor a usar o célebre «modelo de Samuelson» para o servir, como *peça de fundo*, desde um *primeiro* momento, a '*undergraduate students*' a iniciar nestes mistérios resistentes da *teoria dos ciclos económicos* (ou *«ciclos dos negócios»*, como preferem, certamente, os aprendizes de *«Noções de Comércio»*...), numa disciplina de *Finanças Públicas* (ou *Economia Pública*), tendo-o, de resto, conservado em funções durante mais de *quatro décadas*, o que é deveras surpreendente, tanto mais quanto é certo que o autor ergueu sobre ele um discurso didáctico destinado a juristas (supostos «ageómetras»), contudo à imagem (é talvez bom lembrá-lo...) do que ocorrera, havia mais de um século, com a *«Economia Política Pura»* professada por um obscuro engenheiro de minas francês, chamado Léon Walras, na *Faculdade de Direito de Lausanne* ([71]) ...

_____

([71]) Ainda mais estranha será, por certo, a usual ausência do

Por mim, pessoalmente, estou *de regresso à casa* em que, há trinta e cinco anos já cumpridos, este mesmo exercício didáctico de Teixeira Ribeiro me *fascinou* como estudante. E o estudante apercebia-se de, entre excelentes mestres, estar,

---

mecanismo dos manuais de uma segunda disciplina, de "*Economia II*", de índole predominantemente *macro*analítica, tratando temas de fronteira entre o *sector privado* de uma primeira disciplina, de "*Economia I*", e o "*Sector Público Administrativo*" da "*Economia Pública*", sob as designações correntes de, p. ex°, "*Flutuações e crescimento*" e "*Análise económica da conjuntura*", precisamente os títulos de duas obras conhecidas que, excepcionalmente, o incluem, tratam e utilizam com certo desenvolvimento: *nomeadamente*, (1) ABRAHAM-FROIS 1984, § V.II.2, pp 96-9, sob a epígrafe "Crises e crescimento: a perspectiva Keynesiana", com o "Oscilador de Samuelson" entre "Os modelos post-keynesianos *de flutuações*" (*sic*), após o de *Harrod* (!) e antes dos de Metzler e Hicks; e, *destacadamente*, (2) MOURA 1969, § 6.4, pp 6.16-23, '*Ciclos endógenos pela interacção do multiplicador e da aceleração*', com o modelo de Hansen/Samuelson antes do de Hicks (aliás considerado muito criticamente: § 6.5, '*Do modelo de interacção de Samuelson à teoria dos ciclos de Hicks*', pp 6.23-6), e a lúcida asserção conclusiva seguinte (cf o § 4.3 deste estudo): 'O resultado fundamental [do modelo de H/S] é o da obtenção de *flutuações cíclicas*, que bem se vêem no gráfico junto. Era esse o nosso objectivo; e tem de notar-se que é a estrutura do modelo que está predispost[a] para esta *geração endógena* dos ciclos, uma vez que *a perturbação autónoma é estacionária*' (MOURA 1969, § 6.4, p 6.19; *grifei* as últimas palavras). Para além disso, interessa registar aqui, aliás muito a propósito, que o autor português apenas trata o mecanismo do oscilador em termos *descontínuos*, com base em *equações de recorrência homogéneas* (que o autor designa, segundo certo uso linguístico, aliás muito vulgar, como "equações *às* diferenças *finitas*"!), a começar, concretamente, por um «exemplo numérico» de "interacção cíclica depressiva" (com $\alpha = 0,5$ e $\beta = 1$, 'A' = 50 e 'g_t' = 0, e sendo I_t expressamente dado como constituindo o 'acréscimo *perturbador*'), porém não deduzindo nem fornecendo a respectiva 'resolução analítica' ou *solução contínua* devido a uma alegada (e lamentada) óbvia razão: 'Já mais de uma vez, nestas lições, se indicou o motivo, que sugere alterações nos programas das cadeiras de Matemáticas' (MOURA 1969, § 6.4, p 6.17 e nota).

no caso, em presença de um mestre de uma outra *raça*, membro de um *corpo* que Hicks caracterizou como constituindo

> 'the growing body of economists who, without being mathematicians, have learned to think mathematically, and can appreciate a mathematical argument if reasonable care is taken to keep it within their reach':
>
> (HICKS 1950, § 1 do *Mathematical appendix*, p 169)

de alguém que, realmente, se lograva exprimir de maneira pungente, "de forma rigorosa, sucinta e acessível" sua peculiar, como já escrevi, e, sobretudo, capaz de enunciar "teorias matemáticas" com expressão verbal realmente impecável (como escrevi também), como é, p. ex°, o caso do seu *teorema* sobre "desigualdades e progressividade", que eu tive o gosto de demonstrar ([72]); capaz, ainda e sobretudo, de exercitar o *«pensamento duro»* (o *'hard thinking'* do mesmo autor: cf HICKS 1960, secção II, p 127), mais que solicitado, realmente exigido pelo espaço lógico algo intrincado e o estilo anti-retórico da "teoria do emprego, do juro e da moeda" keynesiana, de que ele fora um dos primeiros divulgadores no ensino universitário em Portugal (cf a nota 5).

5.1.3 Outra surpresa (agora pela *negativa*...) foi, para mim, logo a seguir, o ter verificado que nem o próprio Samuelson aproveitou o seu próprio modelo enquanto veículo ou módulo didáctico para uma introdução à teoria dos ciclos económicos, pois, na verdade, nas sucessivas edições do seu famoso e longo *'best seller' Economics* que, desde então, acompanhei, o que nelas figura, desempenhando essa função —assim, p. ex°, em SAMUELSON 1980, § 14(.17), *'Business cycles'*: (*'The accelerator'*)—, como seu *sucedâneo*, é um *«quadro aritmético»* rudimentar, se não mesmo *grosseiro* (com a taxa de

---

([72]) Cf ALMEIDA 1989b, no princípio e no fim (§§ 1 e 3)

aumento do «investimento bruto» chegando aos «mil por cento», no «período 4», com o que o autor, ele mesmo, ironiza, na p 247!), que aqui se reproduz *formalizando* os títulos (ou encabeçamentos), meramente «literários», do original, e preenchendo a posição da «direita baixa» (numa linguagem cénica...), i. e., o "investimento bruto da 4ª *fase*" (no raro alcance do termo «fase» aí utilizado), que o autor deixou em branco para ser preenchido "pelos estudantes, como exercício" [73]:

"Quadro 14.1" da 11ª ed. das *Economics* de Samuelson

Tempo		Consumo	Capital	Aumento do Consumo	Investimento Líquido	Investimento Bruto
Fases	Períodos	C_t	$K_t = \beta C_t$	$C_t - C_{t-1}$	$\beta(C_t - C_{t-1})$	$m + \beta(C_t - C_{t-1})$
1ª	1	**30**	60	0	0	3
	2	30	60	0	0	3
	3	30	60	0	0	3
2ª	4	**45**	90	15	30	33
	5	60	120	15	30	33
	6	75	150	15	30	33
3ª	7	**75**	150	0	0	3
4ª	8	**73,5**	147	− 1,5	− 3	0

(em "milhões de *unidades monetárias*":10^6 *U. M.*; "*m*" ≡ "*uma máquina*" = 3×10^6 *U. M.*; $\beta = 2$)

_____

[73] É este um velho uso de Samuelson, por certo inofensivo (ou sem «efeitos secundários») e, até, *estimulante*, se usado com moderação. Contudo, é também conhecida outra sua faceta, esta *pesadamente irónica* (com o *inerente paradoxo*, em que a *leveza* própria da *ironia* se vê *aniquilada* pelo *peso* próprio do próprio *peso*...), paredes meias com a daquela prática docente: a de deixar, para o "leitor", também "como exercício", certos esforços de "dar à manivela dedutiva" (cf o § 2.4), como é o caso de demonstrações que considera «óbvias» ('*straightforward*'), e a que *desdenha* proceder!

Mais surpreendentemente ainda, o autor parece comprazer-se em derramar sobre a inocente massa dos *estudantes de todo o mundo*, a que se ia dirigindo com o seu '*best seller*', ondas de um cepticismo desolador, teórico e didáctico, (1) ao prescrever um '*Recipe*' para "manufacturar algo que se parece um pouco com um ciclo económico" (deitar um par de dados diversas vezes, e ir tirando a "média móvel" dos resultados das jogadas!), (2) ao comparar as ditas "médias móveis" às "reacções moderadoras" do "sistema económico"... ou do balanço do "cavalo de pau" (!), e (3) ao concluir que, embora "de acordo com o princípio da aceleração, o consumo [tenha] de continuar a crescer à mesma velocidade para o investimento se manter", num quadro em que, segundo os «dados» do seu «exemplo numérico», até ao sexto ano, "o princípio da aceleração não nos causou problemas; pelo contrário, deu-nos um incentivo tremendo para investir, em resultado de um moderado aumento das vendas. Porém, agora estamos montando um tigre" (SAMUELSON 1980, § 14(.17), pp 246-7)!

Não é, por certo, o *último* Samuelson, obviamente sarcástico e aparentemnte desiludido, que nos pode ajudar, mas antes o *primeiro*, ainda hanseniano: precisamente aquele que, há mais de quatro décadas, ao celebrar, "modestamente" (palavras suas), o vigésimo aniversário do então festejado SAMUELSON 1939a, punha em relevo a raras virtualidades desse modelo predestinado, "nascido em berço de ouro", cujas *espécies* constituintes Hansen lhe apresentara "em bandeja de prata", na verdade "lidando com noções fundamentais fáceis de apreender" e, "aparentemente, suficientemente profundo para despertar o interesse e a curiosidade dos estudiosos dos ciclos económicos e servir como introdução pedagógica aos modelos dinâmicos" (cf SAMUELSON 1959, última página, a nota 24 e o § 2.4 deste escrito): Entre Samuelson e Samuelson, que diferença abissal!

5.1.4 Este modelo de Hansen e Samuelson foi, entretanto, e por essas razões, muito bem escolhido, por Teixeira Ribeiro, para desempenhar essas nobres funções: pela sua compleição, rara e notória, e até devido ao carácter *elíptico* de que se revestiu (também por mim já aqui anotado: ver os §§ 2.2.4-5), bem mais *intenso* do que *extenso*, o que lhe pode ter firmado e condensado a pele, e evitado as rugas. Simples, perfeito, bem acabado, ferindo os fenómenos fundamentais "estilizados" com agudeza e precisão, por isso mesmo susceptível de suportar muito diferentes níveis de entendimento, podendo ser tratado, quando mantido à superfície, de um modo muito simples, *puramente aritmético* (mediante as «quatro operações», se calculado por iteração), mas convidando, de modo insinuante, a voos mais elevados e mais profundas indagações: em suma, um sedutor universal, capaz, se bem manipulado, de *fascinar alguns, satisfazendo a quase todos,* sem *assustar ninguém.*

Esta a *razão didáctica* (e, assim, do foro do *«entendimento»*) que me parece suficientemente forte para *dever* insistir nele; isto para além do meu apego, confessamente sentimental, a um velho amigo, quase da minha geração, em cuja companhia comecei a aprender: uma razão não menos poderosa (e, assim, do foro da mera *«sensibilidade»*), para, *podendo* ser, comigo o conservar.

5.1.5 Temos, portanto, e à partida, a eleição reiterada de um só e mesmo instrumento analítico, especialmente adequado para servir de base a *uma introdução à teoria dos ciclos económicos.* O tratamento a ministrar ao modelo escolhido, será, contudo —para o leitor, por certo, neste momento, já sem surpresa...—, comigo algo diferente da prática que herdei.

5.1.5.1 Primeiro —e desde logo—, não me parece que utilizar quaisquer das cinco modalidades de "interacção" do «modelo de Samuelson» seja a melhor maneira de *formalizar* (ou de, sequer, *quantificar*) a «intervenção do estado» ou «governo» «na economia», no exercício de uma *política de estabilização*, e os eventuais *efeitos* daquele tipo de *intervenção* (ou «ingerência») sobre uma '*société civile*' queixosa e delicada, em termos *macro*analíticos representada, como é sabido, por "*E*" e "*F*". Como tem sido observado, $g_t \equiv g_0 \equiv g \equiv 1$ (ou o seu neutro produto aritmético por um qualquer *factor de escala*, como, p. ex°, "*A*" = 100 $\Rightarrow$ $Ag = 100\, g = 100$", como no mestre português) ocorre a denotar "investimento *autónomo*", "não *induzido*" por via do *acelerador*, i. e., *exógeno* ou estranho ao sistema, vindo do exterior, *seja qual for* o «responsável» pela injecção periódica, benéfica ou maléfica, de rendimento novo no seio do mecanismo reprodutivo *inerente ao* sistema; seja ele, embora, como vimos, «historicamente», o «estado social» da então nova «economia dual» (segundo Hansen) ou «mista» (segundo Samuelson), pode ser "*E*", não "*G*" ([74]).

([74]) Como é compreensível, quer Alvin Hansen, quer Paul Samuelson, nesse momento *histórico*, apenas têm em perspectiva o estudo do papel do *estado* ou *governo* na *estabilização* da *economia*, como resulta dos seus escritos de então sobre este tema. Para um só exemplo, e recapitulando, '*da capo*', 'Professor Hansen has developed a simplified model sequence which ingeniously combines the familiar acceleration principle or Relation with the Multiplier [...] To facilitate the systematic consideration of the induced effects on private investment of governmental [deficit] expenditure' (SAMUELSON 1940, p 501). Como é óbvio, contudo, o «investimento *autónomo*» poderá ser *literal* ou «*honorário*» (na expressão sardónica de Sir Dennis H. Robertson: cf ROBERTSON 1939, em nota 3 à p 354). É claro, ainda, que o ser *funcional* ou *autónomo* o investimento *literal* depende da teoria que presida ao modelo, quanto à «*função* investimento», e da presença, no modelo, da sua (eventual) variável independente. Além (ou apesar) dos efeitos económicos «*induzidos*» pelo «investimento *honorário*», este figura sempre nos modelos como *não induzido*, visto que nunca se define como *função* de elementos *endógenos*...

5.1.5.2 Depois, mesmo supondo que se trata de "*G*", é obviamente crucial definir, *previamente*, a *alternativa virtual* à "intervenção" de "*G*". Para um *marginalista militante* como o então jovem futuro autor das *Foundations of economic analysis*, as coisas são bem simples: *demasiado* simples, aliás, como vimos, que o paradigma marginalista permitiria ignorar tudo o que se passasse fora da imediata *vizinhança* das *mutações infinitesimais no tempo* que se dedica a observar, como que ao *microscópio* ([75]); simplicissimamente, aquela hipótese de alternativa virtual que constitui o "estado de coisas" ('*Sachverhalt*'; '*the state of affairs*', segundo Samuelson) *imediatamente* anterior (o '*statu quo ante*' ou '*counterfactual*', segundo outra linguagem...) seria o «estado zero», a que a referida «intervenção» se iria «sobrepor» (*sic*, SAMUELSON 1939a, em nota ao "Qua-

---

([75]) Cf, de novo, a "confissão de Minsky" já aqui extractada (na nota 27 do *Apêndice I*) e ainda agora mesmo referida (na nota 61), a confrontar, de resto, com uma estranha prevenção do próprio Samuelson, logo ao *expor* o seu *modelo*: 'In concluding I should like to point out that, throughout, all relations have been assumed to hold rigidly. Obvious qualifications must be made before the results can be applied to the real world'; 'In particular, it assumes that the marginal propensity to consume and the relation are constants; actually these will change with the level of income, so that this representation is strictly a *marginal* analysis to be applied to the study of small oscillations' (SAMUELSON 1939b, *finale*, e SAMUELSON 1939a, *finale*). A *miopia por convicção* que o autor professa neste passo (tenha-se em mente que ele já *concebia*, por então, o claustrofóbico universo paralelo que são as referidas *Foundations...*: SAMUELSON 1947) parece-me óbvia, e obviamente errada. Este ou outro qualquer *macromodelo* vale, por si próprio, o que valer como «parábola» ou como «hipérbole», sem veleidades de poder vir a transformar-se num *mapa mundi* à escala 1:1. Mas tentar reduzir toda e qualquer modalidade desse imparável *perpetuum mobile* em que ele sempre se traduz, *por construção*, a um *microscópio* para observar *oscilações infinitesimais*, é carregá-lo com uma grave *limitação* que não é sua própria, enquanto '*res*' (mesmo *resquício* ou *entículo*: como '*res cognoscenda*'), mas sim *dos olhos* («*marginais*») de quem sobre ele, enquanto '*ens cognoscens*', *primeiramente* embora, se debruçou...

dro 1", p 76 I)! E o mestre português, seguindo Samuelson, também aqui, de forma implícita mas necessária, o iria repetir, ao concluir que, na hipótese «indesejável» do seu 2º quadro (com $\alpha = 0,5$; $\beta = 2 \Rightarrow \alpha\beta = 1$), 'o rendimento [...] mostrar-se-á *inferior ao que seria* no caso de se não ter investido *mais 100* em cada período' (cf a parte final do excerto dado no § 5.1.1) ([76]).

Observações do género destas poderiam sugerir a procedência do *anátema* ('*voodoo*') *ultra*-liberal, (*ultra*-) monetarista, *soi disant* «Novo Clássico», sobre o estado ou governo enquanto intruso indesejável na economia própria da '*bürgerlische Gesellschaft*' ('*société civile*'), exorcizado pelos adeptos do «pensamento único» ao militarem, ritualmente, em prol da imposição, ao mau da fita, de '*a regime of fixed money growth and a "passive" fiscal policy*' visto que, com efeito,

> 'New Classical Macroeconomics (NCM) — much in favour during the past fifteen years among young macro theorists— teaches that, if only the macroeconomic managers would stop meddling, the economy would perform about the way the stochastic version of the perfectly competitive, instantly

---

([76]) É desta mesma natureza, embora muito mais subtil, o erro fundamental cometido por PHILLIPS 1954, e logo corrigido por PHILLIPS 1957 (cf o § 3.2.2.2 e a nota 23 do *Apêndice II*), a partir do final da secção I, num passo crítico que agora se transcreve: 'Since *the basic multiplier model* which has been used *so far* is *non-oscillatory*, this may properly be called *a control cycle. A more adequate model* of an economy *might in itself have cyclical properties*, for example inventory adjustments [...]' (PHILLIPS 1957, secção I, p 673; grifei *q. s.*!); por isso mesmo, o *ciclo gerado sobre* uma *depressão estável* podia, realmente, designar-se, "com propriedade", como um "ciclo *de acompanhamento*" ('a *control cycle*'), ou um "ciclo *terapêutico*": «má medicina» esta, portanto, posto que se traduz em transformar um *deprimido* num *maníaco-depressivo*! De recordar, ainda, que o fito do autor era estudar, em ambas as ocasiões, uma "política de *estabilização*" (segundo o próprio título de ambos os artigos: '*Stabilization policy and...*'), e não uma "política de *fomento*" ou "*desenvolvimento*"...

convergent NCM model predicts it will perform: prices and wage rates would keep all markets more or less continuously cleared, and allocation would remain in the neighbourhood of its quasi efficient Walsasian (moving) equilibrium. If that is so —an empirical question, and not a matter of methodological aesthetics or political preference— attempts by government to manage aggregate demand are at best an irrelevance, or more likely, the principal cause of macroeconomic [*sic!*] inefficiency. Business cycles, insofar as they do not reflect feasibly efficient adjustment to changes in endowments, technology and tastes, are caused by capricious fiscal and monetary policies. Private agents make socially erroneous decisions because they are unable to decipher the behaviour of government. The money managers in such a NCM economy, at least in the canonical monetarist version of the story, cannot affect *real* economy magnitudes except by acting capriciously',

(BATOR 1987a, p 354 I)

a *contrastar, pontualmente*, com o expressivo e rigoroso «ponto da situação» desse notável passo de GOODWIN 1987, ainda agora aqui mesmo extractado (no § 4.1.2), e a *aproximar, precisamente*, do que pode seguir-se, logicamente, segundo um econometrista já nosso conhecido, à verificação do carácter «ingénuo» do acelerador «irreversível», sem «cremalheira» nem outra forma de *sensibilidade* (e de *resposta* discriminada) à *conjuntura*:

'Once it was shown empirically that the interpretation of [β] was incorrect and that the actual value of the "naive accelerator" is well below 1, the reverse difficulty arouse — to explain how fluctuations remain in reality when they disappear in the model. The only explanation for a long time remained fluctuations introduced from outside by autonomous expenditure, i. e., by "imperfect" government policy. The idea of an organic combination of stochastic movements for a long time did not receive recognition in Western literature, in spite of Slutsky, Tinbergen and Kalecki'.

(MENSHIKOV 1975, § 7.1.e, p 317)

114   *Do "Oscilador de Samuelson" ao Espectáculo da "Propulsão"*

Porém, como creio ter-se tornado óbvio, a *alternativa virtual* à intervenção do estado, *logicamente*, só pode consistir na versão *homogénea* (*sem* termo independente) associada à equação de recorrência *não homogénea* da *mesma modadidade* de interacção, cujo termo independente, $g_t = 1$ (ou o seu produto por qualquer mero factor de escala, 'A' > 1, então com $A = Y_1$ a afectar todos os termos de ambos os membros da equação de recorrência), se considere representar, «quantitativamente», a acção ou «intervenção» do estado ou governo. *Substancialmente*, também só deste modo se poderá compreender, não só a *lógica* do *problema* e da eventual *solução*, como também, e desde logo, a própria lógica da *questão posta*: só, na verdade, ocorre pôr o problema da necessidade de uma política de *estabilização* se a realidade económica que constitui o objecto ou o campo de acção do estado ou governo for uma realidade *instável*, carente de uma *correcção* (e, como é óbvio, tida por *corrigível*...), como devia ser evidente!

5.1.6 Quer, pois, em *pura lógica*, quer em termos de *lógica aplicada* (de *lógica económica*), somos *forçados* a concluir o seguinte ([77]):

5.1.6.1 Num caso de «interacção *estável explosiva*» (sem paradoxo: de interacção "*permanentemente* explosiva"; melhor, talvez, "*crescentemente* explosiva") —que pode retratar (ou *caricaturar*...), *num período transitório*, fenómenos *marginais* como os chamados «*milagres*» *alemão* e *japonês* do após guerra (a partir de uma destruição *maciça* das *forças produtivas*, ou a

---

([77]) Note-se bem que, em comum para os *três tipos* das *cinco modalidades* de "interacção", um *sistema alternativo* com "investimento autónomo", da *mesma espécie* da sua alternativa virtual sem "investimento autónomo", salvo para $\beta = 0$ (cf, já a seguir, o § 5.1.5.2), como que *entra*, necessariamente, *a contra-ciclo*, dada a diferença dos respectivos pares de "condições iniciais", tornada necessária para o efeito de um confronto coerente e relevante. Cf o quadro do § 4.3.4.

partir do *zero*, com assistência igualmente *maciça...*); ou o *recente breve e explosivo* sucesso dos *«tigres asiáticos»*; ou o que *ainda* se observa na actual «economia socialista de capital» chinesa...—, seria literalmentre absurdo que o estado ou governo se propusesse «propulsar» ou «propulsionar» um processo, já de si mesmo «auto-sustentado», de crescimento *exponencial estável* (cf o § 2.1 do *Apêndice III*)!

5.1.6.2 Num caso de "interacção estável depressiva" *propriamente dita*, convergindo para *zero* de forma *decrescentemente decrescente* (cf o § 4.4.1 e a Figura 7), uma injecção *periódica de* uma unidade de *rendimento exógeno*, sob a espécie do "investimento *autónomo*" (literal ou «honorário»...), *transformará* essa modalidade de interacção num caso *impropriamente dito* (também) de «interacção *estável depressiva»* —mais propriamente, de "interacção *estável (decrescentemente) crescente*", convergindo assimptoticamente para o valor do "multiplicador" periódico, $\kappa = (1 - \alpha)^{-1}$, o que, como é de notar bem, poderá representar *o futuro deste mundo* (mais propriamente, "a sobrevivência da vida humana num planeta finito e perecível", como já escrevi...) —, na «direcção» ou no sentido do "estado estacionário": o «EE» (ou «SS»), abominado por J. R. Hicks. *Valeria*, pois, *a pena...*

5.1.6.3.1 No caso de "interacção cíclica", como ocorre *no mundo* (para *aterrarmos*, finalmente...), teremos desde logo, enquanto circunstâncias puramente *formais*, o par de *alternativas virtuais* ([78]) que segue:

$$\ddot{y}_t = R^{t-1} (\sin \theta)^{-1} \sin \theta \, t;$$

$$\ddot{Y}_t = (1 - \alpha)^{-1} \{ 1 + R^t [(\sin \theta)^{-1} (\cos \theta - \alpha R^{-1}) \sin \theta \, t - \cos \theta \, t] \}.$$

([78]) Cf os §§ 1.3.2.3 e 4 do *Apêndice I.* A 2ª forma é aqui apresentada de modo de(s)composto (não concentrado, p. exº com recurso à forma da 'tan θ') para melhor confronto com a 1ª, obviamente mais simples.

Temos, portanto, que, *formalmente*, a solução contínua da equação de recorrência com "investimento autónomo", sendo mais complexa, será mais «maleável», ou seja, sofrerá *oscilações de maior amplitude* que a sua alternativa virtual, mas que, contudo, do mesmo passo, *«fará subir»*, em relação a ela, o *eixo à volta do qual oscila* (oscilação cíclica *regular* ou *constante*), *para que tende* (oscilação cíclica *convergente* ou *depressiva*), ou do qual *se afasta* (oscilação cíclica *divergente* ou *explosiva*) o rendimento dos vários períodos.

5.1.6.3.2 Está ao alcance mesmo de puros «ageómetras» capazes, no entanto, de «ler, escrever e contar» (ou seja, para o caso, capazes de fazer *«as quatro operações»* aritméticas), receber, com proveito, uma mensagem como esta: exposta a forma "descontínua" de uma função $Y_t = f(t)$, de expressão analítica dada por uma equação de recorrência muito simples, de 2ª ordem, com coeficientes e termo independente constantes, com um lapso temporal de dois períodos, tratável por iteração, representando um sistema (re)produtivo cujos operadores se definem como no § 3.1 (os *parâmetros* prefixados α e β e, *a cada passo*, as *constantes* Y_{t-1} e Y_{t-2}, e a *incógnita* Y_t), *nomeadamente*,

$$Y_t = \alpha (1 + \beta) Y_{t-1} - \alpha\beta Y_{t-2},$$

sendo $1 \geq \alpha \geq 0$ e $\beta \geq 0$, *por construção* da Figura 6.1) [79], esse sistema,

(1.1) Se $\alpha (1 + \beta)^2 \geq 4\beta$ e $\beta < 1$, conhece uma evolução *estável, decrescentemente crescente, tendendo* para a cota $\kappa = (1 - \alpha)^{-1}$ (para o «estado estacionário»);

---

[79] Não se põe *aqui* a hipótese $\beta = 1$, visto que $\beta = 1 \Rightarrow \alpha (1 + \beta)2 = 4\beta \Rightarrow \beta = \alpha = 1$ (cf o § 3.4.4 e a Figura 6.1), o que está fora do domínio da função $\alpha = f(\beta)$, dada a correspondência $\alpha = 1 \Leftrightarrow Y_t = C_t$.

(1.2) Se $\alpha\,(1\,+\,\beta)^{\,2} \geq 4\beta$ e $\beta > 1$, conhece uma evolução *crescentemente crescente, «explosiva» ou ilimitada*;

(2) Se $\alpha\,(1\,+\,\beta)^2 < 4\beta$, conhece *flutuações cíclicas*, que serão:

(2.1) *Convergentes* ou *«depressivas»*, *convergindo* para $\kappa = (1 - \alpha)^{-1}$, se $\alpha\beta < 1$;

(2.2) *Constantes* ou *«regulares»*, *oscilando* em volta de $\kappa = (1 - \alpha)^{-1}$, se $\alpha\beta = 1$;

(2.3) *Divergentes* ou *«explosivas»*, *divergindo* de $\kappa = (1 - \alpha)^{-1}$, se $\alpha\beta > 1$.

5.1.6.4.1 Se sobre o tipo (1.1), do § anterior, já se disse o que baste, e sobre o tipo (1.2) se dirá a seguir, importa aqui salientar que o «terceiro» tipo de "interacção", de "oscilação" ou "flutuação cíclica" se mostra, na verdade, como constituindo o *cerne* de um modelo ("de Hansen/ /Samuelson") que, como vimos —visto ter sido esse o contributo *peculiar* do segundo (cf o § 2.4.4.2)— e veremos agora (neste § 5.1.5.4), faz jus ao apelido de *"oscilador de Samuelson"*. Veja-se agora que, no domínio deste («terceiro») tipo, se passa do intervalo *puramente formal*, estabelecido para α e β, "por construção", no § 5.1.5.3.2, para valores *substancialmente* (*economicamente*) muito mais relevantes, $1 \geq \alpha \geq 0$; $\beta > 0$, posto que, na verdade,

$$\beta = 0 \Rightarrow \nexists\; \alpha\;\frac{(1+\beta)^2}{4\beta} < 1;\;\; \alpha\;\frac{(1+\beta)^2}{4\beta} < 1 \mid \beta = 1 \Rightarrow \alpha < 1.$$

5.1.6.4.2 Mais do que isso, é, sobretudo, de notar bem que o quadro lógico do "oscilador de Samuelson" nos proporciona uma *verosímil* probabilidade de *c. de 81%* de isso suceder, mesmo no intervalo já, obviamente, por demais dilatado, $4 \geq \beta \geq 0$, da função $\alpha = f\,(\beta)$ da Figura 6.1 (cf o § 3.4 e, *especialmente*, a Figura 6.2). Sucede, no entanto, que entre as três modalidades de "interacção cíclica", a hipótese *intermédia*, de "oscilação *regular* ou *constante*" (com $\alpha\beta = 1$), *única que nos serve* —uma vez que o MPC, *por* e *como sistema* (re)produtivo, não tem *parado* (i. e., *morrido...*), e *ainda* não *explodiu...* —, dispõe de uma *probabilidade zero* de verificação! Isto nos leva a ir ao fundo da questão teórica que nos trouxe até *aqui*, para nos acompanhar até ao *fim*. Como se disse, o "oscilador de Samuelson" só pode ser uma «parábola» para *representar* (não *simular, fingir* ou *imitar*; e, muito menos, *substituir...*) este *mundo*. E, curiosamente, a *sua força* própria, ou relevo hermenêutico (com inclusão do seu *potencial didáctico*, aliás, sem concorrência, como tentei mostrar...), estará nas *suas* próprias *fraquezas*! Pois, na verdade, (1) a circunstância de o "acelerador ingénuo" (ou "irreversível"), não se verificando, *no sistema*, como $\beta \geq 1$ (cf o excerto de MENSHIKOV 1975 dado no § 5.1.4.2), pode significar tratar-se de uma «*média* aritmética» (*simples* ou *ponderada*; de uma *meã* ou *mediana*; de uma *normal* ou *moda*, sem *fingirmos* rigor...) do que se passa nos postulados *sectores diversos* em que o sistema «*agregado*» se *analisaria* (precisamente, se não fosse «*agregado*»; talvez mais propriamente, se não fosse de origem demasiado «*macro*scópica», a lindar os limites da própria «agregação»: ou, talvez menos impropriamente, de uma análise *macro*económica suficientemente discriminante para conservar ainda um *quantum satis* de relevo hermenêutico...). Mais curiosamente ainda, este «modelo» deveras «simples», de A. H. Hansen e P. A. Samuelson, sairá robustecido devido à circunstância de aquela 1ª fraqueza da sua axiomática, e uma 2^a, geral em relação a todos os modelos de "interacção" (referida a seguir), se confortarem mutuamente! É que, realmente, (2) a coexistência de um *multiplicador* e de um *acelerador* num único modelo (de "interacção") tem o seu quê de *paradoxal*, uma vez que o *multiplicador* exige *um certo desemprego "keynesiano"*, das forças *produtivas* (dos *meios de produção* e, *essencialmente, da força de trabalho*), ao passo que o *acelerador* exige o *pleno emprego* dos *meios de produção*, situação esta que, não se podendo, como é óbvio, verificar na *mesma empresa, indústria, ramo* ou *sector produtivo*, só poderá verificar-se *no sistema* se nos seus vários (postulados) *sectores* implícitos se verificarem *condições de produção diferentes sob esta espécie*. Dir-se-á, portanto, por razões óbvias de *homogeneidade* e coerência desse composto instável que é o esquema de interacção de ambos aqueles *coeficientes* (*parâmetros* κ e β), que, quer cada uma daquelas *partes* componentes (constituintes) do mecanismo, quer o *perfil* que representa a *regra de funcionamento* do seu *todo*, serão a *resultante implícita* (mais propriamente, *postulada*) de um «paralelograma de forças» nele implícito (ou nele *postulado*), e que o sistema vai *flutuando algo «regularmente»*: com a *regularidade necessária* para *não explodir*, e para *não parar*.

5.2 "Dois e dois são quatro"

5.2.1 Depois de tudo isto —que, na verdade, só pode reforçar a *impressão* de estarmos ante um modelo realmente *bem fadado*—, resta, por fim, tratar, em suma, da *"estabilização"*, i. e., de uma «terapia» adequada para tentar conferir a melhor «qualidade de vida» possível à sua (*e nossa!*) «sobrevida»: de uma «terapia» adequada para, portanto, tentar «equilibrar», tanto quanto possível, um velho «paciente» de uma «*ciclo*timia» («maníaco-depressiva») que lhe é conatural, certeiramente «diagnosticada», antes de todos, por Karl Marx (cf os §§ 2.1.2 e 4.1.2) [80].

---

[80] Frise-se que se trata de ciclos *endógenos* e inerentes ao *processo de rotação do capital* segundo a lei do MPC, e não de "ciclos *naturais*" (*impostos* pela "*natureza*") como os septénios de «vacas gordas» e «vacas magras» «equilibrados» por José do Egipto (cf a nota 13), ou como os anos alternados de "safra" e "contra-safra" do azeite ou do vinho. E, na verdade, se Karl Marx foi o primeiro a empreender uma *teoria dos ciclos*

5.2.2 Por certo tendo em *vista* (e em *mente*) «*milagres*» como os já referidos *alemão* e *japonês* após a Guerra Mundial, Alvin H. Hansen escreveria, no após-guerra imediato, um texto destinado a singular fortuna, vindo ao encontro do que se queria ouvir, a descrever um mecanismo embrionariamente formalizado, porém, ao que parece, insusceptível de destaque analítico do seio de um modelo de "interacção" e, deste modo, de uma verdadeira formalização que pudesse servir de fundamento teórico à construção de um algoritmo, tornando-o operacional; o mecanismo viu-se descrito e nomeado da seguinte maneira:

> 'First, an autonomous increase in investment occurs. This raises income by a magnified amount according to the value of the multiplier. *This increase in income may, however, induce a further increase in investment.* [...] Here we encounter a supercumulative process based on the interaction of the multiplier and the accelerator. The *full* magnified effect of the initial increase in investment we may call the *leverage* effect. If we designate the combined multiplier-accelerator *leverage* (the

---

económicos (aliás fulcral na sua teoria crítica do MPC), é de salientar que, desde a própria eclosão da «revolução industrial» —muito sensível já na escrita de Adam Smith sobre a *Riqueza das nações*, de 1776, ano da fundação dos EUA—, era notória, e susceptível de ser notada por observadores atentos e bem colocados, a *mutação estrutural* que a partir de então se operou na actividade económica e na sociedade britânica, onde essa «revolução» teve o seu palco inicial. Tal é, p. ex°, o caso conhecido do futuro Lord Overstone, ao observar e descrever a ocorrência de "três ciclos sucessivos [...] durante as guerras napoleónicas", com o respectivo clímax em 1818, 1825 e 1836, desta maneira precisa e sugestiva: 'In 1837, [...] Jones Loyd (afterwards Lord Overstone) rote his often-quoted *description of the cycle* [...]. "The history," Jones Loyd said, "of what we are in the habit of calling «the state of trade» is an instructive lesson. We find it subject to various *conditions* which are *periodically returning; it revolves* apparently *in an established cycle.* First we find it *in a state of quiescence* — next, *improvement — overtrading — convulsion — pressure — stagnation — distress — ending again in quiescence*" ' (HAWTREY 1927, p 471).

"super-multiplier") by k★, then the full leverage effect from period to period is k★ $\Delta I = \Delta Y$'.

(HANSEN 1951, § 11(.2), p 173)

Ignorando a hipérbole «supercumulativo» e a «alcunha» de «super-multiplicador» que, na verdade, não deixariam rasto, a expressão do «nome próprio» do mecanismo recorda ideias feitas e vulgarmente proclamadas, entre nós ainda muito recentemente, sobre as grandes empresas dos sectores chave como constituindo as «alavancas de comando» dos governos sobre as economias. Como já vimos por duas vezes, no princípio (§ 1.1.1) e no fim (§ 5.1.1), J. J. Teixeira Ribeiro devolve, pois, justamente, a Alvin H. Hansen o cunho da expressão «efeito de alavanca» (*'leverage effect'*), que o financista português viria a traduzir, muito expressivamente, por «efeito propulsor» (ou «efeito-propulsão» ([81])), indo assim ao encontro (não por acaso, como é óbvio; aliás com, pelo

---

([81]) Em todas as eds. anteriores à quarta "na sua veste tipográfica" (i. e., TEIXEIRA RIBEIRO 1992) — portanto ao longo de, pelo menos, trinta e cinco anos —, o autor escrevia "efeito *multiplicador*", "efeito *acelerador*" e "efeito *propulsor*", só, pois, muito recentemente tendo passado a preferir expressões como "efeito-*multiplicação*", "efeito-*aceleração*" e "efeito *propulsão*", não obstante sempre ter revelado, quanto à segunda, predilecção pela alternativa "*princípio da* aceleração". Por mim, por todas as razões (*inclusive* eufónicas), continuo a preferir as primeiras. Há, aliás, um lapso nessa referência a HANSEN 1941, cap. XII, p264, visto que, por então, o professor de Harvard falava apenas de 'leverage *coefficient*', ou simplesmente "propulsor" (ou "propulsão"), como teria traduzido, dado que o professor de Coimbra distingue cuidadosamente "multiplicador" ('κ') de "*efeito* multiplicador" (digamos, '*A*κ' ='100 κ', aliás também talvez devido à influência do local de HANSEN 1941 que estimulou Evesey D. Domar a escrever o seu artigo de 1944 de que, já a seguir, se dará um extracto: cf DOMAR 1944, p 801, nota 11), e o "acelerador" ('β') do "*efeito* acelerador" (digamos, '*A*β $(C_t - C_{t-1})$'). A expressão 'leverage *effect*' só chegará, que eu saiba, um decénio depois, precisamente com o extracto de HANSEN 1951 antes reproduzido.

menos, nove anos de antecipação), de um autor tão influente como Walter W. Heller:

> 'In 1961, once recession had turned into recovery, nothing was more urgent than to raise the sights of economic policy and to shift its focus from the ups and downs of the cycle to the continuous rise in the economy's potential. Policy emphasis had to be redirected from a *corrective* orientation geared to the dynamics of the cycle, to a *propulsive* orientation geared to the dynamics and the promise of growth'.
>
> (HELLER 1966, § 2(.1), pp 61-2; *grifado pelo autor*)[82].

A um programa tão ambicioso conviria, realmente, *partir* de um esquema de interacção *permanentemente explosiva*" sem investimento autónomo... Mas então, para quê proceder a um investimento adicional anual para alimentar um mecanismo que dele, em absoluto, não carecia? Porquê, então, lamentar «a má sina dos pobres», por dele não disporem, quer *à partida*, quer *à chegada*? Ou, persistindo em «*chover* no molhado», por que não facultar a um excelso componente do *macro*decisor "*E*" (de '*Enterprises*') o bom cuidado de conduzir-se como *sujeito* daquele verbo *impessoal*? Para deixar esta resposta a alguém especialmente credenciado, nada melhor que darmos voz, quase sexagenária, a este texto maravilhoso de Paul A. Samuelson:

> 'For very large values of [the propensity to consume and the Relation], the induced private investment will be so

---

[82] 'Walter W. Heller was Chairman of the Council of Economic Advisers throughout President Kennedy's Administration and during first year of President Johnson's', segundo a lapela anterior da sobrecapa do pequeno volume, de título tão ambicioso! Ao extracto do texto segue-se a nota 5 ao cap. 2, do seguinte teor: '[Leon] Keyserling pointed the way in 1954 when he said: "The commitment of the Employment Act to full employment economics, rather than to countercyclical economics, has hardly been noted by most economists, and yet it represents a profoundly valuable and virile shift in mood and emphasis. Here is a unique opportunity for leadership by the CEA." *The Employment Act, Past and Future*, p. 70'.

great that the time increase of consumption will be unchecked. [...] The system never comes to a turning point, but continues upward at a geometric rate of increase. Throughout all time an infinite amount of private investment is induced, yielding a governmental Multiplier of infinity. The gradual cessation of governmental expenditure will not stop the upward movement. The last type of behavior exemplifies the situation that may be termed *the pure case of pump-priming*. It suggests that some initial amount of spending will "break the log jam of private investment," "form the spark to ignite the private activity," "act as a catalyst to speed the upward movement," etc. Not attempting to pursue too literally the features of these physical analogies, we find that there is a common element. All presuppose that the private activity is in a *meta-state* of equilibrium that a sufficiently strong upward displacement will "set off" forces powerful enough to return the economy to a high rate of employment, and keep it there. An infinitesimal upward impetus need not be sufficient; else, why should not an individual rather than the government bring about the revival?'

(SAMUELSON 1940, §§ 4-5, p 502; *grifei 'the pure case of pump-priming'*)

5.2.3 Falta, porém, examinar o outro lado da questão, ou o reverso da medalha, pois o processo de investimento autónomo "honorário", enquanto 'governmental *deficit spending*', com o tal «efeito propulsor», terá de ser financiado pela *dívida pública*, quer com o (pelos vistos!) modesto intento «correctivo» dos «altos e baixos» da evolução cíclica, quer com o intento, «mais elevado», de "propulsar" (ou de «propulsionar») a economia, com uma elevadíssima «visão política», "redirigida" (ou «redireccionada») para uma «orientação propulsiva», agora tendo em vista as regiões mais elevadas do *pleno* «pleno emprego»... Aqui nos fica, uma segunda e última vez (conforme o prometido), um excerto de M. Jacinto Nunes já aqui extractado (no final do § 4.4.1) e tido em conta, de forma implícita, no § 5.1.5.2, quanto ao aspecto *positivo* e *secundário* (antes *grifado*) do leque de asserções em que ele se traduz, e de que agora se *destaca* o aspecto *negativo* e *principal*:

> 'O processo do multiplicador nem sempre tem sido devidamente compreendido. *A realização de uma despesa adicional nunca dá* —directamente [o *directamente* tem por finalidade ressalvar possíveis efeitos induzidos no investimento privado] *— origem, em qualquer período, a acréscimos de rendimento superiores ao seu montante.* Cumulativamente é que os acréscimos de rendimento são, em geral, superiores à despesa inicial. *Uma elevação com carácter permanente do rendimento exige a efectivação permanente do fluxo de investimento inicial'.*
>
> (Jacinto Nunes 1959, final do § III.11, pp 50-1 e nota 19 ao capítulo; *grifei*)

E quem o vai pagar? É, realmente, necessário manter sempre presentes os pressupostos axiomáticos do problema, que autores tão importantes e tão antigos como Evsey Domar se não esqueceram de frisar claramente:

> 'It should be emphasized that the stimulating effects of a given increment in expenditures tend to disappear quite soon, unless, of course, one believes in pump-priming which does not at present find many proponents. Pump-priming aside, an increase in national income of, say, \$300 produced by an increase in investment expenditures of, say, \$100 will presently disappear and income will fall back to its former level. But the public debt (if investment expenditures are financed by government borrowing) has permanently increased (by \$100), and so had interest charges (by \$200). This is the source of the debt problem. If the national income is to be maintained at the new level, new amounts must be spent'.
>
> (Domar 1944, secção II, p 801 [83]))

---

[83] Precisamente neste ponto, o autor dá entrada à nota 11 à p 801, em que refere a origem do seu artigo precisamente nestes termos: 'For a good example, see Hansen, *Fiscal Policy and Business Cycles*, Chart 16, p. 272. It was from this chart that the present paper was

5.2.4 Recentemente, tem-se vindo a acentuar outros aspectos, predominantemente *qualitativos* e necessariamente *globais*, da política de estabilização a levar a efeito. Desde Abba P. Lerner que todos dizem reconhecer todo o domínio das Finanças Públicas como *finanças funcionais*, o que se vem a traduzir numa inevitável globalização da referência da teoria da política, quer no tocante às *despesas*, quer no tocante às *receitas públicas* a eleger. Daí resulta que só por manifesta falta de sensatez alguém *prescreva, em exclusivo*, a *admissibilidade* de *só certas* políticas e, assim, *proscreva* ou *imponha limites ideológicos* a *outra espécie* de políticas, quer monetárias, *quer financeiras*, a que se possa e deva recorrer perante os dados da *conjuntura*. Walter W. Heller, precisamente, é um autor dos mais falados neste domínio, como pai ou padrinho da expressão '*fine tuning*', para denotar a "afinação" ou "sintonização" a que se impõe que os governos procedam, pouco sendo de esperar da ideia conformista dos "*estabilizadores automáticos*", própria de adeptos mais prevenidos do velho '*Laissez faire!*', da velha '*loi des débouchées*', numa palavra, da velha "harmonia pré-estabelecida", leibniziana e smithiana, descida das esferas dos céus ptolomaicos à própria esfera do social, hoje com a mera «subtileza» de admitir pequenos desequilíbrios conjunturais logo neutralizados pelo alega-

---

originated'. O "Mapa 16" de HANSEN 1941, cap. XII, é baseado num «exemplo numérico» de um sistema reprodutivo com um multiplicador $\kappa = 1/(1 + \varepsilon - \alpha) = 1,5$, sem acelerador, em que 'ε' representa as "fugas" ('*leakages*'), de 0,(3), a uma $\alpha = 0,(3)$ também, pelo que o "efeito multiplicador", em princípio de A $\kappa = 100$ $\kappa_{(\alpha)} = 300$, se reduzia a 100 $\kappa'_{(\alpha - \varepsilon)} = 150$. Ter posto o óbvio problema do financiamento do investimento «honorário» por hipótese «deficitário» e, assim, com virtualidades «propulsoras», levaria E. Domar a, três anos decorridos, sentir necessidade de informar o leitor de que o facto de o primeiro da sua série de três artigos ter como título '*The "burden" of the debt and the national income*' não significava que tivessem objecto diferente do dos restantes dois, DOMAR 1946 e DOMAR 1947: cf a nota 1 do último.

damente impecável sistema imunológico do salubérrimo MPC ([84]). Eis o excerto de W. W. Heller sobre a política enquanto "afinação":

> 'If we manage to solve tolerably the macroeconomic problem of keeping the economy moving along the path of its non-inflationary potential, both President and public will have no choice but to learn their microeconomic lessons [sic!]. For then — apart the ticklish job of timing and *tuning*, fiscal and monetary policy to keep supply and demand in balance and to avoid excess that destroy expansions— we return to the classical problem of the fully employed economy. One claim on resources must come at the expense of others, and the microeconomic issues of efficient allocation come strongly to the fore'.
>
> (HELLER 1966, § 1(.3.3), pp 49-50; *grifei*)

Para, em seguida, expurgar o excerto, quer das roupagens de «novo economista» nele e por ele reflectidas, que de ilusões «espaciais» sobre alegadas "novas dimensões da economia política" (segundo o próprio título, em tradução literal), nada nos convirá melhor do que este antídoto sintético, exacto e específico:

> '*Hiperbole* [sic] *aside*, advocates of "tuning" believe that (1) the economy does not adequately tune itself; and (2) we know enough about its dynamic structure — the lags and multipliers— to achieve better results than a policy irrespon-

---

([84]) Respectivamente sobre A. P. Lerner e as "finanças funcionais", e sobre HELLER 1966 e a "afinação", cf, p. ex°, BATOR 1987b e BATOR 1987a. É, contudo, inexacto, como faz este autor, atribuir a este «político economista» a expressão '*fine* tuning', com o adjectivo, ironicamente pleonástico fruto, de certo, da paternidade, talvez incógnita, de um ironista (ultra-)*monetariasta* (em todo o caso, *neoliberal*); como se vê no excerto que segue, o que diz Heller é apenas '*tuning*' que, em Inglês, é "afinação" e *também* (*e até principalmente*, por estes tempos de electrónica) "*sintonização*".

sive to unwanted movements in aggregate demand, e. g., a regime of fixed money growth and "passive" fiscal policy'.

(BATOR 1987a, p 354; grifei)

Com ou sem a «bombagem» ('*pump-priming*'), trata-se hoje, no entanto, não de fazer proselitismo do advento de um alegado «*brave*» '*new world of Keynes-cum-growth*' (*sic, precisamente o mesmo* HELLER 1966, § 2(.2), p 70!), mas sim de conceber o mundo como lugar de acção, sem que uma santidade, automática e inata, da "lei da oferta e da procura", tão *universalmente* como *trivialmente* vigente no mercado, tenha ou detenha, em exclusivo, o poder imanente de decidir por nós.

5.2.5 É sempre mau violar a aritmética em homenagem à ideologia, como se vê fazer, por gosto e por sistema, a pensadores que, p. ex°, declaram, a propósito do «(efeito) *multiplicador*», que, "na Economia Política, 10 + 1 não é igual a 11; 10 + 1 é igual a 13" ([85]), ou consideram "pleno" e "elevado" como sinónimos (ou, *literalmente*, também neste domínio, por e para exemplo, '*full* employment' *igual* a '*high* employment' a 96%; *aritmeticamente*, "0,96 = 1": *sic* HELLER 1966, § 2(.1), pp 62-4!).

Quase ao findar o trabalho de escrita deste pequeno livro, e falando por mim,

'Como observação final, dir-se-há que, sendo *em economia, como em geral*, 10 + 1 = 11 (e não = 13), o multiplicador (e o seu efeito) não constituem milagre algum de "multiplicação" de um *investimento* inicial em *rendimento* (via *consumo*) nos

---

([85]) Esta observação acompanhou J. J. Teixeira Ribeiro, no seu ensino, desde, pelo menos, 1957 (§ 14.*b)*, '*Efeito multiplicador*', pp 175-6) até à ultima ed., de 1995; o financista português só logrou, no entanto, identificar o autor do dito, como John Maurice Clark, na 2ª ed. impressa das suas *Lições de Finanças Públicas*, de 1984 (§ 47.*b)*, '*Efeito multiplicador*', p 377, em nota).

períodos futuros, como um novo milagre da multiplicação dos peixes e dos pães; com ele apenas se verifica o facto de, com *desemprego* (em sentido amplo keynesiano, da força de trabalho *e dos recursos produtivos materiais*), poder haver uma *resposta* em *produção* de meios de produção, "efeito" que, se pode explicar muito da passagem de uma "crise baixa" a uma fase de *prosperidade*, explica também muito da passagem de uma "crise alta" a uma fase de *depressão*, posto que também uma *diminuição* do *investimento* se *(des)multiplicará* em sucessivas descidas do consumo, em série geométrica de termos *negativos*, com a mesma razão'.

ALMEIDA 1991a, § 3.6, último do 4º «texto de apoio», em *Anexo III).*

Para terminar pelo princípio, aqui nos fica esta lição de um velho *excêntrico (não conformista)*, que recolhi casualmente vai para vinte anos e, desde então, trago comigo para meu governo ([86]):

> *'La verdad es cosa simple: dos y dos son cuatro. Los filósofos y los economistas intentan convencernos que dos y dos son cinco y con el progreso seran seis. Pero dos y dos son cuatro y uno es igual a uno'.*

(LANZA DEL VASTO, *ex voce*, à RTP 1, 1979)

Aqui a deixo *impressa*, para que *possa*, doravante, servir também para governo de quem a ler.

([86]) Compensa estar atento: num *Público* recente, de 9 de Fevereiro de 1996, o «cartonista» Luís Afonso, sensível ao momento de inexcedível «correcção política», apresentava, no seu '*Bartoon*', o porta-voz (e porta--pasta) do «*Governo*», asseverando ao *bartender* (o *alter ego* do autor): — '*Nós defendemos o rigor com consciência social. Por isso, não dizemos às pessoas que um mais um são dois*'; — '*Dizem o quê, então?*', inquer o *alter ego*. — '*Dizemos que um mais um são, infelizmente, apenas dois*', replica o virtual «colega» dos actuais *Ministros da Solidariedade* e da *Qualidade de Vida*, e virtual futuro «colega» de um previsivelmente ressuscitado *Comes Sacrarum Largitionum* (à letra, o «Companheiro» ou «Conde das Sagradas Larguezas») do império romano da decadência...

APÊNDICE I

Sobre a *flutuação cíclica* sem *«investimento autónomo»*

1 No modelo de Hansen e Samuelson

1.1 Não obstante o objectivo explícito do modelo, expressamente dado como instrumento "para facilitar a consideração dos efeitos induzidos no investimento *privado* pelas despesas *públicas*" (SAMUELSON 1940, § 5, p 501) financiadas por empréstimos ('*deficit government spending*'; assim, por várias vezes, desde o início: SAMUELSON 1939a, p 75 I), nem o modelo implica a presença (ou a ausência; ou, mesmo, a *arrumação...*) do estado ou *governo* ('*government*', segundo o uso invariável em inglês), nem a ausência de «investimento *autónomo*» (com «g_t» ≡ «g» = 1) tem a ver com a eventualidade de *oscilações* ou *flutuações cíclicas* que lhe é *inerente* ou *endógena*, pois a sua ocorrência numa sua *versão sem investimento autónomo* (com «g» = 0) depende, apenas, exactamente das *mesmas condições* para a sua ocorrência na *versão originária* do modelo; nomeadamente, a condição do § 3.4.4.**3**:

$$1 < \alpha < 4\beta\,(1 + \beta)^{-2}.$$

1.2 Para ilustrar esta asserção, bastará confrontar as *soluções contínuas*, das formas ([1])

$$\ddot{Y}_t = (1 - \alpha)^{-1} + a_{q+1}\,x_1^{\prime\,t} + a_{q+2}\,x_2^{\prime\,t}$$

e

$$\ddot{y}_t = a_{q+1}\,x_1^{\prime\,t} + a_{q+2}\,x_2^{\prime\,t},$$

([1]) Ver o § 3.2, onde se nota que a componente *literal* dos índices que nela figuram representa *um número par*, de 0 a 4 (no nosso caso), e o de ambas as *variantes* (com $g_t \equiv g = 1$ e $g_t \equiv g = 0$) desta nossa família de *equações de recorrência*,

$$Y_t = 1 + \alpha (1 + \beta) Y_{t-1} - \alpha\beta Y_{t-2}$$

e

$$y_t = \alpha (1 + \beta) y_{t-1} - \alpha\beta y_{t-2},$$

e analisar-lhes a *estrutura lógica* ([2]).

---

conjunto dos *índices* dos *coeficientes* («constantes arbitrárias») a_{q+1} e a_{q+2}, que afectam os *coeficientes* x_1^t e x_2^t indica a o *número de ordem* da sua ocorrência, segundo o grau crescente da complexidade que revestem. Isto por a notação usual (mesmo em Samuelson: ver o final do § 2.4),

$$^{"}Y_t = (1 - \alpha)^{-1} + a_1\, x_1^{\ t} + a_2\, x_2^{\ t\,"},$$

confundir desnecessariamente, nos mesmos *símbolos*, os *coeficientes originários* da *equação de recorrência* (no nosso caso, $a_1 = -\alpha (1 + \beta)$ e $a_2 = \alpha\beta$) e os *definitivos* da respectiva *solução contínua*, a_{q+1} e a_{q+2}.

([2]) «Osciladores» confeccionados a partir de modelos com base em equações de recorrência homogéneas têm, aliás, uma larga tradição, que vai de FRISCH 1933 a, p. ex°, GOODWIN 1951a, com um modelo *cíclico* ('a pendulum model', na expressão do autor: GOODWIN 1951a, p 420) de *acumulação de capital* com um lapso temporal de dois períodos, cientemente elaborado na sequência de Hansen e Samuelson, de cuja sombra tutelar o autor não poderia deixar de ter consciência ao conceber, para HANSEN 1951, o seu "autorizado e brilhante capítulo sobre «a econometria e a análise dos ciclos económicos» (cap. 22)", no entender do sempre generoso comitente (HANSEN 1951, p *x* do prefácio). Trata-se, no entanto —quase forçosamente, já após HICKS 1949 e HICKS 1950—, de um modelo *híbrido*, com «amortecedor» hicksiano incorporado, cuja configuração final é a seguinte:

$$K_t = 2\, K_{t-1} - 1,25\, K_{t-2}$$
$$t \geq 3 \;\Rightarrow\; 1,04\, K_{t-1} \geq «K_t»$$

(cf o § 3.2.1 do *Apêndice II*); operando a partir do par de condições iniciais $Y_0 = 1$ e $Y_1 = 2$, este modelo —realmente *híbrido*, visto dispor de uma cláusula *exógena* moderadora e arbitrária, irredutível à generalidade

1.2.1 A *solução contínua* de uma *equação de recorrência* Y_t de t consiste numa *função contínua* $\ddot{Y}_t$ de t, no domínio **IR⁺** (dos *reais positivos*), de que a *função discreta* Y_t de t, só definida no domínio **IN⁰** (dos números naturais ou *inteiros positivos*), apenas nos fornece, mediante *iteração*, soluções *pontuais*. Ela é sempre possível no nosso «caso simples», e é constituída pela *soma* de duas *componentes*: a chamada «*solução particular*», 'γ_p' (também designada, ainda mais impropriamente neste domínio, por «*integral* particular»), que nela representa a "*tendência para o equilíbrio*", e a «função complementar», 'γ_c', que nela representa os "*desvios*" em relação a essa "*tendência*":

$$\ddot{Y}_t = \gamma_p + \gamma_c.$$

---

da equação de recorrência que o revela ou traduz — é, aliás, não por acaso, retroactivamente recondutível à versão homogénea de um sistema de reprodução do *rendimento* (para 'y' em vez de 'K') com os coeficientes originários de Samuelson 1939a, compostos de

$$\alpha = 0,75; \quad \beta = 1, (6) \Rightarrow \alpha\beta = 1,25,$$

definindo um modelo de oscilação cíclica em princípio *explosiva* ou *divergente*, com infinitos ciclos de duração (aí não registada) de 13, 551 639 62... períodos, porém alexandrinamente «domesticado» pela exigência («*axiológica*»!) de a *acumulação*, em cada período, não *dever* exceder o alegado «valor *plausível*» de 4% a mais que a base do período anterior. O autor apresenta depois um quadro de resultados obtidos por iteração para os primeiros 61 períodos (Goodwin 1951a, pp 463-4), com o «amortecedor» a entrar em acção logo a partir de $t = 3$, com

$$K_4 = 3 > 1,04 \, K_3 = 1,04 \times 2,75 = 2,86 \Rightarrow «K_4» = 2,86,$$

desta maneira *apagando* $K_4 = 3$ e *escrevendo* «K_4» = 2,9 (arredondado até às décimas) *em seu lugar*. Notar, contudo, que, na fase de *arranque* (de $Y_0 = 1$ para $Y_1 = 2$), excepcional e liberalmente, se *permite* ao sistema que o «capital» nele se reproduza amplificadamente à famosa razão de nada menos que 100% !

132   *Do "Oscilador de Samuelson" ao Espectáculo da "Propulsão"*

1.2.1.1 A *questão é geral*, e a *solução* também. Aliás, neste nosso domínio, a *«solução particular»* 'γ_p', como *função constante* de *t*, não tendo, embora, qualquer relevo como "*tendência*" nos casos de "interacção estável *explosiva*" dos §§ 3.3.1.**5**, 3.3.2.**6** e 3.3.3.**9** (com $\alpha = 1$ ou $\beta > 1 > \alpha \geq 4\beta (1 + \beta)^{-2}$), tem-no, contudo, em todos os restantes casos, pois 'γ_p' representa o *limite* para que tendem, *assimptoticamente*, os infinitos termos de *crescimento* nos casos de "interacção estável *depressiva*" dos §§ 3.3.1.**1**, 3.3.2.**7** e 3.3.3.**8** (com $1 > \alpha \geq 4\beta (1 + \beta)^{-2}$ e $\beta < 1$) e, nos casos de "interacção *cíclica*" do § 3.3.1.**2-4** (com $1 < \alpha < 4\beta (1 + \beta)^{-2}$), '$\gamma_p$' constitui a *cota* em torno da qual se verificam as oscilações cíclicas *regulares* ou *constantes* (no caso $\alpha\beta = 1$), da qual *divergem* (no caso $\alpha\beta > 1$) ou para a qual *convergem* (no caso $\alpha\beta < 1$) essas oscilações; e, *em geral*, poderá considerar-se que a *«solução particular»* ocorre como uma *resposta* à seguinte *questão*:

O que sucederia se, em vez de em face de uma equação de recorrência de 2ª ordem, linear, não homogénea (com *um* lapso temporal de *dois* períodos, segundo a terminologia de SCHELLING 1947, p 871), conexionando entre si as expressões em princípio diferentes de rendimentos variáveis em *três* períodos contíguos, nós estivéssemos, *caeteris paribus* (ou seja, para os mesmos *coeficientes originários*, compostos de α e β), perante um *rendimento invariável* de período para período, correspondente ao velho e discutido *«estado estacionário»*?

Uma vez *posto o problema em equação*, a *resposta* à *questão* —a *solução* do *problema*— é de uma extrema simplicidade, e é quase *imediata*:

$$Y_t = Y_{t-1} = Y_{t-2} = \gamma_p \equiv \kappa \Rightarrow$$
$$Y_t = 1 + \alpha (1 + \beta) Y_{t-1} - \alpha\beta Y_{t-2}$$
$$\Leftrightarrow \kappa = 1 + \alpha (1 + \beta) \kappa - \alpha\beta \kappa$$
$$\Rightarrow (1 - \alpha) \kappa = 1 \Rightarrow \gamma_p \equiv \kappa = (1 - \alpha)^{-1},$$

Apêndice I   133

como se viu (no § 3.2) a expressão do «multiplicador *periódico de rendimento»* postulado por Hansen e Samuelson ([3]).

1.2.1.2 Porém, no caso da "equação *reduzida*" (a equação de recorrência *homogénea* associada à forma originária, *não homogénea*, de que partimos), já a *«solução particular»* nos não fornece uma *tendência* ('*trend*') e ponto de «equilíbrio» com ordenada *positiva* $(1 - \alpha)^{-1}$, como antes, uma vez que, *mutatis mutandis*, temos agora

$$y_t = y_{t-1} = y_{t-2} = y_p \equiv \kappa \Rightarrow$$
$$y_t = \alpha (1 + \beta) y_{t-1} - \alpha\beta y_{t-2} \Leftrightarrow \kappa = \alpha (1 + \beta) \kappa - \alpha\beta \kappa$$
$$\Rightarrow (1 - \alpha) \kappa = 0 \Rightarrow y_p \equiv \kappa = 0,$$

pelo que, agora, quaisquer valores numéricos para $y_t \neq 0$ nos darão conta dos *desvios* em relação ao *ponto de partida*, $y_0 = 0$, diferentemente do que antes ocorria, em relação a $y_p \equiv \kappa = (1 - \alpha)^{-1} > 0$. Temos, portanto, que, neste caso,

$$\kappa \equiv y_p = 0 \Rightarrow \ddot{y}_t = y_p + y_c = y_c.$$

1.2.2.1 Por sua vez, a *«função complementar»* vem em resposta a uma *pergunta* talvez *contraditória* (pelo menos, *contrária*) em relação à *questão* anterior, e a *resposta* a esta *questão* é, *em geral*, muito mais complexa que a resposta à primeira. Essa *questão* pode ser a seguinte:

O que sucederia se o rendimento viesse a *aumentar*, de período para período, também agora em termos contínuos, mas *exponencialmente* em relação ao tempo, tendo, porém, como referência os próprios *ordinais*, em *índice*, do *trio* de

---

([3]) Como é patente, a "solução particular" é comum a toda a família de equações de recorrência para a qual se predefinam simbolicamente, *em abstracto*, os *coeficientes originários*, como, p. ex°, $a_1 = -\alpha (1 + \beta)$ e $a_2 = \alpha\beta$, no nosso caso, com $Y_t = 1 + \alpha (1 + \beta) Y_{t-1} - \alpha\beta Y_{t-2}$.

sucessivos *períodos* contíguos da *equação de recorrência* de que partimos, com t, $t-1$ e $t-2$ agora *em expoente* de uma *base comum*?

Temos, para prosseguir, de considerar somente os termos em y da equação de recorrência Y_t de que partimos, e não o «termo independente» de y, pelo que somos reconduzidos à forma homogénea da "equação *reduzida*"

$$y_t = \alpha (1 + \beta) y_{t-1} - \alpha\beta y_{t-2} ;$$

conservando os coeficientes originários, substituindo y por x como *base comum* das *três* potências inteiras de y, com t, $t-1$ e $t-2$ *como expoentes* da *mesma base*, teremos, pois,

$$x^t = \alpha (1 + \beta) x^{t-1} - \alpha\beta x^{t-2} ;$$

multiplicando, agora, ambos os membros da última equação pelo factor garantidamente não nulo x^{2-t}, e transpondo todas as potências da base x para o seu primeiro membro, obtemos imediatamente

$$x^2 - \alpha (1 + \beta) x + \alpha\beta = 0,$$

precisamente a "equação *característica*" associada à *equação de recorrência* Y_t de que partimos, com o par de *soluções* linearmente independentes já conhecidas (ver o § 3.2):

$$x_1, x_2 = 0,5\{\alpha (1 + \beta) \pm \alpha^{0,5} [\alpha (1 + \beta)^2 - 4\beta]^{0,5} \}.$$

1.2.2.2 Compartilhando Y_t e y_t a mesma *equação característica*, com o mesmo par de soluções, x_1 e x_2, entre ambas as *versões* (a *não homogénea* e a *homogénea*) de uma equação de recorrência com *coeficientes originários* comuns, $-\alpha(1 + \beta)$ e $\alpha\beta$, a diferença entre elas (agora traduzida pelas respectivas soluções contínuas, para quaisquer valores de t no domínio

$\mathbb{R}^+$) só pode resultar da diferença entre as respectivas "soluções particulares" e dos seus reflexos na expressão dos *coeficientes definitivos* (ditos «constantes arbitrárias») que afectarão os coeficientes x_1 e x_2 da solução contínua. Importa, pois, indagar *como*.

1.3.1 Quanto às versões *homogéneas* das equações de recorrência de que tratamos, começaremos por observar que, em relação a elas, obedecer à "condição *inicial*" $\gamma_1 = 1$ (no caso da equação de recorrência "de 1ª ordem"), ou ao *par* de "condições *iniciais*" $\gamma_0 = 0$ e $\gamma_1 = 1$ (nos casos das equações de recorrência "de 2ª ordem") não quer dizer supor que nada antes se tivesse passado, uma vez que, exprimindo-se *agora* o «rendimento *corrente*» apenas *em função* de termos de «rendimento *anterior*» (o seu antecedente imediato, γ_{t-1}, ou os seus dois antecedentes imediatos, γ_{t-1} e γ_{t-2}), sem "termo *independente*" (de t) do tipo $g = 1$, os coeficientes originários $a_1 = -\alpha \, (1 + \beta)$ (e $a_2 = \alpha\beta$) teriam de ser *nulos* para permitir conservar, para a forma $\gamma_t = \alpha \, (1 + \beta) \, \gamma_{t-1} - \alpha\beta \, \gamma_{t-2}$, o postulado implícito do aniquilamento da sua pré-história, correspondente à cláusula implícita $t \le 0 \Rightarrow Y_t = 0$, fixando $\gamma_1 = 1$, e $\gamma_0 = 0$ e $\gamma_1 = 1$ (conforme os casos) (^{4}), concomitantemente, para duas formas *alternativas* (e não «sobreponíveis»!), assim obtendo um instantâneo do nascimento *contemporâneo* de duas entidades com destinos *diferentes*, embora *semelhantes*, nos termos de uma lei que, ao mesmo tempo, pode servir-nos como *regra de cálculo* de cada γ_t (ou de *qualquer* $\ddot{y}_t$) a partir de Y_t (ou $\ddot{Y}_t$) *semelhante*, nestes termos *formais* (^{5}):

$$\gamma_t = Y_t - Y_{t-1} \Rightarrow Y_t = Y_{t-1} + \gamma_t \Leftrightarrow \ddot{y}_t = \ddot{Y}_t - \ddot{Y}_{t-1} \Rightarrow$$
$$\ddot{Y}_t = \ddot{Y}_{t-1} + \ddot{y}_t ,$$

(^{4}) A alternativa óbvia seria *reformular* as condições iniciais de Y_t, passando a ser $Y_0 = \gamma_0 = 1$. Mas parece dever-se considerar *intocável* a própria «*base*» de confronto: *neste* sentido, Y_t ...

(^{5}) O *expediente* não é de todo nosso desconhecido, pois é congénere do usado por HICKS 1950 para *determinar* o seu operador 'E', que ele sendo, portanto, e *por definição*, a *versão homogénea* $\ddot{y}_t$ uma de duas parcelas da soma $\ddot{Y}_t$, que constitui, precisamente, tudo *o que acresce* ao rendimento do período anterior $\ddot{Y}_{t-1}$: digamos,

$$\ddot{y}_t \equiv \Delta\, \ddot{Y}_{t-1} \;\Rightarrow\; \ddot{Y}_t = \ddot{Y}_{t-1} + \ddot{y}_t, = \ddot{Y}_{t-1} + \Delta\, \ddot{Y}_{t-1}.$$

Será, portanto, aqui utilizada, para confronto com Y_t, como expressão do *rendimento* do mesmo período, uma sua *versão homogénea* — ou seja, *sem (a unidade de)* "*investimento autónomo*" —, y_t, com os mesmos *coeficientes originários*, na qual o rendimento do período t ocorre e se define *em função*, não já do próprio *rendimento*, mas sim do seu *aumento* ou *incremento* em cada um de ambos os períodos, $t-1$ e $t-2$ ([6]):

$$y_t = Y_t - Y_{t-1} = g_t + \alpha\,(1+\beta)\,Y_{t-1} - \alpha\beta\,Y_{t-2} -$$
$$- [g_t + \alpha\,(1+\beta)\,Y_{t-2} - \alpha\beta\,Y_{t-3}] \;\Leftrightarrow$$
$$y_t = \alpha\,(1+\beta)\,Y_{t-1} - \alpha\,(1+2\beta)\,Y_{t-2} + \alpha\beta\,Y_{t-3} =$$
$$= \alpha\,(1+\beta)\,(Y_{t-1} - Y_{t-2}) - \alpha\beta\,(Y_{t-2} - Y_{t-3}).$$

---

define como constituindo a «via de crescimento de equilíbrio» da «ERP»: cf § 18 do seu *Mathematical appendix*, a confrontar com o § 2.3.2 do meu *Apêndice II*.

([6]) Notar que a circunstância de o "*número 3*" surgir, agora, na expressão analítica de y_t, não poderia, como é óbvio, querer dizer que, mediante aquela operação *elementar* que está na sua origem (a *subtracção* $Y_t - Y_{t-1}$), se tivesse passado ao domínio das equações de recorrência "de 3^a *ordem*"; trata-se, sempre, ainda aqui, de operar sobre *dados* referentes ao *par* de períodos imediatamente anteriores (os períodos *último* e *penúltimo*, $t-1$ e $t-2$), tomando agora em conta, não o rendimento de cada um de ambos os períodos, Y_{t-1} e Y_{t-2}, mas sim o seu *aumento* ou *incremento* (quer *positivo*, quer *negativo* ou *nulo*) em cada um dos mesmos períodos, $Y_{t-1} - Y_{t-2}$ e $Y_{t-2} - Y_{t-3}$ (como se diz no texto), o que, aliás, permitiria ter-se notado esses aumentos, nessa equação, segundo a forma

$$y_t = \alpha\,(1+\beta)\cdot\Delta Y_{t-1} - \alpha\beta\cdot\Delta Y_{t-2},$$

1.3.2 Começaremos pelos dois casos das variantes *homogéneas* das equações de recorrência que dão lugar a ambas as modalidades literalmente "desinteressantes" de interacção, (*constantemente*) *depressivas* ou *explosivas*:

$$\ddot{y}_t = \alpha \, \ddot{y}_{t-1}$$

e

$$\ddot{y}_t = \alpha \, \ddot{y}_{t-1} + \alpha\beta \, (\ddot{y}_{t-1} - \ddot{y}_{t-2}) = \alpha \, (1+\beta) \, \ddot{y}_{t-1} - \alpha\beta \, \ddot{y}_{t-2}.$$

1.3.2.1 Quanto ao primeiro dos casos, de interacção *constantemente depressiva* (que, como vimos, como que «degenera» numa equação de recorrência linear *de 1ª ordem*), *renumerando* os «períodos», e *a partir* de $y_0 = 1$ (cf a nota 4 a este *Apêndice I*), com $\ddot{y}_t = \alpha \, \ddot{y}_{t-1}$, teríamos agora, *imediatamente*,

$$\ddot{y}_t = \alpha \, \ddot{y}_{t-1} \implies \ddot{y}_t = \alpha^t \, \ddot{y}_0 = \alpha^t$$

por *solução contínua*, a *convergir* para o *limite*

$$t \to +\infty \implies \alpha^t \, y_0 = \alpha^t \to = 0$$
$$\implies y_0 \sum_{t=0}^{n} \alpha^t = \sum_{t=0}^{n} \alpha^t \to (1-\alpha)^{-1} \, y_0 = (1-\alpha)^{-1};$$

para $\alpha = 0,5$, nem mais nem menos que a *série geométrica decrescente*, de *razão* $\alpha = 0,5$, que ocorre na 6ª coluna do 1º caso do quadro elaborado por Carlos Laranjeiro, igual a $(1-\alpha)^{-1}$, se considerássemos, *à partida*, que ($y_{-1} = 0$ e) $y_0 = 1$; então, teríamos, na verdade (mais em geral: para $\ddot{y}_0 > 0$),

$$\ddot{y}_t = 0,5 \, \ddot{y}_{t-1} \implies \ddot{y}_t = 0,5^t \, \ddot{y}_0$$

---

mais elegante e mais compacta, aliás com a vantagem de, assim, se exterminar do quadro o assaz indiscreto (e assaz irrelevante, na conjuntura...) "número *3*"... Cf a observação de JACINTO NUNES 1961 já aqui extractada (ver o § 2.3.1) e o *Apêndice III*, especialmente dedicado a toda esta questão.

por *solução contínua*, a *convergir* para o *limite*

$$t \to +\infty \implies 0{,}5^t\, y_0 \to 0 \implies y_0 \sum_{t=0}^{n} 0{,}5^t \to 2\, y_0.$$

Não são, contudo, *formalmente*, aquele ($y_0 = 1$) o postulado e esta a série que nos convêm, de resultado equivalente ao de uma operação congénere da nossa, mas *prospectiva* ('*forwards*'),

$$\ddot{y}_t = \ddot{Y}_{t+1} - \ddot{Y}_t \implies \frac{1-\alpha^{t+1}}{1-\alpha} - \frac{1-\alpha^t}{1-\alpha} = \alpha^t,$$

e não *retrospectiva* ('*backwards*'), como a nossa, com $y_1 = 1$ e

$$\ddot{y}_t = \ddot{Y}_t - \ddot{Y}_{t-1} \implies \frac{1-\alpha^t}{1-\alpha} - \frac{1-\alpha^{t-1}}{1-\alpha} = \alpha^{t-1},$$

correspondente à série

$$t \to +\infty \implies \alpha^t\, y_1 \to 0 \implies y_1 \sum_{t=1}^{n} \alpha^{t-1} \to \alpha^{-1}\, y_1 \implies$$

$$t \to +\infty \implies 0{,}5^t\, y_1 \to 0 \implies y_1 \sum_{t=1}^{n} 0{,}5^{t-1} \to 2\, y_1,$$

séries e formas que, no entanto, como se torna óbvio, permitem atingir, *substancialmente*, o mesmo resultado.

1.3.2.2 Quanto ao segundo caso, de interacção *constantemente explosiva*, com ele regressamos, definitivamente, ao género "*de 2ª ordem*", que é o caso geral; teremos, à partida, agora

$$\ddot{Y}_t = 5 + (\sqrt{11{,}25} - 2{,}5)\,(2 + \sqrt{0{,}8}\,)^t - (\sqrt{11{,}25} + 2{,}5)\,(2 - \sqrt{0{,}8}\,)^t;$$

$$\ddot{Y}_{t-1} = 5 + (\sqrt{11{,}25} - 2{,}5)\,(2 + \sqrt{0{,}8}\,)^{t-1} - (\sqrt{11{,}25} + 2{,}5)\,(2 - \sqrt{0{,}8}\,)^{t-1},$$

e, como sempre, $\ddot{y}_t = \ddot{Y}_t - \ddot{Y}_{t-1}$.

Contudo, desta feita, a aritmética a que conduziria usar esta equação como *regra de cálculo* seria muito laboriosa e muito pouco reveladora, pelo que aqui se nos impõe recorrer às expeditas receitas usuais, com o seguinte resultado (passando agora a denotar por b_3 e b_4 o par de «constantes arbitrárias» próprio de $\ddot{y}_t$):

$$\ddot{y}_t = b_3 \, (2 + \sqrt{0{,}8}\,)^t - b_4 \, (2 - \sqrt{0{,}8}\,)^t;$$

$$\ddot{y}_0 = b_3 - b_4 = 0 \implies b_3 = b_4 \equiv b \implies$$

$$\ddot{y}_t = b \, [(2 + \sqrt{0{,}8}\,)^t - (2 - \sqrt{0{,}8}\,)^t];$$

$$\ddot{y}_1 = b \, [(2 + \sqrt{0{,}8}\,) - (2 - \sqrt{0{,}8}\,)] = \sqrt{3{,}2} \; b = 1 \implies b = \sqrt{0{,}3125} \implies$$

$$\ddot{y}_t = \sqrt{0{,}3125} \; [(2 + \sqrt{0{,}8}\,)^t - (2 - \sqrt{0{,}8}\,)^t],$$

sendo esta *última* expressão, a *diferença aritmética* das duas anteriores ($\ddot{y}_t = \ddot{Y}_t - \ddot{Y}_{t-1}$), obviamente *congénere* da *primeira*; uma expressão que, de resto, dispondo embora de algo menor «poder *explosivo*» que a versão $\ddot{Y}_t$, se nos *revela* de um «poder *explosivo*» já *sem disfarce*, uma vez que $\ddot{y}_t$ se ostenta, muito *visivelmente* agora, como função *crescentemente crescente* de t, com

$$t \to +\infty \implies \ddot{y}_t \to +\infty,$$

posto que a expressão

$$\frac{d^n}{dt^n} \, \ddot{y}_t = \sqrt{0{,}3125} \; \{(2 + \sqrt{0{,}8}\,)^t \, [\ln (2 + \sqrt{0{,}8}\,)]^n - (2 - \sqrt{0{,}8}\,)^t \, [\ln (2 - \sqrt{0{,}8}\,)]^n \}$$

é sempre *positiva*, para qualquer n ($n \in \mathbf{IN^+}$) [7].

---

[7] Ver, p. ex°, os dois primeiros parágrafos do *Apêndice* matemático de ALMEIDA 1991b.

1.3.2.3 Permanecendo sempre no seio desta família que compartilha os mesmos coeficientes originários, $a_1 = -\alpha\,(1 + \beta)$ e $\alpha_2 = \alpha\beta$, cuja forma geral aqui se reproduz do início do § 3.2,

$$\ddot{Y}_t = (1 - \alpha)^{-1} + a_{q+1}\,x_1^{\,t} + a_{q+2}\,x_2^{\,t},$$

passaremos, por fim, ao caso dos membros da família que se nos apresentam num «estado *interessante*». *Em geral*, para esta «(sub-)família» (ou o subconjunto) das equações de recorrência desta família sob a referida condição $1 < \alpha < 4\beta\,(1 + \beta)^{-2}$, para que têm lugar as *flutuações* ou *oscilações cíclicas* e cuja solução contínua constitui uma *função trigonométrica*, teremos, como vimos no § 3.3.1, as expressões

$$\alpha\,(1 + \beta)^{-2} < 4\beta \;\Rightarrow\; \alpha^{0,5}\,[\alpha\,(1 + \beta)^2 - 4\beta]^{0,5} =$$
$$= \alpha^{0,5}\,[4\beta - \alpha\,(1 + \beta)^2]^{0,5}\,i \;\Rightarrow$$
$$x_1,\,x_2 = 0,5\,\{\alpha\,(1 + \beta) \pm \alpha^{0,5}\,[4\beta - \alpha\,(1 + \beta)^2]^{0,5}\,i\} =$$
$$= 0,5\,\alpha\,(1 + \beta)\,(1 \pm i\,\tan\theta),$$

(com $i = \sqrt{-1}$: ver o § 3.3.1.**2-4**), equação esta equivalente a

$$x_1,\,x_2 = 0,5\,\alpha\,(1 + \beta) \pm 0,5\,\alpha^{0,5}\,[4\beta - \alpha\,(1 + \beta)^2]^{0,5}\,i$$
$$= 0,5\,\alpha\,(1 + \beta)\,(1 \pm i\,\tan\theta) = h \pm vi,$$

em que 'h' representa o eixo *horizontal* (*real*) e 'v' o eixo *vertical* (*imaginário*) do "diagrama de Argand", tais que

$$h = -0,5\,a_1 = 0,5\,\alpha\,(1 + \beta);\quad v = 0,5\,(4a_2 - a_1^{\,2})^{0,5} =$$
$$= 0,5\,\alpha^{0,5}\,[4\beta - \alpha\,(1 + \beta)^2]^{0,5};$$

a *função complementar* assume agora a forma

$$y_c = a_3\,x_1^{\,t} + a_4\,x_2^{\,t} = a_3\,(h + vi)^t + a_4\,(h - vi)^t;$$

Apêndice I 141

uma vez que, pelo "teorema de De Moivre",

$$(h \pm vi)^t = R^t (\cos \theta \pm i \sin \theta)$$

(uma expressão em que figura o *raio-vector* ou *módulo* da função trigonométrica, $R = \sqrt{h^2 + v^2} = \sqrt{a_2} = \sqrt{\alpha\beta}$, e $\theta \in [0; 0,5\pi]$ [8] é o ângulo entre R e h, medido em *radianos*), podemos substituir a anterior forma de y_c por

$$y_c = a_3 R^t (\cos \theta t + i \sin \theta t) + a_4 R^t (\cos \theta t - i \sin \theta t) \Leftrightarrow$$
$$y_c = (a_3 + a_4) R^t \cos \theta t + (a_3 - a_4) R^t i \sin \theta t;$$

recorrendo, em seguida, ao par de identidades *cómodas* (sobretudo a 2ª... [9])

$$a_5 \equiv (a_3 + a_4); \quad a_6 \equiv (a_3 - a_4) \, i,$$

obtemos, finalmente, a expressão definitiva da solução contínua das equações de recorrência desta família, que dão origem a oscilações ou flutuações cíclicas:

$$\ddot{Y}_t = y_p + y_c = (1 - \alpha)^{-1} + R^t (a_5 \cos \theta t + a_6 \sin \theta t),$$

para a versão *não homogénea*; e (passando a usar b_5 e b_6 para denotar as *«constantes arbitrárias»* próprias de $\ddot{y}_t$)

$$y_p = 0 \Rightarrow \ddot{y}_t = y_p + y_c = y_c = R^t (b_5 \cos \theta t + b_6 \sin \theta t),$$

---

[8] O intervalo assinalado corresponde, obviamente, ao domínio do *1º quadrante* (estritamente *positivo*) do "diagrama de Argand", para valores de $h = 0,5 \, \alpha \, (1 + \beta) > 0$ e $v = 0,5 \, \alpha^{0,5} [4 \, \beta - \alpha \, (1 + \beta)^2]^{0,5} > 0$.

[9] Assim nos libertando, de modo fulminante, do «número *imaginário*» $i = \sqrt{-1}$. Negando, indignadamente, que tal procedimento equivalha a «varrer o pó para debaixo do tapete», ver CHIANG 1984, § 15.3, p 524, nota, em relação ao domínio conexo das *equações diferenciais*.

para a versão *homogénea*, dando, *em ambos os casos*, origem a *oscilações* ou *flutuações cíclicas crescentes* (*«explosivas»*), *constantes* (*«regulares»*) ou *decrescentes* (*«depressivas»*) consoante, *em disjuntiva*, se verifique a ocorrência

$$\alpha\beta \geq 0 \;\Rightarrow\; R = \sqrt{\alpha\beta} \;\gtreqless\; 1 \;\Leftrightarrow\; \alpha\beta \gtreqless 1,$$

e sendo a duração dos ciclos dada (como sabemos) por

$$\tau = 2\,\pi\,\theta^{-1},$$

com o ângulo θ medido em *radianos* e $2\,\pi$ como *constante de proporcionalidade inversa* entre τ e θ, dando origem a ciclos de *duração* (ou *período, proprio sensu*) *inversamente proporcional* a θ, com uma *duração mínima* maior que 4 *«períodos»* e "sem limite superior" *finito* ([10]):

$$0 < \theta < 0,5\,\pi \;\Rightarrow\; \theta\,m\acute{a}x^{o} \to 0,5\,\pi \;\Rightarrow\; \tau\,m\acute{\imath}n^{o} \to 2\,\pi\,(0,5\,\pi)^{-1} = 4;$$

$$\theta\,m\acute{\imath}n^{o} \to 0 \;\Rightarrow\; \tau\,m\acute{a}x^{o} = \to +\infty \;\Rightarrow\; 4 < \tau < +\infty.$$

Resta *determinar*, perante o «ponto de partida» ('*starting point*': o já referido *par* de "condições iniciais", $Y_0 = 0$ e $Y_1 = 1$), o *par* de *coeficientes* («constantes arbitrárias», a_5 e a_6) dos *coeficientes* x_1 e x_2; ante a 1ª condição inicial, podemos, *em geral*, determinar a_5 para todo o subconjunto das funções trigonométricas; para $t = 0$, sendo, de facto, sin $0 = 0$ e cos $0 = 1$, teremos, imediatamente,

$$Y_0 = (1 - \alpha)^{-1} + a_5 = 0 \;\Rightarrow\; a_5 = -(1 - \alpha)^{-1},$$

([10]) Cf ALLEN 1956, § 7.2, p 215; patentemente, o autor esqueceu-se, na ocorrência, de acrescentar '*finito*' à expressão entre aspas.

ou seja, o *negativo* de $y_p \equiv \kappa$. Quanto ao valor de a_6, a obter a partir da 2ª condição inicial, saltando passos intermédios, temos, agora,

$$Y_1 = (1 - \alpha)^{-1} + R\,[a_6 \sin\theta - (1 - \alpha)^{-1} \cos\theta] = 1 \;\Rightarrow$$
$$a_6 = (1 - \alpha)^{-1}\,[(\tan\theta)^{-1} - \alpha\,(R \sin\theta)^{-1}].$$

1.3.2.4 Estamos, enfim, em condições de proceder ao confronto das diferenças entre ambas as *versões, não homogénea* ($\ddot{Y}_t$) e *homogénea* ($\ddot{y}_t$), das equações de recorrência "mais interessantes", de que resultam *oscilações* ou *flutuações cíclicas*. Ambas aquelas formas partilham, como vimos, uma mesma *«função complementar»* (y_c) e, deste modo, os mesmos coeficientes x_1 e x_2, e ambas conhecem *ciclos* do mesmo género, com igual duração de $\tau = 2\,\pi\,\theta^{-1}$ períodos; mas, em $\ddot{y}_t$, a *«solução particular»* (y_p) é nula, como vimos também, e são nela diferentes as tais *«constantes arbitrárias»*, aliás todas solúveis (ou *re*solúveis) em termos de α e β, *scilicet*:

$$a_5 = -(1{-}\alpha)^{-1};\; a_6 = (1{-}\alpha)^{-1}\,[(\tan\theta)^{-1} - \alpha\,(R \sin\theta)^{-1}] = \frac{0{,}5\alpha(\beta-1)}{(1-\alpha)v}\,,$$

para as primeiras; e

$$b_5 = 0 = (1-\alpha)^{-1} + a_5;\;\; b_6 = (R \sin\theta)^{-1} = \frac{1}{v} = \frac{2(1-\alpha)}{\alpha(\beta-1)}\,a_6\,,$$

para as segundas (desta maneira se *anulando*, na *versão homogénea*, a expressão "cos θt", a que $b_5 = 0$ serve de «constante arbitrária»), o que, de resto, nos proporciona uma *regra de cálculo* de (b_5 e) b_6 a partir de (a_5 e) a_6, sempre que $\beta \neq 1$ ([11]).

([11]) Note-se bem que a cláusula *formal* $\beta \neq 1$ em nada compromete a generalidade da conexão estabelecida entre cada par de $\ddot{Y}_t$ e $\ddot{y}_t$ que compartilhem a mesma *função complementar*; sucede, apenas, que, no caso

1.4 Podemos, pois, escolher, do cardápio, *ad libitum*, a *espécie* do *género oscilação* ou *flutuação cíclica* (*depressiva, regular* ou *explosiva*) que mais nos convier: p. ex°, para a espécie *intermédia* do caso **3** (com $\alpha = 0,5$ e $\beta = 2$), teremos, à partida, agora

$$y_t = 1,5\ y_{t-1} - y_{t-2}\ ;$$
$$x^2 - 1,5\ x + 1 = 0,$$

e as mesmas soluções,

$$x_1,\ x_2 = 0,75\ (1 \pm \sqrt{0,(7)}\ i),$$

para ambas as modalidades (*homogénea* e *não homogénea*), com *os mesmos* valores para mesmo ângulo θ (medido em π *radianos*) entre o *raio-vector R* e o eixo *real, horizontal, h*, do "diagrama de Argand",

$$\tan \theta = \sqrt{0,(7)}\ \Rightarrow\ \theta = 0,\ 230\ 053\ 456...\ \pi\ \text{rads},$$

e uma solução contínua com uma *expressão mais simples* que antes, porém ainda semelhante à da versão não homogénea do § 3.3.1.**3**, a equação originária a cuja solução contínua ocorre retirar $y_p = \kappa = (1 - \alpha)^{-1} = 2$, e na qual há que substituir os coeficientes $a_5 = -2$ e $a_6 = (2 \cos \theta - 1)$ $(\sin \theta)^{-1} \approx 0,75593$ pelos coeficientes próprios desta versão, $b_5 = 0$ e $b_6 = (\sin \theta)^{-1} \approx 1,51186$ (exactamente *o dobro* ([12]) de antes), dando agora lugar a

$$\ddot{y}_t \approx 1,51186 \sin 0,23\ \pi t,$$

$\beta = 1$, a conexão *algébrica* antes enunciada entre a_6 e b_6 não funciona, por ocorrer a circunstância $a_6 = 0$. É o que sucede, precisamente, com o caso **2** de Samuelson, com $\alpha = 0,5$ e $\beta = 1$, com $a_6 = \frac{1}{v}$ *como sempre*, e $\frac{1}{v} = 2$, e solução contínua $\ddot{y}_t = 0,5^{0,5\ t-1} \sin 0,25\ \pi\ t$.

([12]) Realmente,

$$\alpha = 0,5;\ \beta = 2\ \Rightarrow\ b_6 = \frac{2(1-\alpha)}{\alpha(\beta-1)}\ a_6 = 2\ a_6\ .$$

com os mesmos *ciclos* de $\tau = 2\,\pi\,\theta^{-1} = 8,\,693\,631\,616\ldots$ períodos, agora em torno da *cota zero*, i. e., alternamente *positivos* e *negativos*, em *fases* de $0{,}5\,\tau = 4,\,346\,815\,808\ldots$ períodos, sendo, obviamente, *nulos* os valores da função para $t = 0{,}5\,\tau$, $t = \tau$ e seus produtos pelos sucessivos números naturais, $t = 0{,}5\,n\,\tau$ e $t = n\tau$ ($n = 0,\,1,\,2,\,3,\,\ldots$), dando o sinal $\pm$ do *resto*, se calculados por excesso, a indicação de a *fase* que termina ser *descendente* ou *ascendente*.

2. No «acelerador» de tráfico ferroviário de Jan Tinbergen

2.1.1 Encaremos, por fim, a susceptibilidade de *redução à ínfima espécie* ([13]) das três modalidades de *interacção cíclica* a partir do modelo de Hansen e Samuelson, que vem a traduzir-se numa modalidade, digamos, «sraffiana», de "produção de mercadorias por meio de mercadorias" (cf SRAFFA 1960a, 1ª parte, §§ 1-7) em que, também não ocorrendo «*investimento autónomo*», também todo o *consumo* será *consumo produtivo*, o que, num quadro, agora, «samuelsoniano», dará lugar à supressão de $C_t = \alpha\,Y_{t-1}$ (além de $g = 1$, como antes), sobrando apenas

$$«\ddot{y}_t» = \alpha\beta\,(«\ddot{y}_{t-1}» - «\ddot{y}_{t-2}»).$$

Eis a nossa «parábola» agora reduzida à *expressão mais simples*, só susceptível de reflectir a atmosfera rarefeita de um brinquedo mecânico apenas apto para espelhar um paraíso à

([13]) A *equação de recorrência* «y_t» (e a respectiva *solução contínua*, «$\ddot{y}_t$»; e os termos seus componentes) é, no contexto, um *intruso* óbvio, que não pertence à ilustre *família* caracterizada por partilhar idênticos *coeficientes originários*, $a_1 = -\alpha\,(1 + \beta)$ e $a_2 = \alpha\beta$. Optou-se, pois, por pôr entre aspas os respectivos termos, aliás todos eles *dependentes* de t.

medida de Fontes: um mundo em que uma população «feliz para sempre», inteiramente constituída por ferroviários e respectivos dependentes, proporcionasse e consumisse apenas serviços de transporte de pessoas e coisas; e, mesmo assim, precisamente devido ao *traço institucional*, único e decisivo, de esta «CP» imaginária, tal qual a britânica e as concessionárias portuguesas de então (à sua imagem e semelhança), *não poder recusar* qualquer *procura* (ou seja, qualquer *frete*: do inglês '*freight*', precisamente...), argutamente observado ao autor por Sir Dennis Robertson (cf TINBERGEN 1938, em nota 2 à p 176: última página, última nota). Como é patente, ainda neste caso nos é possível obter a *solução contínua* de uma *equação de recorrência* tão rarefeita a partir da sua *equação característica* em termos semelhantes aos das espécies anteriores, com

$$x^2 - \alpha\beta\, x + \alpha\beta = 0 \Rightarrow$$

$$x_1, x_2 = 0,5\, \{\alpha\beta \pm [\alpha\beta\, (\alpha\beta - 4)]^{0,5}\},$$

com três possibilidades: (1) $\alpha\beta > 4$, sendo x_1, x_2 duas *raízes reais diferentes* de um sistema de *interacção explosiva*; (2) $\alpha\beta = 4 \Rightarrow x_1 = x_2 \equiv x = 0,5\, \alpha\beta$, duas *raízes reais iguais* de um sistema também de *interacção explosiva*, a *resolver* pelo mesmo método utilizado para obter o resultado exibido no § 3.3.2.**6-7**, mediante o mesmo «velho truque» ligeira e fulminantemente comunicado por Alpha C. Chiang para superar o obstáculo da igualdade de raízes: multiplicar x_2 por t (cf CHIANG 1984, § 17.1 (.2), '*case 2*', p 580), agora com o resultado

$$\text{«}\ddot{y}_t\text{»} = t\, x^{\,t-1};$$

resta a hipótese, sempre mais interessante, (3) $\alpha\beta < 4$, de *flutuação cíclica*, que será *depressiva*, *regular* ou *explosiva* conso-

Apêndice I 147

ante $\alpha\beta$ for *inferior, igual* ou *superior* à *unidade* (cf o § 3.4.4.**1**-
-**3** e o § 1.3.2.3 deste *Apêndice I*).

2.1.2 Tomemos, pois, agora aquela «hipótese mais interessante» para expor, rapidamente, um resultado que se
adivinha como constituindo a prometida *redução à ínfima
espécie* de uma *ínfima espécie,* o que sucede se escolhermos a
subespécie intermédia da *espécie* (3), com $\alpha\beta = 1$, sejam quais
forem os valores numéricos a atribuir a cada um dos dois
factores, α e β, *agora irredutivelmente conexionados,* tal como
sempre ocorre, fatalmente também, com o «acelerador» de
Hicks $(^{14})$... Na realidade, temos, agora, *à partida, simplicissimamente,*

$$\alpha\beta = 1 \implies «y_t» = \alpha\beta («y_{t-1}» - «y_{t-2}») = «y_{t-1}» - «y_{t-2}»,$$

e, *à chegada,*

$$«\ddot{y}_t» = (\sin \theta)^{-1} \sin 0,(3) \pi t \approx 1,154\ 700\ 538... \sin 0,(3) \pi t,$$

dando lugar a uma sequência $\{0;\ 1;\ 1;\ 0;\ -1;\ -1;\ ...\}$
que se repete indefinidamente, numa infinita sucessão de
operadores do *sistema binário,* sem qualquer subtileza e
sem complexidade alguma $(^{15})$. Com os mesmos valores de

$(^{14})$ Seria, com efeito, aqui indiferente usar o «acelerador» *de consumo* de Samuelson ou o «acelerador» *de rendimento* de Hicks, uma vez que,
como é patente, na (sub)espécie «degenerada» de que agora se trata, *por
definição, fizemos com que* $\alpha\beta = \lambda = 1$, seja qual for o «valor implícito»
de α e de β.

$(^{15})$ É claro que a *solução contínua* nos permite obter o perfil de
uma função *contínua* $\ddot{y}_t$ de t (com que a função y_t de t coincide no
domínio $\mathbb{N}^+$), com os valores *máximos* e *mínimos* e *quaisquer* intermédios, fornecendo o esperado desenho *sinosóide* à função *trigonométrica*
(ou *«circular»*) de que, obviamente, sempre se trata aqui, pelo preen-
chimento dos intervalos dos sucessivos números naturais com quantos

$\alpha = 0,5$ e $\beta = 2 \Rightarrow \alpha\beta = 1$, para melhor confronto, temos, pois, *em concreto*,

$$\text{«}y_t\text{»} = \text{«}y_{t-1}\text{»} - \text{«}y_{t-2}\text{»},$$

e

$$x_1, x_2 = 0,5\,(1 \pm i);\ \tan\theta = \sqrt{3} \Rightarrow \theta = 0,(3)\,\pi \text{ rads}$$
$$\Rightarrow \tau = 2\,\pi\theta^{-1} = 2\,\pi/0,(3)\,\pi = 6,$$

para

$$\text{«}\ddot{y}_t\text{»} \approx 1,1547 \sin 0,(3)\,\pi t.$$

É claro que o mecanismo é "rude e primitivo", tal como o é a figura 9, que o representa, com a alternância perpétua de *hemiciclos, altos* e *baixos*, de $0,5\,\tau = \pi\theta^{-1} = 3$ períodos, com a sequência {**0, 1, 1; 0, −1, −1; ...**} a repetir-se indefinidamente

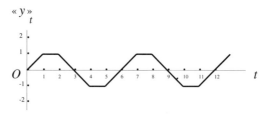

Figura 9

---

pontos se quiser, para os correspondentes valores numéricos no domínio dos números reais positivos (**IR⁺**); assim, p. ex°, permite estabelecer os *máximos* e *mínimos* desvios em relação a *zero* desta função trigonométrica, acima e abaixo dos patamares representados pelas sequências numéricas 1; 1; 0, −1; −1; ... , de ciclo em ciclo de 6 períodos, para 1,5; 7,5; 13,5; ... , e 4,5; 10,5; 16,5; ... ; no nosso caso, respectivamente, $\sin 0,(3)\,\pi t = \pm 1 \Rightarrow \ddot{y}_t = \pm 1/\sin 0,(3)\,\pi \approx \pm 1,1547$.

ao ritmo ou ao compasso de sucessivos *ciclos* de 6 períodos, com duas *fases* de 3 períodos, alternamente *acima* e *abaixo* da *cota zero*, que constitui agora a *tendência* ('*trend*') de *equilíbrio*. Aqui nos fica, pois, o esqueleto de um organismo desta maneira reduzido ao osso, para abordarmos finalmente, a partir dele, uma «prova estatística do acelerador» proporcionada por Jan Tinbergen precisamente um ano antes do célebre artigo de Paul A. Samuelson, segundo um diagrama que aqui se reproduz,

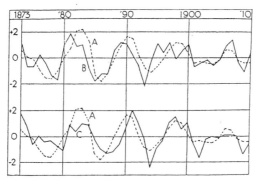

Chart 1. — RAILWAYS, UNITED KINGDOM.
   A. Percentage rate of increase in rolling stock (average of locomotives and cars weighted roughly according to their average prices in a base period).
   B. Percentage rate of increase in traffic, $1\frac{1}{2}$ year before, drawn on such a scale as to yield the best fit with A.
   C. Profit rate, $1\frac{1}{2}$ year before, drawn ao B.

em que o autor sobrepõe, graficamente, à "curva A" (da taxa de crescimento do material circulante dos caminhos de ferro britânicos, entre 1873 e 1910), a tracejado, a "curva B" (da taxa de crescimento do tráfico ferroviário) e a "curva C" (do andamento da taxa de lucro), ambas um ano e meio antes, e ambas desenhadas a cheio na escala correspondente à sua melhor sobreposição possível ('*the best fit*') à "curva A" (*Id.*, *ibid.*, legenda do "Mapa 1"), e todas elas construídas sobre elementos recolhidos em D. H. Robertson, *A study of industrial fluctuations* (*Id.*, *ibid.*, p 171). Este confronto foi, pois, elaborado com vista a apurar qual dessas curvas (a "curva B" ou a "curva C") fosse a melhor candidata (em termos *estatísticos*) a figurar como *variável* de uma *função investimento* com um *lapso temporal* de 1,5 anos, tendo por *coeficiente* próprio o *recíproco* ou *inverso aritmético* do respectivo *factor de escala* de representação gráfica. Quanto a ambos os aspectos da verificação estatística da viabilidade de ambas as candidatas, o autor indica, como valor numérico da *regressão* da entidade representada na "curva B", 0,53 (i. e., 53%), o que já é apreciável e muito mais do que o que assiste à sua concorrente (TINBERGEN 1938, *ibid.*, p 175); quanto ao aspecto da *correlação* (já se vê, *positiva*) com a entidade representada na "curva A", também ela resulta, até em termos gráficos, bem mais estreita para a entidade representada na "curva B" do que para a entidade representada na "curva C", o que, aliás, se explica facilmente devido à circunstância de os caminhos de ferro britânicos *não poderem recusar fretes*, para a qual, segundo o autor, o mesmo D. H. Robertson lhe chamou a atenção, como já se referiu. Temos, em suma, *visivelmente, naquela indústria* daquele reino daquela época, o «investimento *induzido*» como *função constante* do *aumento da procura* (e não como *função constante* do *aumento do lucro*) de *ano e meio antes*, ou seja, como função *ciclicamente variável* de uma procura *ciclicamente variável* também, de forma *quase sobreponível*, ou seja, em suma, *visivelmente*, uma *quase coincidência* entre o *aumento* do «investimento *induzido*» (no nosso caso, *todo o* investimento; no nosso caso, todo ele como que «investimento *forçado*»...) e o *aumento* da *procura à indústria* no *período anterior* (ano e meio antes), distando ambas apenas entre si, praticamente, de um mero *factor de escala* já definido: o «*acelerador*»; ou, quando menos, uma tal situação em que tudo se passa como se isso se passasse ('*as if*', como diria Samuelson...).

2.2.2 *Primo conspectu*, como se disse, seria aquela (do § 2.1.2 deste *Apêndice I*) a expressão analítica conveniente à

Apêndice I 151

representação de uma *indústria* predominantemente de *meios de produção* (ao menos nesse período de 38 anos de há 85 anos...), sem *emitir*, praticamente, *meios de consumo*, e considerada como *auto-suficiente* para poder representar toda uma realidade económica global ([16]): sendo, pois, o *consumo consumo produtivo* no mais literal sentido de um célebre sistema de «produção de mercadorias por meio de mercadorias», com a mercadoria «força de trabalho» suposta ou assumida como «agregada» no conjunto das outras, '*as the fuel for the engins or the feed for the cattle*', na expressão do próprio Piero Sraffa (*sic* SRAFFA 1960a, § 8 ([17])). Contudo, tudo se pode resolver sem

---

([16]) A bem dizer, trata-se, aqui, com esta prevenção, de uma «parábola» dentro de uma «parábola», se considerarmos, mais realistamente, que, então, o serviço de transporte ferroviário de passageiros estava longe de ser dispiciendo. Mais realistamente, para *isolar* do seu contexto inevitável aquela indústria *totalizada* como representante de *toda* a produção, era de considerar apenas o transporte dos *seus trabalhadores* como *consumo* «acelerável», sendo o dos outros assumido a título de *«exportações»* para o «sector '*resto do mundo*» (como "fuga" ou '*leakage*'), ficando o nosso sucedâneo de *microcosmos* também correspondentemente reduzido no respeitante à susceptibilidade de *«multiplicação»* do *investimento* em *consumo induzido*... Outra seria a solução mais *natural* para as ferrovias do nosso espaço nacional, segundo a sua prática vétero-corporativa de sempre: transportar gratuita e quase ilimitadamente os *seus* e seus parentes, porém agora *sem apoio exterior*, ou seja, em pleno processo de suicídio ritual ambulante, assim *matando tudo*: o *tema* e o *problema*!

([17]) Como será patente a partir de um confronto, embora perfunctório, de ambos os tipos de *machina analytica* agora vindos à colação, seria *ainda mais* abusivo considerar essa indústria como um «espelho» da «economia» que considerar o "sistema *padrão*" como uma "miniatura" do "sistema *real*", tal como o fez o próprio Sraffa na edição em inglês (SRAFFA 1960a, § 26, início do 2º período, p 20: 'It can be said that in any actual economic system there is embedded a miniature Standard system which can be brought to light by chipping off the unwanted parts'; já na versão italiana do mesmo ano, o autor se limita a estatuir que 'Si può dire che ogni sistema economico reale racchiude in sé un sistema tipo *in nuce* che può essere rivelato solo che si elimini quanto e superfluo': SRAFFA 1960b, § 26, início do 2º período, p 26).

forçar essa *nota* da nossa partitura, embora, ainda, sem *superar* o *obstáculo* nem *resolver* o *problema*: se um *qualquer* modelo de *interacção* do *multiplicador* e do *acelerador* apenas pode *representar-se* (e apenas pode *representar* uma realidade) como «parábola», i. e., como hipostase de resultante da heterogeneidade de diferentes sectores (alguns com *desemprego*, para poderem *«multiplicar-se»* perpetuamente; outros com *pleno emprego*, para poderem *«acelerar*-se» perpetuamente...), de forma semelhante podemos nós tomar uma tal indústria (aliás convenientemente destituída de uma cabal autonomia de decisão, i. e., de verdadeira *independência estratégica*, porque *não pode*, como vimos, *recusar qualquer aumento da procura*) como inserida numa realidade económica global em que há desemprego sectorial keynesiano suficiente para lhe permitir recrutar *meios de produção* e *força de trabalho* de que careça quando carece, e a que os possa devolver durante a *depressão*. E, sendo assim, poderemos tomar a "curva A" como *representando* uma curva de flutuação ou *oscilação cíclica* do *rendimento*, com *ciclos* de cerca de 8 anos, com duas *fases* de cerca de 4 anos, com um duplo carácter: levemente *explosivo* até a cerca de 1883, e levemente *depressivo* após esse ano, ou seja, à semelhança, respectivamente, dos casos **4** e **2** de Samuelson 1939a, aqui *representados* pelas Figuras 4 e 2, do § 3: *mais levemente* embora, ou seja, para valores numéricos de α e de β menos distantes entre si: para conservarmos $\alpha = 0,6$ e $\alpha = 0,5$, respectivamente, digamos que para $\beta = 1,8$ em ambos os casos... Em todo o caso, números menos redondos e menos cómodos, como costuma suceder numa realidade sem reverência para com a análise teórica, que teima em ter o hábito de se *portar* tão *mal*...

3. Confronto entre ambas as modalidades (*não homogéneas* e *homogéneas*) de equações de recorrência

Passando a confrontar as duas modalidades de *equações de recorrência* (e respectivas *soluções contínuas*) *não homogéneas* e *homogéneas* (ou seja, *sem* ou *com* «investimento autónomo»), verificamos que, ao passo que, para Y_t (e $\ddot{Y}_t$), se verifica a ocorrência

$$t \le 0 \;\Rightarrow\; Y_t = \ddot{Y}_t = 0,$$

em relação a y_t (e $\ddot{y}_t$), a opção por lhe impor o mesmo par de *condições iniciais* imposto a Y_t (e $\ddot{Y}_t$) —designadamente, $Y_0 = y_0 = 0$ e $Y_1 = y_1 = 1$ (e $\ddot{Y}_0 = \ddot{y}_0 = 0$ e $\ddot{Y}_1 = \ddot{y}_1 = 1$)— levou a um resultado necessariamente diverso ou *divergente*, para y_{-1} (e $\ddot{y}_{-1}$) e y_{-2} (e $\ddot{y}_{-2}$), conforme o quadro que se segue, sem outros comentários, para os cinco «exemplos numéricos» de Samuelson (a que se segue a forma do § 2 deste *Apêndice I*):

$y_t = 0{,}5\, y_{t-1}$	$\ddot{y}_t = 0{,}5^{\,t-1}$	$y_{-1} = 2$	
$y_t = y_{t-1} - 0{,}5\, y_{t-2}$	$\ddot{y}_t = 0{,}5^{\,0{,}5\,t-1} \sin 0{,}25\, \pi t$	$y_{-1} = -\sqrt{2}$	$y_{-2} = \sqrt{0{,}4}$
$y_t = 1{,}5\, y_{t-1} - y_{t-2}$	$\ddot{y}_t = \sqrt{2{,}(285714)}\; \sin 0{,}23\, \pi t$	$y_{-1} = -1$	$y_{-2} = 1{,}5$
$y_t = 1{,}8\, y_{t-1} - 1{,}2\, y_{t-2}$	$\ddot{y}_t = 1{,}2^{\,0{,}5\,t} \times 0{,}39^{-0{,}5} \sin 0{,}1931\, \pi t$	$y_{-1} = -0{,}8\,(3)$	$y_{-2} = 1{,}25$
$y_t = 4\, y_{t-1} - 3{,}2\, y_{t-2}$	$\ddot{y}_t = \sqrt{0{,}3125}\; [(2 + \sqrt{0{,}8})^t + (2 - \sqrt{0{,}8})^t]$	$y_{-1} = -0{,}3125$	$y_{-2} = 0{,}390625$
$\cdot y_t \cdot = \cdot y_{t-1} \cdot - \cdot y_{t-2} \cdot$	$\cdot \ddot{y}_t \cdot = \sqrt{1{,}(3)}\; \sin 0{,}(3)\, \pi t$	$\cdot y_{-1} \cdot = -1 =$	$\cdot y_{-2} \cdot = -1.$

APÊNDICE II

Do pêndulo de Frisch/Kalecki
ao bilhar de Hicks/Goodwin

1 Tipologia dos modelos de ciclos

O tema introdutório deste *Apêndice II* ([1]) tem apenas em vista suprir uma lacuna ocorrente no texto, facultando ao leitor uma *tipologia* simples que lhe possa servir de ponto de referência para localizar os sistemas de Samuelson 1939a e Hicks 1950 no conjunto de *tipos* (como veremos, tripartido) em que todos se inscrevem.

1.1 Modelos de equações diferenciais:

O "modelo mais simples que se pode arranjar" (Goodwin 1951a, p 422) com equações diferenciais poderá construir-se a partir de

$$C = cY; \ I = \frac{dK}{dt} = v \ \frac{dY}{dt} \ ; \ Y = C + I$$

("em que K é a existência em capital e «$[v]$» o coeficiente de aceleração": Goodwin 1951a, p 422), e exprimir-se como

$$Y = cY + v \ \frac{dY}{dt} \Rightarrow \frac{dY}{dt} = \frac{1}{v} \ (1 - c) \ Y,$$

"que dá a equação diferencial do tipo Harrod-Domar" (Allen 1956, p 201).

([1]) Esta tipologia, aqui inevitável como uma breve introdução a uma «teoria dos ciclos», nada oferece de novo, pois limitei-me a nela combinar alguns dos elementos das hoje velhas lições de dois autores dos mais autorizados: Goodwin 1951a, pp 422-3, e Allen 1956, § 6.7, pp 201-2.

1.2 Modelos mistos de equações diferenciais e equações de recorrência:

"Introduzamos um lapso temporal ['*delay*'] de um período nas relações de consumo e investimento, e a equação transformar-se-á em"

$$Y_t = \alpha\, Y_{t-1} + \lambda\, \frac{d}{dt}\, Y_{t-1} \Rightarrow \frac{d}{dt}\, Y_{t-1} = \frac{1}{\lambda}\, (Y_t - \alpha\, Y_{t-1}):$$

este o estado embrionário do tipo de modelo pioneiro de Ragnar Frisch, a que já se fez aludiu aqui (ver o § 2.2.1).

1.3 Modelos de equações de recorrência:

1.3.1 Por fim, substituindo a primeira derivada de Y_t em ordem a t por $\lambda\, Y_{t-1}$, a "mera introdução de um lapso temporal ['*lag*'] robertsoniano [de *um* só período] produz o seguinte multiplicador de equação de recorrência" (ALLEN 1956, p 201):

$$Y_t = \alpha\, Y_{t-1} + \lambda\, Y_{t-1} = (\alpha + \lambda)\, Y_{t-1}$$
$$\Rightarrow Y_t = \{1 + [(\alpha + \lambda) - 1]\}\, Y_{t-1}\,;$$

este o modelo ultra-simplificado que nos permite passar do aludido «multiplicador periódico», $(\alpha + \lambda)$, para uma "taxa de crescimento" *gradual* (ou *graduada*, ou *descontínua*: '*stepped*') imediatamente definível para o modelo, $(\alpha + \lambda) - 1$, como se vê, diferente da "taxa de crescimento" *absoluta* (ou *contínua*) peculiar a um modelo de equações diferenciais,

$$\frac{1}{v}\, (1 - c) - 1.$$

1.3.2 Menos sumariamente, introduzindo agora um lapso temporal de *dois períodos*, teremos antes

$$Y_t = \alpha\, Y_{t-1} + \lambda\, (Y_{t-1} - Y_{t-2}) = (\alpha + \lambda)\, Y_{t-1} - \lambda\, Y_{t-2}\,;$$
$$\Rightarrow (Y_{t-1} - Y_{t-2}) = \frac{1}{\lambda}\, (Y_t - \alpha\, Y_{t-1}):$$

este o estado embrionário do modelo que Paul A. Samuelson reconheceu como constituindo a *forma lógica* do «exemplo numérico» dos *papelinhos* que Alvin H. Hansen lhe terá oferecido "numa bandeja de prata", e J. R. Hicks reformulou uma década depois.

2 Desfile de modelos

2.1 Crescimento *com* (des)equilíbrio?

Após Roy F. Harrod (depois, Sir Roy) e Paul A. Samuelson, J. R. Hicks (depois, Sir John) tentou, de novo, *conciliar* duas perspectivas talvez inconciliáveis: o *crescimento* do primeiro com o *(des)equilíbrio* do segundo ([2]), para o efeito «garantindo» a presistência da espécie "interacção cíclica explosiva", correspondente à hipótese

$$4\beta > \alpha (1 + \beta)^2; \quad \alpha\beta > 1$$

de Samuelson, mas com os ciclos moderados por um "tecto" ('a *Ceiling*') e um "limiar" ('a *floor*') adrede introduzidos, *de fora do sistema* (não sem invocar Keynes: 'a Ceiling which Keynes called full employment': HICKS 1950, cap. VII.1, p 82), exactamente o mesmo passadiço em que Richard M. Goodwin irá deambular independentemente, logo um ano depois, ao exibir o seu sistema «samuelsoniano» de reprodução ampliada do *capital* (GOODWIN 1951a; cf, também, GOODWIN 1951b). Mas, na verdade, em qualquer destes casos (quer ao abrigo do fascinante apoio retórico do primeiro, quer ante a desconfortável partição do segundo entre a

---

([2]) Cf o, na verdade, 'brilliant criticism of this weak aspect of the present theory' (segundo a apreciação de PASINETTI 1960, § 8, e nota 15 à p 69) em KALDOR 1954.

motivação sumária da primeira e a pureza formal sem concessões da segunda das suas duas diferentes obras), trata-se sempre de aparelhar um instrumento de intervenção «ad hoc» (um *acicate* ou *freio*, consoante o *tipo* de paciente...), advindo ao sistema por obra e graça de um *deus ex machina* recém criado à medida das preces do celebrante: anónimo e discreto, deferente e obsequioso; realmente, o *alter ego*, mal destacado ou mal nascido, do analista intemerato que o invocou.

2.2 Do "modelo do pêndulo" à "mesa de bilhar"

2.2.1 Foram tentadas duas saídas para o mesmo problema, de aproximar a *teoria* dos *mecanismos* de *oscilação cíclica* da *realidade* dos *ciclos económicos* segundo a experiência; quanto aos *modelos lineares*, postos perante os casos $4\beta > \alpha (1 + \beta)^{-2}$ de Samuelson, de *oscilação* ou *flutuação* cíclica, haverá que escolher, desde logo, entre três situações: (1) $\alpha\beta < 1$, de *oscilação cíclica depressiva*; (2) $\alpha\beta = 1$, a situação de '*knife's edge*' sobre o ramo de hipérbole rectangular localizado no 1° quadrante do gráfico da Figura 6.1, $\alpha = \beta^{-1}$, para $\alpha < 1$, de *oscilação cíclica regular ou constante*; e, finalmente, (3) $\alpha\beta > 1$, de *oscilação cíclica explosiva*. Os termos da opção a tomar na ocorrência já foram indicados por R. M. Goodwin num texto de tal modo *oportuno*, mecanizado e colorido, que aqui se deixa, de seguida, para prazer e bom proveito ([3]) de quem o leia, desde a ocorrência do impasse às duas sortes de tentativas de o resolver:

> 'Most econometric models are linear in the sense that the variables are proportional to the other variables and their

---

([3]) O autor, contudo, ter-se-á distraído ao proclamar decidir-se, no 1° extracto, *sem excepção*, pela opção *fundamental* por um oscilador *depressivo* (com $R < 1$), quando, contudo, parece certo que a *segunda resposta* supõe haver-se optado, precisamente, pelo seu contratipo (por um oscilador *explosivo*: com $R > 1$), o que ocorreu com Hicks (HICKS 1949 e 1950) e com o próprio Goodwin (GOODWIN 1951a e b)!

lagged values or their time derivatives. If oscillatory, such a system can give rise, depending on the values of the proportions (the constants or parameters) in the equations, to any one of three types of behavior: (a) its amplitude of fluctuation may grow ceaselessly, thus being unstable; (b) it may be stable, with an ever-decreasing amplitude; (c) its behavior may lie exactly in between the other two, so that it neither grows or decreases in violence. The third category must be rejected as *improbable* (Kalecki's model was originally of this type, but Frisch's criticisms [...] must be held to have rendered the hypothesis untenable. Kalecki subsequently modified his formulation) and the first is in contradiction to experience, leaving us (b) as the only realistic case. Yet there remains the problem of how the cycle persists if it is always dying away'.

(Goodwin 1951a, p 420)

2.2.2 Seguem *duas* respostas, sendo a primeira (sob o subtítulo "*The Pendulum model*") a do sistema de *oscilação* (potencialmente) *depressiva* sofrendo a incidência de "choques erráticos" ou "estocásticos" ('*erratic shoks*'),

'One very plausible kind of answer has been given by Frisch following a suggestion of Wicksell. The pendulum of a clock would gradually stop swinging if it were not for the escapement, which delivers a push to it once each way and thus keep it going. Schumpeter's theory is perhaps best considered as an example of this: innovational investment gives a shock to the economy once a cycle, although, unlike a clock, the violence of the shock is different every time, and depends on the "unexplained" historical evolution of technology [(a) There are the synchronized systems of which the most familiar is the pendulum clock. Here the pendulum executes damped motion, but its own motion is used to time regular shocks so that it settles down to a steady routine in which the energy which is dissipated in friction during each cycle is exactly replaced. The wider system, including the feedback mechanism (the escapement) for delivering the shocks, is a particular type of nonlinear oscillator since it is autonomous and maintains a uniform cycle independently of initial conditions. (b) *Significantly different* is a system subjected to *random shocks*. Here the mechanism itself is damped, but *an outside, unexplained source* keeps it going, and in this sense *it is not a complete theory, for the source of maintenance lies outside of the theory*]. Indeed, Frisch has shown that the shoks need not have any regularity in timing or violence in order to explain the maintenance of the oscilation. This type of hypothesis is particularly important for another reason: it can explain the well-established fact that no two cycles are alike and that therefore there is no strict periodicity in economic time series [...]';

(GOODWIN 1951a, pp 420-1, e GOODWIN 1951b, p 2 [o excerto entre colchetes]; *grifei*)

e a segunda (*"The Billiard-Table Model"*, também segundo o subtítulo do próprio Goodwin) é desta guisa:

'The second general type of self-generating cycle is that in which the equations are not all linear. There exist in economics a number of well-known saturation effects, technical barriers like full employment, and thresholds such as no investment until capacity is reached, all of which point to non-linearities. In such a system the expansion may proceed uninhibited until it reaches some barrier, such as full employment or the limits to credit expansion, and then, its regime violently broken, it will move downward to the other limit. *As a mechanical analogy*, one may picture a ball which rolls on a polished table until it hits a wall, and so on':

(GOODWIN 1951a, pp 420-1, logo a seguir; *grifei*)

esta, precisamente, a própria via de Hicks e Goodwin, cabendo, apenas, aqui notar que, nem aquele (cf a nota 9 a este *Apêndice II*), nem este —aliás abertamente *contra o* por este *reivindicado*—, conseguem estatuir uma *teoria* «não linear» *completa* ou *integrada* (ou *integral*: cf o passo entre colchetes, de GOODWIN 1951b, constante do 2° extracto, sobre o argueiro, *óbvio também*, no olho do *vizinho*): basta conferir o sistema de GOODWIN 1951b (p 4, expressões 1 a 3), com o *inarticulado* remate (nas três alternativas) da expressão 4 da página seguinte...

Logicamente, haverá que ministrar, portanto, a um mecanismo *depressivo*, um *«antidepressivo»* (digamos, um *«electrochoque»*) que o «arrebite» (ou «arrebate») ou «anime», e a um mecanismo *explosivo*, precisamente, um *depressivo* ou um *calmante* que o «ponha *no seu lugar*» e o «mantenha *nos eixos*». E, na verdade, assim sucede (1) com o «exemplo numérico» de GOODWIN 1951a, com $R = \sqrt{1{,}25} > 1$ (ver o § 3.1 deste *Apêndice II*); (2) e assim *acaba por suceder* com GOODWIN 1951b (4); e assim também sucede, aliás conspicuamente, com HICKS 1950, após a rejeição, algo sumária e imperiosa ([5]), da *alternativa*, com a seguinte descrição, colorida e urgente:

> 'Thus the theory of damped fluctuations and erratic shocks proves unacceptable; but if we reject it, what is the alternative? There is an alternative; it is possible that the investment coefficient may lie, at least as a rule, *above* its middle point. At first sight, this alternative looks quite

---

([4]) É essa, na verdade, a conclusão definitiva do autor sobre a versão definitiva do seu modelo: 'If $d\varphi$ (0) $/d\overset{\cdot}{z} < \varepsilon + (1 - \alpha)$ θ, we get *damped* oscilations, and if it is considerably less, we get non–oscillatory stable motion [...]. But if $d\varphi$ (0) $/d\overset{\cdot}{z} > \varepsilon + (1 - \alpha)$ θ, *which there is good reason to suppose to be the case*, the system *explodes* [...] the system oscillates with increasing violence in the central region, but as it expands into the outer regions, it enters more and more into *an area of positive dumping* with a growing tendency to attenuating' (GOODWIN 1951b, pp12-3).

([5]) Isto não obstante o modo, a um tempo, exímio e laborioso, com que o autor procurou provar a sua tese no § 27 do *Mathematical appendix*, com recurso à "teoria avançada da estatística"! Mas, na verdade (principalmente da perspectiva de hoje sobre há quase meio século), aquela tese parece indefensável. Sobre a inteireza (comparativa, ao menos) e o interesse prático dos modelos de ciclo com "erratic shocks" dão testemunho concordante, por um lado, autores do tempo de Hicks: além do próprio FRISCH 1933, p. ex° SMITHIES 1949 (p 26), DUESENBERRY 1950 (pp 465-6), GOODWIN 1951a (p 421) e FISHER 1952b (p 528); por outro lado, autores como MENSHIKOV 1975 (cf a nota 8 a este *Apêndice II*, e os lugares aí citados), e a quase invariável pratica dos econometristas!

ridiculous; one's first reaction is to reject it out of hand. For if the investment coefficient lies above the middle point, the cycles produced by a single shock will be explosive. The oscillations may be small to begin with, but they will get larger and larger, until they result in complete chaos. Some recent fluctuations have looked as behaving in this manner, but is it really possible to explain the long sequence of nineteenth-century cycles in these terms? Clearly not in these terms alone. But suppose that there is some constraint which prevents the fluctuations from passing outside of certain limits; the system might then continue periodically breaking its head against these limits without running away altogether. If the cycle is "free" or unconstrained, then certainly it is nonsense to suppose that the actual cycle can be, or can have been, explosive; but it is not nonsense to suppose that a constrained cycle may be explosive in itself, if the constrains prevent the "explosions" from passing outside certain bounds'.

(HICKS 1950, § VII.5, pp 91-2)

Há, pois, que opor, ao *depressivo* adrede «espicaçado» («estimulado»; «acicatado»; «aguilhoado»; «espevitado»), o *maníaco* «domado» (ou «electrochocado»; ou «lobotomizado»?) ([6]).

([6]) Não fora a circunstância de já Karl Marx, na 2ª metade do século XIX (aliás, precedido de perto pelas *observações* de Lord Overstone também aqui transcritas, na nota 80), haver escrito sobre as "crises periódicas que conduzem os negócios através de períodos sucessivos de *depressão* [ou *abatimento*: 'Abspannung'], vitalidade ['Lebendigkeit'] *média*, *euforia* [ou *exacerbação*: 'Überstürzung'] e *crise*" (ver o § 2.1.2), e crer-se-ia serem estes autores da «teoria das crises» ou «dos ciclos económicos» discípulos reverentes e jurados de Sigmund Freud! Aliás, todos os casos de *flutuação* ou *oscilação cíclica* são casos manifestos de *ciclotimia* (apenas com, ou sem, o predomínio da *mania* sobre a *depressão*, ou vice-versa) e todos esses (três) são modos de ser *maníaco-depressivo*; já o caso $b = 0 \Rightarrow y_t = \alpha \, y_{t-1}$ é um caso notório de *pura* ou *permanente depressão* (sem «remitências», pois), ao passo que o caso $Y_t = 1 + \alpha \, (1 + \beta) \, Y_{t-1} - \alpha\beta \, Y_{t-2}$ (tal como aquele da respectiva *versão homogénea*), com α e β tais que $0,25 \, \alpha \, (1 + \beta)^2 \geq \beta$, constitui um caso de *pura* ou *permanente euforia* (também sem «remitências»)...

3 Hicks e Goodwin

3.1 O «bilhar» de Hicks

3.1.1 O modelo de Hicks 1950, elaborado durante a década que se seguiu a Samuelson 1939a e obviamente concebido com vista a superá-lo, viria a revelar-se inteiramente susceptível de emprego na *análise aplicada* (p. ex°, à *política financeira*, como, p. ex°, em Jacinto Nunes 1961) e em *tratamentos econométricos* (como, p. ex°, em Menshikov 1975([7])). Porém, o autor não seguiu uma linha de *análise formal* de todo coerente com a abordagem linear fundamental, logo quebrada, sem formalização própria, por outra linha de exposição *retórica* ou «literária», com vista a introduzir as novidades do seu modelo: "*tectos*" e "*limiares*" cuja ocorrência requer, a cada passo, '*switches on*' e '*switches off*' desencadeados como que *ex machina*, inteiramente fora da estrutura fundamental do modelo, com o advento de sucessivas combinações *lineares* das primitivas *condições iniciais*, com vista a

---

([7]) O autor parte, na verdade, de um *sistema-base* do «tipo Samuelson/Hicks», sendo, por certo, o mais desconhecido dentre os mais interessantes descendentes directos desse *sistema-base*: cf Menshikov 1975, § 7.1.a,'*The single-product model*'), porém, marxistamente, *desagregado* $Y_t = W_t + P_t$,'which defines the social product, or national income (Y) as the sum of its elements in terms of value [*sic*]: value of the labour force (wage fund) — W and surplus value (profit [*sic*]) — P. Other forms of surplus value are not considered in the model $Y_t = C_t + I_t + G_t$' (pp 272-3); o autor vai, no entanto, operando, no modelo, complexificações sucessivas, aliás a partir de um mecanismo de oscilação *depressiva* (tal como em Frisch 1933; cf, no § 7.1.d, p 313, a expressão definitiva 4.17 e o respectivo comentário) e a terminar 'With the addition of the random variable [...] describing the stochastic mechanism of the cycle [...] on the [...] non-homogeneous finite difference equation' (cf Menshikov 1975, § 7.1.d, p 307), apesar de Hicks, como já vimos, o proibir.

adormecer e *acordar, alternadamente (ciclicamente)*, o mecanismo-base, *ciclicamente* à beira de *se afundar* ou de *explodir*.

Tal circunstância torna muito difícil formalizar, sucintamente, o modelo de Hicks, contra o que ocorre, precisamente, com o de Samuelson, confessamente linear e de uma coerência formal a toda a prova.

Realmente,

> 'Hicks (1950) chooses *to supplement* his multiplier-accelerator model by *exogenous factors* of the "ceiling" and "floor" type and to *relax the assumption* of a *reversible accelerator*. He assumes that [λ] is very large enough for oscillations that are *intrinsically explosive*, but symmetrical. A "ceiling" on output is *imposed* so that, when reached, output remains constant and the accelerator ceases to be effective. There is no accelerator unless there are changes in output. On the other hand, as the downswing approaches a "floor", the accelerator is *taken out of operation* altogether because of excess capacity and because disinvestment is limited by the scrapping rate. The accelerator in the form $I_t = [λ] (Y_{t-1} - Y_{t-2})$ is reversible; *this assumption is given up in the downswing*. There remains the difficulty that, though the degree of damping is intrinsic, *the amplitude of the oscillations in this as in any linear model is fixed only by extraneous or initial conditions*. But, once the accelerator is *allowed* to go *out of operation* in each downswing, these *"initial"* conditions are *not remote economic history*. They are *reimposed* after the downswing in each and every cycle. When the accelerator *comes in again*, with excess capacity eliminated, it does so from *new initial conditions* and starts off a new oscillation with its own amplitude. To the extent that *each set of initial conditions* (depending on actual disinvestment in the downswing) is more or less the same, the amplitude tends to be constant'.

> (ALLEN 1956, § 7.4, p 220; *grifei* com abundância!)

3.1.2 O autor, portanto, não formaliza cabalmente [8] a vertente «crescimento» própria da alegada "Economia Regu-

---

[8] Na verdade, como observa Goodwin em relação a HICKS 1950, e em contraste consigo mesmo (*mas só na peça* GOODWIN 1951b, *N. B.*),

larmente Progressiva" («ERP») que o seu modelo pretende retratar, muito possivelmente por não poder fazê-lo de maneira *integrada* com a vertente «equilíbrio» (própria, por sua vez, do alegado "Estado Estacionário"); por outro lado, não seria sensato, da minha parte, tentar reproduzir (ou completar!) aqui uma tarefa a que o autor se dedicou nos §§ 17 e 18 do seu "Apêndice matemático", aliás com enorme mestria, numa estrutura formal de "lapsos temporais *distribuídos*" aqui apenas dada a ver sumariamente e de relance. Ensaiarei, portanto, seguidamente, só um brevíssimo e parcelar resumo comentado —tanto (ou tão pouco) quanto possível, por voz alheia e mais sonora que a minha— e emitirei apenas, sobre o modelo, um par de observações.

3.1.3 A estrutura lógica do modelo de Hicks

3.1.3.1 O modelo de Hicks (apresentado em HICKS 1949, e encerrado em HICKS 1950) visa, obviamente, superar e «generalizar» o de Hansen/Samuelson, onze anos anterior, ao retratar o que o autor designa por '*the Regularly Progressive Economy*' (*assim*, usualmente, com iniciais maiúsculas), por oposição a '*the Stationary State*' (também *assim*), coincidente com a "solução particular" ('$\ddot{y}_p$') de um sistema de Samuelson (ver o §1.2.1.1 do *Apêndice I*); a sua "equação básica" ('the *basic equation*') assume a forma ([9])

$$ Y_t = g_t + \sum_{s=1}^{p} \alpha_s \, Y_{t-s} + \sum_{s=1}^{p-1} \lambda_s \, (Y_{t-s} - Y_{t-s-1}) + K $$

'he does not approach the subject in terms of formal, nonlinear theory' (GOODWIN 1951b, em nota 3 à p 2).

([9]) É usual fazer a "adaptação" «*retroagindo*» de Hicks a Samuelson; eu farei ao contrário, que mais não seja pelo motivo óbvio de *Samuelson* ter escrito *primeiro*...

Apêndice II 165

(equação 17.1 do *Mathematical appendix*), enquanto peça de uma estrutura formal de "lapsos temporais *distribuídos*" por *qualquer número 'p' de períodos* (com $t > p > 1$), em que $Y_t = C_t + I_t$, com

$$C_t = K + \sum_{s=1}^{p} \alpha_s \, Y_{t-s} \, ; \, I_t = g_t + \sum_{s=1}^{p-1} \lambda_s \, (Y_{t-s} - Y_{t-s-1});$$

abandonando 'K' ('the normal trend element in consumption (*if there is any*)'!) logo à nascença, como o faz o autor (após uma alusão «institucional» ao "multiplicador keynesiano") e pondo 's' = 0 (abandonando, pois, a ideia de "lapso temporal *distribuído*": cf ALLEN 1956, *ad indicem*), fica-nos só, em vez da "equação básica", o que o autor designa por "caso elementar" ('the *elementary case*'),

$$Y_t = g_t + (\alpha + \lambda) \, Y_t - \lambda \, Y_{t-1},$$

que, na verdade subjaz a todo o tratamento do tema, uma vez que, após a apresentação da versão homogénea da "equação básica" e da "equação auxiliar" correspondente, é o próprio autor quem admite, candidamente, que

'We can best approach the study of this equation by beginning with the [...] elementary case, in which it is easily soluble',

e se apressura a proceder nessa conformidade:

'We accordingly begin by assuming that all ['λ_s'] are zero except ['λ_1'], and all ['α_s'] zero excepting ['α_1'], so that ['λ_1'] = ['λ'] and ['α_1'] = ['α']',

(HICKS 1950, na transição entre os §§ 19 e 20 do *Mathematical appendix* ([10])),

---

([10]) Mais claramente ainda, no texto principal, o autor confessa e reivindica: 'In carrying through this programme we shall not usually need to pay much attention to the complexities about distributed lags who have just given us so much trouble' (HICKS 1950, II.1, pp 83-4).

passando, pois, nessa conformidade, a "equação auxiliar" a assumir a forma $(^{11})$

$$x^2 - (\alpha + \lambda)\, x + \lambda \;=\; 0,$$

que é, *literalmente*, a forma da "equação auxiliar" samuelso-niana, se considerarmos que $\gamma \equiv \alpha\beta$ $(^{12})$.

$(^{11})$ Hicks usa 'u' por 'x' na "equação auxiliar" e, na ocorrência, deliberou mudar de 'c' $\equiv$ 'α' para $s = 1 - c \equiv 1 - \alpha$; não o acompanhei, porque não tem qualquer *utilidade* usar, p. ex°, '$\sqrt{s}$', em vez de '$\sqrt{1-\alpha}$', e tem a *desvantagem* de não *parecer exactamente a mesma coisa*. Será, pois, ainda aqui (cf a nota 47), a «rasoura de Occam» a entrar em acção, agora a depurar o «quebra nozes» de Hicks...

$(^{12})$ Mais propriamente, considerando $\lambda/\alpha = \beta \Rightarrow \lambda = \alpha\beta$ e substituindo λ por $\alpha\beta$, o que é *sempre possível*, (e mais, como veremos, *muito revelador...*), posto que $1 > \alpha > 0$ e β; $\lambda \geq 0$; particularizando, é evidente que a *positividade estrita* de λ *corresponde* à de β:

$$1 > \alpha > 0 \;\Rightarrow\; \beta = \tfrac{\lambda}{\alpha} \geq 0 \;\Leftrightarrow\; \alpha\beta = \lambda \geq 0,$$

com '$\geq$' *em disjuntiva*. Certo é, porém, que uma recusa (*formal*) de «reversibilidade» ('$\leftarrow\rightarrow$') à inocente (na aparência) *mutação* notacional '$\alpha\beta \rightarrow \lambda$' assume um relevo teórico (*substancial*) *imediato*, visto tratar-se da opção por um «acelerador» (*imediatamente*) *de rendimento*, à maneira *marginalista*, com o investimento como função (*imediata*) *do rendimento* (*de todo* o rendimento), 'λ', em vez de um «acelerador» *de capital*, 'β', à maneira de Marx, Schumpeter, Kalecki ou Alvin Hansen, de Samuelson, do próprio Goodwin (cf o excerto de Goodwin 1951a extratado no § 3.1 deste *Apêndice II*). Nesse primeiro sentido, hicksiano, cf, muito claramente, Jacinto Nunes 1961 (§ II.6, final da nota 13 à p 30), ao sustentar, abertamente, que a "expressão *básica*" do "coeficiente capital-produto" é 'λ' de Hicks (a afectar o *rendimento*), e a "expressão *derivada*" é 'β' de Samuelson (afectando o *consumo*); neste, tal como noutros pontos, fora Hicks, de resto, imediata e quase *literalmente* antecipado por Alexander 1949, utilizando, por lhe parecer "mais realista", a expressão '$B\,(Y_{t-1} - Y_{t-2})$' (p 177); interessante é notar que o autor dá, igualmente, algum relevo a uma expressão, '$1 + \sqrt{1-\alpha}$', por si apresentada

Reconduzindo a álgebra ao puro "caso elementar" (que, como vimos, é o que realmente conta...), a elaboração formal de Hicks ([13]) redunda no seguinte:

Partindo da equação de recorrência referente ao "caso elementar",

$$Y_t = g_t + (\alpha + \lambda) Y_{t-1} - \lambda Y_{t-2},$$

e da expressão do "rendimento corrente de equilíbrio" numa "Economia *Regularmente* Progressiva" (doravante, «ERP») ideal,

$$E_t = g_t + (\alpha + \lambda) E_{t-1} - \lambda E_{t-2},$$

o autor deduz a equação do "desvio *absoluto*" do andamento «actual» do rendimento ou produto corrente,

$$\acute{y}_t \equiv Y_t - E_t = (\alpha + \lambda) (Y_{t-1} - E_{t-1}) - \lambda (Y_{t-2} - E_{t-2}) =$$
$$= (\alpha + \lambda) \acute{y}_{t-1} - \lambda \acute{y}_{t-2},$$

em relação à "via de crescimento equilibrado" da «ERP», que representa como

$$E_t = E_0 (1 + \gamma)^t,$$

uma função exponencial em γ de t, em que "[γ] é a taxa de crescimento e E_0 o rendimento de equilíbrio no período 0";

---

como constituindo "o factor de crescimento equilibrado dominante menor possível, para dado α", cujo quadrado é, como vimos, o «*mínimo possível*» para o «explosivo» '$\alpha\beta_1$' não ter de «flutuar», e constitui a base da tipologia da «interacção» de Hicks, sob a referida veste '$1 + \sqrt{s}$' (cf o § 4 deste *Apêndice II*). Sobre a questão da diferença (conspícua) entre o "acelerador" e o "coeficiente capital-produto", que aqui se deixa por referir, cf, porém, a nota 37.

([13]) Cf HICKS 1950, cap. VII.2-3, pp 84-9, e *Mathematical appendix*, § 17, pp 182-4.

por sua vez, o "desvio *relativo*" do andamento «actual» do rendimento ou produto corrente, 'r_t', em relação àquela mesma "via de crescimento equilibrado" da «ERP», pode ser obtido a partir da expressão do respectivo "desvio *absoluto*",

$$\acute{y}_t = r_t\, E_t = r_t\, E_0\, (1 + \gamma)^t =$$
$$= (\alpha + \lambda)\, E_0\, (1 + \gamma)^{t-1}\, r_{t-1} - \lambda\, E_0\, (1 + \gamma)^{t-2}\, r_{t-2};$$

realmente, dividindo por $E_0\, (1 + \gamma)^t$ os 3° e 4° membros da cadeia de equações nocionais anterior, daí resulta imediatamente a expressão do "desvio *relativo*",

$$r_t = (\alpha + \lambda)\, (1 + \gamma)^{-1}\, r_{t-1} - \lambda\, (1 + \gamma)^{-2}\, r_{t-2},$$

uma expressão *independente de t* ([14]), com o "ponto médio" localizado em $\lambda = 1$, para $\acute{y}_t$, e em $\lambda = (1 + \gamma)^2$, para r_t, valores para os quais o autor não dá qualquer razão; contudo, o seu significado vai tornar-se evidente *passando ao quadro de Samuelson*, dentro do qual, na realidade, Hicks *essencialmente* se conservou ([15]). Se dividirmos λ por α (o que é

([14]) A circunstância algébrica de, na «*diferença*» $\acute{y}_t$, desaparecer g_t, elemento comum ao «*aditivo*» e ao «*subtractivo*» da operação, não significa, como é óbvio, que os resultados obtidos para a «*ERP sem investimento autónomo*» sejam *extensivos* à *versão não homogénea* (para recorrer agora a outra linguagem, menos insinuante...): só lhe são *extensíveis*, por acaso ou desejo, com a adjunção de uma importante cláusula restritiva: 'This equation is not independent of [*t*] unless [g_t] + *K* is a multiple of [$(1 + \gamma)^t$] — unless, that is, both autonomous investment and the trend element of consumption (*if there is any*) have a constant rate of growth. It is only in this case that a progressive equilibrium is possible. Let us neglect *K*, and write [$g_t = g_0\, (1 + \gamma)^t$]' (HICKS 1950, *Mathematical appendix*, § 17, p 184; *grifei*).

([15]) Na verdade, 'Mr Hicks has adopted, with modifications that cannot be regarded as essential, the Samuelson mechanism describing the interaction of the accelerator and propensity, with lags of consumption and investment expenditures behind the income or changes of income which induce those expenditures' (ALEXANDER 1951, p 864).

sempre é possível, com resultados *maiores que zero*, posto que $1 > \alpha > 0$ e $\lambda > 0$, embora o autor nunca se preocupe com estas miudezas...), e considerarmos que $\beta \equiv \lambda/\alpha$, para o "desvio *absoluto*", $\acute{y}_t$, teremos, imediatamente, $\lambda = 1 \Rightarrow \alpha = 1/\beta$, precisamente a *equação da curva* $\alpha_1 = \beta^{-1}$ do § 3.4.1, "além da qual", na realidade, "as oscilações se tornam *explosivas*", como observa o próprio autor ([16]), *quase* sem reparar nessa *fatal* coincidência! No respeitante ao "ponto médio" do "desvio *relativo*", r_t, ainda a partir de $\lambda = \alpha\beta$, substituindo λ por $\alpha\beta$ na equação que o define, multiplicando termo a termo por $(1 + \gamma)^2$ e transpondo, obtemos,

$$(1 + \gamma)^2\, r_t - \alpha\, (1 + \beta)\, (1 + \gamma)\, r_{t-1} + \alpha\beta\, r_{t-2} = 0,$$

uma equação do $2°$ grau em $(1 + \gamma)$ *precisamente* com os *coeficientes originários* da *família* de *equações de recorrência* de Samuelson, exactamente com as *mesmas soluções*, com $\alpha\, [\alpha(1 + \beta)^2 - 4\beta]$ enquanto *radicando*, em cujo *ponto crítico* (entre «flutuar» ou não, no respeitante aos «explosivos»...) precisamente se situa *o ponto* assinalado pelo autor: precisamente, correspondente à *equação da curva* $\alpha_2 = 4\beta\, (1 + \beta)^{-2}$, do § 3.4.1!

3.1.3.2 Outros dois «pontos críticos» são o «tecto» e o «limiar» que, em cima da jogada, Sidney S. Alexander comentou seriamente, lapidarmente até, mas com um grão inestimável de subtil humor como o que aqui vai registado:

> 'According to Mr Hicks, cycles, like verbs, can be classified according to whether they have strong or weak endings. A cycle is said to have a strong ending when it runs into what Hicks calls the production ceiling. This ceiling corresponds to Harrod's natural rate of growth. It is not to be regarded as a stationary upper limit of production but a moving

---

([16]) *Literatim*, "above which fluctuations become explosive" (HICKS 1950, § II.7, p 87, lin. 24).

upper limit of the growth of production at or near full employ-ment that the economy can sustain for technical reasons such as limitation of resources. If the course of output determined by the model involving interaction of accelerator and propensity to consume (plus some autonomous investment) leads to a level and a rate of growth of production that cannot be achieved because of the limitation imposed by the ceiling, there will, according to Mr Hicks, necessarily be a downturn. As indicated below, Hicks errs in stating that his model will necessarily indicate a downturn under these circumstances. Whether or not output will turn down after encountering the ceiling depends, as Harrod indicated in his 1939 article, on *whether the warranted rate of growth is* greater or *less than the natural rate of growth*. For certain values of accelerator and propensity to consume, however, the natural rate of growth at the ceiling may not be sufficient to induce enough investment expenditure *to keep output at the ceiling* and, therefore, the encounter with the ceiling will in such cases lead to a downturn. [...] Mr Hicks' presentation demonstrates the presence of cyclical fluctuations in business cycle theories themselves. [...] The work of Tinbergen, Frisch, Samuelson and Metzler was concerned to show the possibility of "weak" or "endogenous" turning points, that a single set of relationships expressed in a linear model could explain not only the turning points but also the upswings and downswings. Now Hicks and Goodwin offer non-linear models whose nonlinearity is contained in switches of behavior at or near the turning points, the existence of ceilings and floors. It is a fundamental characteristic of such non-linear models that they can yield a definite amplitude of fluctuation as between ceiling and floor, in contrast to the earlier linear models whose amplitudes depended on the ini-cial departures from equilibrium as well as upon the values of propensity and accelerator'.

(ALEXANDER 1951, pp 864 e 866; *grifei*)

A longa citação parece, pois (depois de lida, ou de *reli-*da), aqui inestimável ([17]).

([17]) O autor fornece, logo a seguir, um "*contra*-exemplo" apto a "*falsi*ficar" a asserção *errónea* de Hicks, segundo a qual uma só «cabeçada no tecto» conseguiria «amortecer» ou «refrear» os ímpetos de um «ciclo-

3.1.3.3 Resta talvez referir que um oportuno postulado permite ao autor elaborar o diagrama da Figura 9, com o feixe *«FEL»* a ser tratado *como se* se tratasse ('*as if*') de *verdadeiras* funções *linearmente crescentes* de *t*, uma vez que, em relação a $E_t = E_0 (1 + \gamma)^t$, uma exponencial do tipo «juros compostos» em cuja base figura a «taxa de crescimento ambicionada» 'γ', se verifica, substancialmente, a circunstância

$$\gamma Y_t = \frac{dY_t}{dt} \Rightarrow \gamma = \frac{1}{Y_t} \cdot \frac{dY_t}{dt} = \frac{d}{dt} (\ln Y_t),$$

"o que confere racionalidade aos chamados gráficos («mapas») em escala «*semi*-logarítmica»" ([18]); no caso,

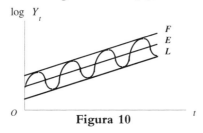

Figura 10

---

tímico» potencialmente «explosivo» ou *eufórico*, o que, realmente, redunda numa «hiper-correcção» de Harrod, aliás regressando (ou melhor, *regredindo*) ao seu próprio domínio: é que, nos termos do "*contra*-exemplo", o «oscilador de Samuelson» vai ver-se «constrangido» a dar lugar a um esquema de «crescimento equilibrado de idade de ouro» a uma taxa de 6% (cf ALEXANDER 1951, pp 874-5)! Assinale-se o facto, que mais não seja pela circunstância de James S. Duesenberg e R. C. O. Matthews terem, muito depois, corroborado a descoberta do erro de Hicks sem conceder prioridade a Sidney S. Alexander, com o primeiro a confirmar que o rendimento seguirá "*F*" em permanência "se o tecto não crescer, ao longo do tempo, a uma taxa situada entre a maior e a menor das raízes do sistema de acelerador-multiplicador não constrangido" (DUESENBERRY 1958, § 3.I, nota 3 às pp 35-6), e o segundo a demonstrar, formalmente, que o «cabeçudo» ficará permanentemente a «rastejar no tecto», *precisamente* naquelas condições: cf MATTHEWS 1959 (*precisamente* intitulado '*A note on crawling along the ceiling*'), § 1 e nota 3 à p 10.

([18]) 'This provides the rationale for the so-called «semilog» charts' (CHIANG 1984, § 10.7, p 302 em nota; *grifei*).

(ver figs. 11 e 12, pp 88 e 97 de Hicks 1950), com a função E_t (no diagrama, E) surgindo, na figura, *como se fosse linearmente crescente*, bem como o "*tecto*" (*F*) e o "*limiar*" (*L*) em que consistem as "constrições" impostas à modalidade-base de «interacção», *potencialmente explosiva*, aí representadas por duas *semi-rectas paralelas* a *E*.

Para Hicks, na verdade, o termo independente de *Y* na equação fundamental do seu modelo definitivo é, não *constante*, mas *crescente* com *t*; do seu confronto com o modelo de Hansen e Samuelson (substituindo, para o efeito, em Hicks, '*n*' por '*t*', 'A_t' por 'g_t', '1 − *s*' por 'α', seus exactos homólogos, e continuando a usar 'γ' em vez de '*v*', para o «acelerador»), teremos, à partida, respectivamente

$$Y_t = 1 + \alpha Y_{t-1} + \alpha\beta (Y_{t-1} - Y_{t-2})$$

e

$$Y_t = g_t + \alpha Y_{t-1} + \gamma (Y_{t-1} - Y_{t-2})$$

(cf Hicks 1950, p 86); contudo, a semelhança, embora exista, é superficial, uma vez que o passo imediato do desenvolvimento da segunda expressão é dado no sentido de nela incorporar uma *tendência para o equilíbrio*, que se vai traduzir em

$$E_t = E_0 (1 + \gamma)^t$$

(Hicks 1950, p 87; substituindo agora o «consagrado» '*g*' por 'γ', para evitar a confusão, improvável embora, com $g_t \equiv g = 1...$), uma evidente forma de «crescimento equilibrado de idade de ouro» ('*golden age steady state growth*', na expressão de Joan Robinson), com um andamento *crescentemente crescente*, posto que as sucessivas derivadas de ordem *n* de E_t em ordem a *t*, para $1 > \gamma > 0$, são sempre *positivas*,

$$d^n E_t /dt^n = E_0 (1 + \gamma)^t [\ln (1 + \gamma)]^n,$$

embora como função *decrescentemente crescente* de *n*, de tal maneira vertiginosamente que o autor teve de utilizar uma *escala logarítmica* para representar o seu modelo nos vários gráficos da nova *estirpe*, para os poder manter no (*pergaminho* ou no) papel, posto que, na verdade, só o *logaritmo* daquela expressão garante ou assegura o desejado perfil *linearmente crescente* da *tendência para o equilíbrio* para a família de gráficos ortogonais que o autor se empenhou em desenhar com rara profusão, para a sua versão da função Y_t de t (ou para aspectos dela), visto que

$$\ln E_t = \ln E_0 + t \ln (1 + \gamma),$$

com um artifício que só na aparência lhe confere parentesco com gráfico de crescimento daquele tipo, como é o caso do que ressalta implícito da conhecida proposta *ultra-monetarista*, de Milton Friedman & al., de as autoridades monetárias aumentarem a quantidade de moeda em circulação à razão de, p. ex°, 3% ao ano, assim acompanhando um «crescimento sustentado» do rendimento interno da mesma ordem de grandeza ([19]).

3.2 Sobre o «bilhar» de Goodwin

3.2.1 O esquema de Goodwin, em abstracto, é dotado de coeficientes originários extremamente complexos; porém, o «exemplo numérico» a que o autor a seguir se devota, *em aberto contraste*, é de uma santa simplicidade surpreendente, sob a tutela da equação de recorrência homogénea, de segunda ordem,

$$'k_t = 2\, k_{t-1} - 1.25\, k_{t-2}';$$

retroagindo, pois, em direcção à fonte —sem abuso, de resto, em relação a uma peça analítica que constitui uma oferta de

---

([19]) Sobre o tema suposto pela última asserção, cf AVELÃS NUNES 1991, locs. cits. na nota 35 e contexto.

Goodwin a Alvin H. Hansen: GOODWIN 1951a constitui, na verdade, o cap. 22 de HANSEN 1951, "brilhante" contributo, aliás, como tal reconhecido, no prefácio, pelo sempre generoso professor de Harvard—, com k_t ou y_t (para o caso, é *indiferente*), tomando os alegadamente '*plausible values*' do «exemplo numérico», podemos definir valores implícitos para $\alpha = 0,75$ e $\beta = 1$, (6) segundo Hansen e Samuelson, com

$$4\beta = 6, (6) > \alpha (1 + \beta)^2 = 5, (3); \quad \alpha\beta = 1,25 > 1;$$

para x_1, x_2, "solução contínua" e período de oscilação dados por

$$x_1, x_2 = 1 \pm 0,5 \; i; \; k_t \approx 1,25^{0,5\,t} \times 6,06 \sin \theta t; \; \tau \approx 13, 551\;639\;62,$$

dando lugar a um sistema de interacção cíclica *explosiva* (ou seja, *catastrófica...*). Logo a seguir, porém, formalmente invocado, o hipostático demiurgo vai intervir; fá-lo, contudo, «à martelada», de forma tanto mais inesperada quando é certo ter ele sido invocado por um autor tão competente em análise formal [20]:

> 'Evidently it is a *unstable* system giving rise to cycles of *increasing violence*. After a time, however, it is checked by the physical limits on the wastage of capital. The periods for which the equation is superseded by a steady decline of 4 per cent per period are indicated by asterisks. That this *moderating factor* does actually check the *explosive violence* of the cycle is demonstrated by the fact that, after it has once encountered

---

[20] Como já vimos, no entanto (no § 2.1 deste *Apêndice II*), R. M. Goodwin parece ter-se dividido em dois nesse ano de 51, e repartido por GOODWIN 1951a (cap 22 de HANSEN 1951), com uma abordagem mais *«popular»*, a partir de um «exemplo numérico», e GOODWIN 1951b, com a *análise formal* de um modelo com equações diferenciais, ambos originando uma *oscilação cíclica explosiva* e com um "tecto" e um "limiar" adrede instituídos para manter o sistema «nos seus limites»...

the the maximum rate it settles down to a steady cyclical routine. It is not to difficult to prove that it must be so, and that this is a particular example of a general phenomenon known as a limit cycle. Other examples are bells and buzzers, vacuum tube oscillators, string and wind instruments, steam engines, and clocks. Once started, they buid up to a certain range of oscillation beyond which they do not expand. The peculiarity of our mechanism is that, *by itself*, it would *explode* and hence *has to be held down*, whereas all the others would, by themselves, *tend to die* away but have some device (like the escapement of the clock) for *renewing their vigor'*.

(Goodwin 1951a, p 462; grifei!)

Enfim, tudo ocorrente, se não na *natureza*, ao menos na *indústria* (ou *nas «artes e indústrias»*; e na *«mecânica racional»*, como diria Léon Walras, e ao *deus ex machina* recém criado cabe domar os *«explosivos»* ou *«coléricos»*, como aos instrumentos *literalmente mecânicos* que são os *mecanismos* de relojoaria, como o escape, coube *galvanizar* os «depressivos» ou *«linfáticos»*! Sucede, em suma, que, ao som da *música das esferas*, se ouviu, do alto, a compassiva e imperiosa ordem

$$\text{«}k_t\text{»} \leq 1,04 \; k_{t-1} \; (!)$$

(com o conceito «axiológico» $\text{«}k_t\text{»} \equiv k_t \; máx° \; ... \; permitido!$). Segue imediatamente um quadro numérico de *cálculos* (contra)feitos *por iteração*, para os primeiros 61 períodos, que ocupa quase inteiramente as pp 463-4, e em que a primeira intervenção «moderadora» do incansável mas rotineiro expediente ocorre logo no «período 3», para acudir a

$$k_3 = 3; \; \text{«}k_3\text{»} \leq 1,04 \; k_2 = 1,04 \times 2,75 = 2,86 \; \Rightarrow \; \text{«}k_3\text{»} = 2,86,$$

valor numérico, aliás, aí magnanimamente arredondado até às décimas (para $\text{«}k_3\text{»} = 2,9$)!

Tudo, aliás, ao encontro de Hicks, neste real *«rencontre de bons ésprits»*, reencontro esse *quase literal, literalmente aritmé tico*, já que o autor inglês havia receitado tectos de 3 %, para, alegadamente, transformar um sistema explosivo num *modelo de «ERP»* (abreviatura acronomástica de *«Economia Regularmente Progressiva»*) com uma "tendência que parece ter sido característica do século dezanove" (HICKS 1950, V.2, p 57); seria, na verdade, o próprio economista de Harvard quem, numa segunda peça analítica do mesmo ano, daria testemunho disso mesmo, por tais palavras (tão veementes e expressivas) que não resisto a repeti-las aqui:

> 'Since [..] the text was written, I have discovered that there has been an increasing amount of work on nonlinear theories, culminating in Professor Hicks's admirable book *A contribution to the trade cycle* [...] , which appeared while I was making final revisions on this paper. [...]. In Hicks's book the reader will find reference to other investigations as well as a much more complete statement of why nonlinear cycle theory is necessary. I find most impressive the extent to which he and I have hit on the same problems and, substantially, the same answers, although his techniques appear, on the surface, to be quite different since he deals with difference equations and since he does not approach the subject in terms of formal, nonlinear theory. The similarities are not purely accidental, partly because we have both started from the unsatisfactory, but profoundly stimulating, dynamical clousure of the Keynes system put forth by Mr. Harrod in his book, The Trade Cycle [...]'.
>
> (GOODWIN 1951b, p 2, nota 3)

3.2.2.1 Convindo, finalmente, deixar aqui um balanço sumário das novidades teóricas ao longo da tendência que se adivinha para além das primeiras espécies, cabe anotar, logo a seguir, uma outra tentativa, do mesmo autor (Richard M. Goodwin), de construir "um modelo de *crescimento cíclico*" livre das aporias dos anteriores "modelos *lineares*", e que melhor viesse a aderir à "realidade empírica" de ambos os tipos de fenómenos que se pretende retratar. Será, porém, especialmente adequado, ao tratar este tema, começar *de raiz*, precisamente com o mesmo autor que, ainda *ontem*, se festejava a si e festejava a Hicks pelo seu "culminante" e "admirável livro" (HICKS 1950), e *agora nos surge* a começar o seu ensaio com uma denúncia *radical*, urgente e irrecorrível, do «estado de coisas» com que se deparou, que constitui uma (*auto*)crítica total que muito nos importa *gravar* aqui quase *in extenso*:

'My primary concern in this paper is with the simultaneous existence and mutual conditioning of *economic growth* and *economic cycles*. It is clearly desirable to have one theory that encompasses both or, at least, to have a more intimate union of the two analyses than it is ordinarily effected. [...] We all know of the nature and problems of decomposition of time series into trends, cycles and residuals. The great pioneer work in this field has improved our understanding and has been crucial in establishing the existence of a "cycle" problem. At the same time, however, there is a danger that the "removal" of trend will give us a false picture of reality. Worse still, in terms of some of the models developed by Kalecki, Kaldor, Tinbergen, Hicks and myself, it is definitively not permissible. In the case of a *linear system*, by virtue of *the superposition theorem*, we may analyse all sorts of motions, *e. g.* trends, cycles, impulses, steady levels, etc., *one at a time*, and *simply add the results to get the correct total behaviour*. [...] For a *non-linear* system *the theorem does not hold, and decomposition is invalid* [...]. *It remains to be established empirically that there are important non-linearities in the economy*, but, for the time being, we must, I think, regard with grave misgiving the removal of a trend, since this might remove much of the real problem. [...] In Professor Hicks's *Trade Cycle*, we see how difficult is the problem, for *in elaborating the Harrod theory into a cycle model he losses the theory of trend in all but a trivial sense. Professor Hicks gets a trend by putting in an exponential autonomous investment, but this trend is unrelated to required capital or indeed to anything except the necessity to have a trend*. It is true that it meets Mr. Harrod's strictures against the models of the type Kalecki or Hansen-Samuelson [cf HARROD 1951], but these can always be transformed into oscillations about a trend, by inserting a

> trend as a function of time. And this separation of trend and cycle is justified *if* reality is approximately linear. One should add, however, that the trend is not really explained if we merely apply a rising trend factor to our model. *Evidently it is more difficult than Mr. Harrod concedes to construct a single theory which will explain both.'*.
>
> (GOODWIN 1955, secção I, pp 6-7; *grifei*, salvo '*if*')

Para o efeito de darmos conta da novidade e do teor desta segunda tentativa de Richard M. Goodwin, dispomos hoje do excelente epítome de Alfredo Medio, no seu artigo '*Multiplier-accelerator interaction*' no NPD (MEDIO 1987), que passo a «desconstruir» e recompor. Trata-se de um modelo, simples mas representativo, de *«crescimento cíclico»*, elaborado sob a égide da "condição de Harrod e Domar", e em que estão presentes as necessárias "forças *explosivas* (os *acelerado-res*)" — '*the explosive* forces (the *accelerators*)'— e as "forças *depressivas (aforro e lapsos temporais)*" — '*the damping* forces (*saving* and *lags*)'—: no caso, para os últimos, as "*velocidades de ajustamento* do *rendimento* e do *investimento «verificados»* aos *«desejados»*. Trata-se de um modelo «não linear», com fundamento numa *equação diferencial homogénea*, de 2^a *ordem*, com *coeficientes* potencialmente *variáveis*, estabelecida desta maneira: (a) abandonando as identidades nocionais '$I \equiv sY$' e '$vY' \equiv I$' (com os signos usuais; '$1 - s$' denotando a *propensão a consumir* e 'v' o *acelerador* ([21])), dá-se lugar à sistemática não

---

([21]) "Desprezado o *consumo*", em relação ao qual só se tomam em conta «realidades», e não «desejos» (sem *«soberania* do consumidor»; portanto; aliás, com toda a verosimilhança, para o *sistema...*), o esquema admite, portanto, apenas os "coeficientes de *velocidade de ajustamento*" (que figuram por '*lags*', tanto mais curtos, como é óbvio, quanto maior a dita «velocidade») das «realidades» aos «desejos» (ou '*animal spirits*') *dos empresários* (também com toda a *verosimilhança* para o *sistema*, após a apresentação, por Marx, e o reconhecimento, por Keynes e Schumpeter, p. ex°, da figura do *empresário*, não só como *existente*, mas antes como *decisor estratégico*, i. e., *protagonista* do *sistema...*).

coincidência entre "a *procura* (= *consumo* + *investimento*) e a *oferta*(= *rendimento*); (b) desprezado o *consumo*, em relação ao qual só se tomam em conta «realidades», e não «desejos» (sem «*soberania* do consumidor»; com verosimilhança...); (c) introduzindo os "*coeficientes* de *velocidade de ajustamento*" das «realidades» aos «desejos» *dos empresários*, em *rendimento* (ou em «procura»), 'τ_y', e em *investimento*, 'τ_i'; (d) pondo o modelo soba égide da «equação de Harrod-Domar» (*sic*), $sY = vY'$ [22]; (e) estabelecendo, finalmente, condições semelhantes para *amanhã* e *depois de amanhã*, dispomos, à partida, da «lei de *crescimento*»,

$$sY = vY',$$

e de um par de equações,

$$Y' = \tau_y (I - sY);$$
$$Y'' = \tau_y (I' - sY'),$$

um trio de operadores muito simples que, *por si só* (após um breve e atento exercício, puramente mecânico, de dar a esta outra «manivela dedutiva»...), permite estabelecer a já anunciada *equação fundamental* deste modelo,

$$Y'' + (\tau_i + \tau_y s - \tau_i \tau_y v) Y' + \tau_i \tau_y sY = 0$$

---

[22] Apesar de já aqui se ter utilizado o signo "$\dot{x}$" $\equiv dx/dt$, consoante a notação originária de FRISCH 1933 (§ 2.2.1, p 20) e GOODWIN 1951b (no § 3.1 do *Apêndice II*), reproduzem-se agora as formas de MEDIO 1987 com a alteração literal do 1º para o 3º termo da dupla *identidade* nocional $\ddot{Y} \equiv d^2Y/dt^2 \equiv Y''$, para evitar a confusão com a *solução contínua* $\ddot{Y} \equiv Y(t)$ de Y, e $\dot{Y} \equiv dY/dt \equiv Y'$, para uniformidade de notação (em ambos os casos, com "comas" de fechar, e não "apóstrofos", para evitar, no 2º, a confusão com o signo '", denotador matricial de "forma *transposta*") e, ainda, com "τ" ("*tau*" em *itálico* ou *grifo*) em vez de "τ", para evitar a confusão com o signo de "*período* de oscilação"; e com "x'" e "x''", também para uniformidade de notação.

(em tudo semelhante à expressão (5) de GOODWIN 1955), que define um modelo de *«crescimento cíclico»* susceptível de proporcionar *oscilações cíclicas* que serão *depressivas, regulares* ou *explosivas,* consoante

$$\tau_i \gtreqless \tau_y \ (s - \tau_i v):$$

tudo dependendo, portanto, de os «desejos» dos empresários terem ficado aquém, terem coincidido com, ou terem ido além da «realidade», e da velocidade comparada de acomodação dos «factos» aos «argumentos» (sendo, obviamente, como observa o autor, "muito improvável" a ocorrência da equação restrita).

3.2.2.2 O passo óbvio imediato, numa procura, por certo interminável de um maior grau de complexidade e de adesão do «ideal» teórico ao «real» empírico, será dado a seguir, em companhia do mesmo autor, e vem a traduzir-se na "multi-sectorização" do modelo anterior, passando a operar com *símbolos* representantes de *estruturas numéricas* em vez de *números,* delineando a via aberta por A. W. Phillips (PHILLIPS 1954 e, *sobretudo,* Phillips 1957 ([23])).

([23]) Curiosamente, as duas obras mais importantes de ambos os autores importantes de que cita três obras (GOODWIN 1951a e GOODWIN 1951b, e PHILLIPS 1954, 'the best reference is perhaps Phillips, 1954') não constam das (escassas) referências de MEDIO 1987 que, aliás, também não creditou a GOODWIN 1949 (*The multiplier as a matrix,* referenciado já a seguir), a indiscutível paternidade do conceito "$(I - A) \ x = Bx'$ "! E, no entanto, como já se observou, a equação fundamental do modelo "unidimensional" de MEDIO 1987 deriva directamente da equação (5) de GOODWIN 1955, e "a melhor referência", em todo esse contexto, parece ser PHILLLIPS 1957, em que o autor pôde dispor de "simuladores electrónicos para o estudo de problemas económicos" (cf a nota 4 de PHILLLIPS 1957) para completar o seu estudo de cinco anos antes e, *inter alia,* pôde emendar um manifesto e importante *erro de concepção* do estudo anterior, que consistia em considerar, como *statu quo ante* (o «estado de coisas»;

Desta maneira, a "condição de Harrod e Domar" assume agora, em notação matricial compacta, a forma

$$(I - A) x = Bx'$$

(visivelmente segundo GOODWIN 1949), em que 'I' é a matriz identidade de ordem n, 'A' a matriz $n \times n$ dos coeficientes sectoriais "de admissão e emissão de *fluxos*, i. e., a *propensão a consumir* generalizada", 'B' a matriz $n \times n$ dos coeficientes sectoriais "de admissão e emissão de *existências*, i. e., o *acelerador* generalizado", e 'x' o vector-coluna ($n \times 1$) dos coeficientes sectoriais de rendimento; procedendo, em seguida, embora *mutatis mutandis*, à semelhança das manipulações implícitas no § anterior, obtém-se facilmente a equação matricial fundamental do modelo "generalizado",

$$x'' + [T_i + T_y (I - A) - T_i T_y B] x' + T_i T_y (I - A) x = o,$$

em que T_y e T_i são matrizes diagonais cujos elementos não nulos da diagonal principal são, respectivamente, os coeficientes sectoriais de "velocidade de ajustamento" do *rendimento* e do *investimento* e, obviamente, 'o' é o *vector*-coluna *nulo* conformável (da mesma dimensão de 'x') [24].

'counterfactual', objecto ou «cenário» dessa mesma política: no fim de contas, todo o "sector privado" «na ausência do estado»: a virginal '*société civile*'...) de uma política de estabilização, uma situação «descrita» («representada») por uma curva regularmente *decrescentemente decrescente* em tudo semelhante à curva '$\ddot{y} = 0,5^{\ t-1}$' da Figura 7 deste estudo: um ramo de hipérbole rectangular, aí localizado no 2° quadrante do diagrama ortogonal, com uma assimptota em '$y = -4$' (cf PHILLIPS 1954, figs. 3-8, e PHILLIPS 1957, especialmente o final da secção I e a nota 10).

[24] Para um modelo matricial de "interacção" mais intuitivo e simples ("bi-sectorial: de ordem 2×2) —aliás, num contexto teórico de uma importância crucial, que aqui será explorado no § 4.1—, poderá conferir-se GOODWIN 1987. Porém, nem mesmo neste caso essa maior simplicidade se vem a traduzir numa virtualidade hermenêutica que o

O preço a pagar pela passagem da versão unidimensional (uni-sectorial) à multi-dimensional (multi-sectorial) é, contudo, elevado, desde logo por o número de "coeficientes" (dadas as novas "dimensões", "$n \times n$", dos operadores que os contêm) se multiplicar por si mesmo, subindo de n para n^2, embora ainda seja certo que

> 'The multiplier-accelerator model constitutes a rough but effective idealization of certain basic mechanisms deemed to determine or influence cycles and growth in a capitalist economy under specific circumstances'.
>
> (MEDIO 1987, p 565 II)

4 "Mapas à escala 1:1"

4.1.1 Não veio a ser, contudo, aquela (ou esta) a via percorrida, até há pouco tempo (cf a nota 28 a este *Apêndice III*) pelos autores de modelos *econométricos* que, entretanto, vêm investigando e escrevendo, não com intento puramente teórico, mas antes pretendendo, somente ou em primeira linha ([25]), recolher dados a *elaborar* —através da *conversão* dos *factos quantificados* (os necessários *«dados»*; não «puros» ou «brutos», como é óbvio, mas antes já *estatisticamente organizados) em fenómenos teoricamente enquadrados*— sobre a *realidade económica*, para servir uma *política de estabilização* —com a dupla intenção de proceder a um *levantamento* do campo de acção (ou *«alvo a atingir»*), e fornecer *previsões* (*'forecasting'*) da

---

possa indigitar como veículo de uma razão didáctica no nível 'undergraduate', que nos ocupa neste estudo...

([25]) É claro que, por detrás (ou adiante) destes modelos econométricos, não têm de não estar objectivos *puramente teóricos*, ou até *políticos (proprio sensu)*. Para não ir mais longe, é esse o caso, visivelmente, de MENSHIKOV 1975, com o seu estudo sobre os "*desenvolvimentos* do ciclo económico no após-guerra", no duplo alcance da expressão.

Apêndice II   183

evolução da situação «quantificada» ou «medida», para informar a *intervenção* do *estado* ou *governo*—, actividade que se tem vindo a desenvolver sob a égide de conhecidas instituições públicas (como é o caso, antes de todas, do "National Bureau of Economic Research": NBER), nos EUA ([26]), mediante a elaboração de "simuladores", com a necessária assistência dos mais recentes e poderosos meios de cálculo automático. No caso destes *modelos econométricos*, a grande *complexidade* de que eles se revestem é, no entanto, bem mais marcadamente *extensa* do que *intensa* (como seria de prever), e a sua formalização recorre, usualmente, a uma equação fundamental de recorrência de ordem elevada, usualmente uni-sectorial, com "componentes explosivos" ("aceleradores", não poucas vezes "de cremalheira" ([27]), em vez do

---

([26]) Cf, p. ex°, Menshikov 1975, *Introd.* ao cap. 2, pp 33-6 (sobre o NBER), e cap. 7, *Introd.* e §§ 7.1.a-d, sobre a "metodologia dos modelos econométricos de ciclos económicos".

([27]) A metáfora do «mecanismo de cremalheira», com a insuperavelmente permissiva vantagem analítica de os operadores só entrarem em funcionamento *quando o autor quiser*, foi introduzida "na teoria moderna do comportamento do consumidor por Modigliani e Duesenberry" (Smithies 1957, § II(.2), p 41), tendo passado para o *acelerador* "a partir de Phillips 1954" (segundo Menshikov 1975). Cf, p. ex°, para o caso do consumo, Teixeira Ribeiro 1995, § 15.1.*a*), p 150, e, para o caso do acelerador, Menshikov 1975, § 7.1.e, p 316, e, especialmente, Smithies 1957, §§ II (.2) e III (.2), pp 41-2 e 57-9. Cf, ainda, *para* exemplo —e numa inesperada revisita (idiossincrática) às origens—, Samuelson 1939a, para a *teoria*, e Hicks 1950, para a *prática*. Por fim, leitores de sólida moral e espírito forte poderão conferir, por desfastio, autores tão poderosos, directos e serenos como o autor da imperiosa alegação seguinte: 'Rather than assume that the accelerator and multiplier coefficients change, *the marginal nature of the formulation will be taken into account by intermittently imposing new initial conditions*' (Minsky 1959, *Introd.*, pp 80-1; *grifei* desnecessariamente...); assim, tranquilamente (segundo a sua «marginal natureza»), mandando e «impondo» *«intermitentemente»* (ou seja, *sem sistema* e *ad libitum*), com paradoxo ('*new initial*') incorporado e tudo!

«ingénuo» ou "irreversível") e componentes "depressivos" (o "aforro" e os "lapsos temporais": MEDIO 1987), a que juntam "choques erráticos" de vários tipos, que são como que «electrochoques» para espevitar ou "rejuvenescer o movimento cíclico" (ADELMAN & ADELMAN 1959, § 1, p 278), tendencialmente *depressivo* de per si, *por construção*, quando *prostrado* pelos referidos "factores depressivos". Para um só exemplo, por certo um dos mais célebres ([28]), é esse o caso do modelo de KLEIN & GOLDBERGER 1955, com nada menos de 25 equações de recorrência e 12 "variáveis exógenas", com lapsos temporais até à 5ª ordem, quase atingindo os limites da capacidade operatória da maravilha informática de então, o IBM 650; modelo, é claro, linear literalmente, mas «de alma mais que linear» ('*non-linear in character*') ([29])!

([28]) A literatura sobre este tipo de modelos é muito vasta e vem até aos nossos dias, porém sem novidades fundamentais que nos importe acentuar aqui. Deixar-se-á aqui, portanto, indicação, apenas, de duas obras fundamentais sobre a sua *teoria* , separadas no tempo por mais do que uma década (KLEIN 1947 e DUESENBERRY 1958), e de um par de espécies das mais recentes, também com uma década de permeio (NEFTÇI 1984 e ACEMOGLU & SCOTT 1994), a última das quais com bibliografia actualizada, e com a "complexidade *intensa*" do seu carácter matricial (cf a equação fundamental (1)).

([29]) Para a descrição modelo de KLEIN & GOLDBERGER 1955 cf, além do próprio, ADELMAN & ADELMAN 1959, donde são retiradas as informações essenciais deste parágrafo (§§ 1-2 e 6-7, pp 278-81 e 288--92), e CHRIST 1956. Outro modelo seu congénere e mais recente, célebre também e acessível, é o de DUESENBERRY, ECKSTEIN & FROMM 1960, sugestivamente intitulado '*Simulation of the United States economy in recession*', algumas de cujas perguntas e respostas fundamentais sobre o anúncio do «*fim* dos ciclos económicos», então em voga — fruto da crença *desmedida* na (aliás indubitável) eficácia dos "estabilizadores automáticos", por parte de alguns mensageiros do *(ultra)monetarismo*—, se passa a transcrever:'For some years economists have been saying that the American economy is now much more stable than it was before the World War II. It has been argued that, for various reasons, business

4.1.2 É claro, contudo, que não é este o tipo de modelos que nos pode convir. Para efeitos *didácticos*, e mesmo *teoréticos*, não faria sentido prescindir de *quadros analíticos*, *gráficos* e/ou *numéricos*, de origem *estatística*, para retratar uma *realidade económica* que nos propuséssemos estudar, para os (ou a) substituir por uma sua "simulação", ou tentativa de traçar um «mapa à escala 1:1» daquela mesma realidade, ou seja, um seu retrato o mais possível realista (melhor, "naturalista"...), porém inexoravelmente infiel, como "simulação" que é.

4.2 Convir-nos-á, contudo, não encerrar este já alongado *Apêndice II* sem anotar aqui a presença indiscreta, também numa tal sorte de modelos, de certa sorte de «choques teoréticos» talvez inesperada, mas não de todo surpreendente (ver, desde logo, o fim da nota 27 a este mesmo *Apêndice II*).

---

investment is now far more stable that was formerly the case. Moreover, that was been held that the "automatic stabilizers" —i. e., high marginal tax rates, and transfer payments responsive to income— reduce the impact of any change in business investment or government expenditure. [...] Pronouncements to the effect that *business cycles are over* have not, however, been unanimously accepted. [...] Moreover, the economy performed very nicely in minor depressions in the twenties altough we know now that it was in fact very unstable. [...] It seems desirable therefore to examine the stability of the *system* in a *systematic* way. In this paper we have attempted to gauge the response of the economy to various hypothetical shocks by constructing an econometric model and then calculating the time sequence generated by the model and predetermined sequences for certain autonomous variables. [...] *Concluding comments*: [...] 1. We believe that *there will continue to be variations in the GNP demands*. [...] 4. *Present stabilizers do not have the power to return the system to full employment*. [...] 6. The stability properties of the system change in time, as tax rates are changed and as population and the social insurance systems impose *different trends*. Thus *models such as this one must be revised periodically*' (DUESENBERRY, ECKSTEIN & FROMM 1960, Partes I e III, pp 237-8 e 277).

Ao comentar a terceira e última modalidade do segundo de dois tipos de "choques casuais" introduzidos no modelo de KLEIN & GOLDBERGER 1955, em "equações de comportamento" *ad hoc*, para lhe retirar a "regularidade" que resultaria da equação de recorrência fundamental, ADELMAN & ADELMAN 1959 observam o seguinte:

> 'To understand the origin of shocks of type II, one should recall that, *in the process of fitting their empirical data*, Klein and Goldberger endowed each of their behevioral equations with a random error term. At least three sources of irregularity could produce this term. In the first place, simplifying assumptions are inevitable whenever one wishes to construct a *concrete model* [*sic*!] of a *realistic economy* [...]. In view of these considerations, *it is reasonable to expect* that the *inexactness* of the functional form of the Klein-Goldberger equations as a representation of the economic behavior of our society contributes to *the size of the random error term*. Secondly, even if the Klein-Goldberger relationships did have a functional form derived from indisputable theory, the fact that the coefficients are based on empirical data would imply a random error term, as a result of the usual sampling fluctuations. [...] A third potential contributor to *the size of shocks* of type II is of *quite a different character*. It arises from *the possibility that some of the economic relationships that compose the Klein-Goldberger system may never be valid as exact equations.* The situation will result *if the aggregation of microeconomic quantities into macroeconomic variables is not a legitimate procedure. For example, if the value of total consumption depends upon the distribution of income as well as on its magnitude, a precise macroeconomic relationship between overall consumption and aggregate income will not exist*'.
>
> (ADELMAN & ADELMAN 1959, § 8, pp 290-1; *grifei*, excepto '*never*')

Subitamente, assim se verifica que se está operando, *também aqui*, à beira do abismo da latente "*falácia* ("*paralogismo*") *da* (falsa) *composição*", já vivamente posta em relevo por J. M. Keynes e por Joan Robinson, e por mim glosada há cerca de uma década (praticamente em simultâ-

Apêndice II   187

neo com Hodgson 1987), *conatural* às várias tentativas de o *paradigma marginalista* passar da *nesga* do campo de visão, introspectivo e consumista, que lhe é peculiar, à conquista do mundo, mediante a *soma* ou «agregação», numa unidade (totalidade) *macro*analítica, de *alegadas* componentes (aliás, também «totais»!) *micro*analíticas, contudo portadoras de uma *lógica própria* e *irredutível* à do falso «total dos totais» a que se pretende aceder ([30])!

([30]) Assim tentando, pois obter, alegremente, a «massa» dos *'publick benefits'* como uma *soma* dos «numerosos» *'private vices'* (ambos mandevillianos) de uma multidão de «numerosos» *homines oeconomici*, num exemplo flagrante do "tipo 1" do "*paralogismo* da *falsa* composição", por mim tipificado há cerca de dez anos (cf Almeida 1989a, *Apêndice III*, § 2). Como é sabido, esta figura de "paralogismo" foi identificada por Keynes 1936, e por ele atribuída aos «clássicos» (cf, principalmente, os caps. 8.IV, pp 104-6, e 23.VII, pp 358-62, ao inspirar-se em Mandeville), depois *nomeada*, (as *'the fallacy of composition'*), exemplificada e satirizada por Joan Robinson num texto irresistível (Robinson 1951, p 135), reproduzido por Hodgson 1987, (§1.2) p 149, que aí mesmo (pp148--53) o sistematiza, amplia e exemplifica. Por mim (como escrevi algures), prefiro dizer «paralogismo» e não «falácia», e acrescentei (sem ter presente o texto de Joan Robinson) o adjectivo "falsa". Quanto ao notável precedente da denúncia de Keynes (e, mais, da sua própria *economia...*) que constitui *The fable of the bees* (completo em 1724), de Bernard Mandeville, já aqui aludido, cf o loc. cit. por Keynes; para mim, convêm ao caso, especialmente as *'Remarks'* *'(Q)'* (sobre a *'Prodigality'*, *'this Noble Vice'*) e *'(R)'* (sobre a *'Frugality'*: «*that Ignoble Virtue*», poder-se-ia contrapor...), e o breve *dístico* contendo a insinuante (mas, *pelos vistos, inadvertidamente* subtil) moral da história: *'Thus every Part was full of Vice / Yet the whole Mass was Paradice'* (cf Mandeville 1989, pp 67, 199-212 e 213--33).

APÊNDICE III

Sobre a estrutura temporal dos modelos de Samuelson e Hicks

1. Os "lapsos temporais" (*'lags'*)

1.1 A opção, ao longo deste estudo, pelo *uso comum* da expressão "lapso temporal" para traduzir o inglês *'lag'* ([1]), não resolve, contudo, uma *questão fundamental*, só aparentemente *terminológica*, latente em quaisquer formas de "análise *periódica*" como as que constam do elenco do § 1 do *Apêndice II*: trata-se da questão de definir a expressão, e de «contar» o número de «períodos» em que ela se resolva. Para encurtar razões e fixar *axiomas* (mesmo *linguísticos*, que também são *conceituais*, tal como os *signos* e *expressões algébricas* a que, aliás, sempre *presidem...*), declararei que chamo «lapso temporal» à mera coexistência de signos *da mesma espécie*, em índice datados *de datas diferentes* da do «período» *corrente* e com ele *contíguas*, sendo o *número de «períodos»* do «lapso temporal» dado pelo maior cardinal da parte numérica dos índices na *«expressão mais simples»* (ou seja, *irredutível*) da *equação fundamental* dos modelos de «interacção».

1.2.1 Segundo autores como F. E. Norton e M. Jacinto Nunes, não obstante as óbvias semelhanças entre os mo-

---

([1]) Outras formas da língua, como, p. ex°, "espera", "pausa" ou "hiato", parecem igualmente susceptíveis de acolhimento; porém, expressões como *"atraso"* (mais propriamente, a traduzir *'delay'*) parecem abusivas, pelo matiz *pejorativo* que delas se desprende, inteiramente ao arrepio do verdadeiro *avanço* que, como já veremos (especificamente, com os excertos de HICKS 1949 dados já em seguida), inquestionavelmente constitui a introdução desse conceito no tratamento *formal* dos problemas em questão. O que parece menos que inútil é conservar a expressão *'lag'*, ao escrever em português.

delos de SAMUELSON 1939a e HICKS 1950, e a não menos óbvia (embora indesejada...) filiação do último no primeiro,

> 'There is, however, *a subtle difference* between the model system of Samuelson and the "elementary case" of Hicks. The former postulates [...] *changes in consumption* to induce investment *with no lags* while in the other formulation *changes in income* induce investment *with a one period lag*',
>
> (NORTON 1956, pp 63-4; *grifei q. s.*)

pela alegada razão de ser seguinte:

> 'O facto de na equação de investimento $[I_t = \lambda\,(Y_t - Y_{t-1})]$ entrar Y_{t-1} não corresponde a qualquer *lag* visto que a variação do rendimento é a que se *verifica* no mesmo período em que se *realiza* o investimento';
>
> (JACINTO NUNES 1961, § II.6, nota 9, p 29; *grifei*, excepto '*lag*')

o autor português dedica, aliás, todo o § 6 do cap. II ao problema, para concluir que

> 'Samuelson faz depender o investimento induzido das *variações de consumo*, mas sem qualquer *lag*. [...]. Tem-se por *mais realista* a versão de Hicks, ao definir o investimento induzido pelas *variações do rendimento, mas introduzindo um lag*'.
>
> (JACINTO NUNES 1961, § II.6, p 30 e nota 13; *grifei*, excepto '*lag*')

As *formas* e *noções* de Samuelson e de Hicks, segundo a norma de *conversão* proposta no § 3.1.3.1 (e notas 9 e 11) do *Apêndice II* (Hicks → Samuelson) são as seguintes:

$$I_t = \beta\,(C_t - C_{t-1}) = \alpha\beta\,(Y_{t-1} - Y_{t-2}),$$

para o primeiro; e

$$I_t = \lambda\,(Y_{t-1} - Y_{t-2}),$$

para o segundo.

190 *Do "Oscilador de Samuelson" ao Espectáculo da "Propulsão"*

Quanto à questão *terminológica*, a asserção de Jacinto Nunes (primeiro excerto) parece incontroversa: chamar '*lag*' («lapso», «pausa», «hiato» ou «espera»; mesmo «atraso» ou '*delay*') a uma *diferença* (^{2}) (ou melhor: *soma algébrica*) de um par de termos de rendimento "que se *verifica* no mesmo período em que se *realiza* o investimento" constitui, na verdade, um manifesto *«abuso de linguagem»*; porém, quanto à (implícita) supremacia de Hicks sobre Samuelson, localizada nas imediações daquela alegação e subscrita (implicamente) por ambos os autores, discordo dela radicalmente. É óbvio que, para a "função *truncada*" (^{3}) $I \equiv I\ (C)$, tal que

$$I_t\ =\ \beta\ (C_t - C_{t-1}),$$

se não observa (ou verifica) a ocorrência de qualquer «lapso temporal» «digno desse nome»; se, no entanto, procedermos à semelhança do autor português na ocorrência, mas de forma *global*, e convertermos *todos* os termos de *rendimento* em termos de *consumo*, obtemos facilmente formas triviais do tipo

$$\alpha^{-1}\ C_{t+1}\ =\ 1 + C_t + \beta\ (C_t - C_{t-1}),$$

também em termos *híbridos*, porém agora do prisma *temporal*: a um tempo *pe*rspectiva (actual), *retro*spectiva ('*back*wards')

(^{2}) Vem, por ventura, a talhe desta foice explicitar aqui que venho traduzindo o inglês '*difference* equations', sistematicamente, por "equações *de recorrência*", à imagem do francês '*équations de récourrence*', e não por *barbarismos* (ou, até, *barbaridades*...) como, p. ex°, '*equações das diferenças*' ('*das diferenças finitas*') ou, até, '*equações às* diferenças'... Porém, em certas ocorrências (como, p. ex°, ao introduzir a espécie *ý*, e como nesta mesma ocorrência...), sente-se a falta de uma referência *nominal* à palavra '*diferença*'...

(^{3}) "*Truncada*", *precisamente*, em sentido de «nortoniano»: '*Truncated in the sense that the economic variables representing other factor inputs have been suppressed*' (NORTON 1956, em nota 1 à p 52).

e *prospectiva* ('*forwards*'); ou então, *normalizando*, e *por definição* de *recorrência* (i. e., «descendo» um «período»),

$$\alpha^{-1} C_t = 1 + C_{t-1} + \beta (C_{t-1} - C_{t-2})$$

(com $\alpha^{-1} C_t = Y_{t-1}$, e com o '$\alpha^{-1}$' «recém-nascido», digamos, como «coeficiente de retroacção» do *consumo presente* em *rendimento passado*), para assinar à *função* o devido *índice t*, respeitante ao *presente*, aliás seu apanágio, numa *função-consumo* do *consumo*, o que *revela* a persistência de uma entidade *presente* como *função* de *um par* de termos seus antecedentes imediatos, *contíguos entre si*, e, assim, a persistência de «*um lapso temporal* de *dois períodos*» (o «*último*» e o «*penúltimo*») relacionando as *variáveis* com a *função*. O que não faz qualquer sentido é pretender concluir algo sobre a estrutura da forma samuelsoniana a partir de uma sua formulação *híbrida* (agora em termos das *variáveis independentes*), com o *rendimento corrente* como *função* do *rendimento* do período anterior e do *incremento do consumo* no próprio período, do tipo

$$Y_t = 1 + \alpha Y_{t-1} + \beta (C_t - C_{t-1}),$$

ou mesmo

$$Y_t = 1 + C_t + \beta (C_t - C_{t-1}) = 1 + (1 + \beta) C_t - \beta C_{t-1},$$

uma vez que se trata, ou devia tratar-se, num caso e noutro, de um modelo ou sistema de equações de *recorrência* de *termos de rendimento*, ou seja, em que a *função* (variável *dependente*) Y_t, que representa o rendimento *corrente*, é função de *n* termos de *rendimento anterior* (potencialmente, uma série de *n lapsos temporais distribuídos*), tal como ocorreria num modelo ou sistema puro de *equações diferenciais* da *mesma* espécie e *ordem* ([4]).

([4]) Cf, p. ex°, ALLEN 1956, § 5, e o § 1.1 do *Apêndice II*.

192 Do "Oscilador de Samuelson" ao Espectáculo da "Propulsão"

1.2.2 Uma segunda razão de substância me leva a recusar as alegações de Norton 1956 e Jacinto Nunes 1961, subscrevendo, embora, sem reservas, as reservas do autor português à terminologia praticamente universal fixada no domínio deste tipo de análise. É que essa emenda desse soneto redundaria (agora) em *equiparar* dois tipos de análise periódica *essencialmente diferentes*, aliás postos *em contraste* pelo próprio Hicks —num texto já aqui extractado (ver o § 2.2.4) e, agora, em parte reproduzido—, *precisamente quando tomou distância em relação a Harrod*:

'It is not generally realised (Mr Harrod has certainly failed to realise it) [what is] the great function of lags in this sort of dynamic theory. [...] The lags are needed to hold the system to a given time path. Mr Harrod's theory, in the form he has given it, may be regarded as an indirect proof of this; because we will have no lags, his system *explodes out of the time dimension*. A dynamic system which is economically unstable, having *a high propensity to fluctuate*, cannot be efficiently studied unless some variables are lagged. [...] If there are no lags, the basic equation will then have to be written

$$[\lambda \, (y_t - y_{t-1}) \; = \; (1 - \alpha) \, y_t] \qquad (1)$$

the properties of which are substantially the same as those of Mr Harrod's equation. [...] If we make *the simplest possible lagging assumptions*, we shall make *investment* depend upon *the increment of income in the preceding period*, and *consumption* upon *the income of the preceding period*. Current saving would then equal $[\, y_t - \alpha \, y_{t-1} \,]$, so that the basic difference equation becomes

$$[\lambda \, (y_{t-1} - y_{t-2}) \; = \; y_t - \alpha \, y_{t-1}]$$

or

$$[y_t \; = \; (\alpha + \lambda) \, y_{t-1} - \lambda \, y_{t-2}]'. \qquad (2)$$

(Hicks 1949, secção II, pp 253-4; *grifei*, excepto '*consumption*')

Daqui se segue, para a equação (1) de Hicks, representando a base (canonizada) do modelo de Harrod),

$$y_t = \alpha \, y_{t-1} + \lambda \, (y_t - y_{t-1}) \Rightarrow$$

$$y_t = \frac{\lambda}{\alpha+\lambda-1} \, y_{t-1};$$

reelaborando e *generalizando*,

$$y_t = \left(1 + \frac{1-\alpha}{\alpha+\lambda-1}\right)^t y_0,$$

uma via ('*path*') de «crescimento» *exponencial* do *rendimento* ou do *produto*, de expoente *t*, sob a tutela, tão arbitrária como severa, da cláusula $\alpha + \lambda > 1$. A equação (2) irá, por sua vez, constituir a base da versão homogénea do "caso elementar" de HICKS 1950,

$$y_t = \alpha \, y_{t-1} + \lambda \, (y_{t-1} - y_{t-2}) = (\alpha + \lambda) \, y_{t-1} - \lambda \, y_{t-2},$$

a que só falta o «termo *independente*» (de « y_{t-p-1} »; mas não *independente* de *t*), 'g_t' ('A_t', em Hicks) e o «corredor» "$[(1 + \sqrt{s})/(1 + g)]^n$" (cf a nota 26), que notarei como '$[(1 + \sqrt{1-\alpha})/(1 + \gamma)]^t$', segundo uma tabela de conversão já conhecida (cf as notas 9 e 11 ao *Apêndice II*), servindo como «pista» à via de crescimento «regular» do seu modelo.

1.3 Importa, agora, conferir um excelente texto, dois anos anterior à primeira abordagem do problema por Hicks (HICKS 1949):

> '[Harrod's] "warranted rate of growth" thesis bears a close ressemblance to the principle of acceleration. [...] Samuelson's *hypothetical consumption function* operates with *a one-period lag*: $C_t = [\alpha] \, Y_{t-1}$. Since *investment* is considered to be related to the *difference* between *current consumption* and *consuption of the previous period*, it is related to the *income of the*

> *period before that.* Hence *a two period lag, which is able to yield an oscillating time pattern.* Let us, however, suppose the acceleration principle to work in capital goods industries as well as in consumer goods; then we may relate investment to the difference between current and previous income, rather than just between current and previous consumption. If we do this, our system will involve *only a one-period lag*
>
> $$C_t = [\alpha]\ Y_{t-1}\ ;\ I_t = [\lambda]\ (Y_t - Y_{t-1})\text{'}.$$
>
> (SCHELLING 1947, p 871, sob a rubrica '*Comparison* [*of* Mr Harrod's "warranted rate of growth thesis"] *with the "Acceleration approach"* ', p 871; *grifei*) (⁵)

Interrompi a citação para oferecer, precisamente com meio século de «espera» ou «lapso temporal», uma formalização mais directa e sucinta do que a original. Sob a vigência da cláusula $\lambda > 1 > \alpha > 0$ (assim, de forma concentrada e completa, contra o que ocorre no autor), para a versão *homogénea* da equação de recorrência fundamental (sem «investimento autónomo»), com «um lapso temporal de um só período», teremos, *imediatamente* (contra o que ocorre no autor),

$$y_t = \alpha\ y_{t-1} + \lambda\ (y_t - y_{t-1}) \Leftrightarrow (\lambda - 1)\ y_t = (\lambda - \alpha)\ y_{t-1} \Rightarrow$$

$$y_t = \frac{\lambda - \alpha}{\lambda - 1}\ y_{t-1},$$

(⁵) O autor usa '*a*' em lugar de 'α' e 'β' em lugar de '$\alpha\beta$' ('$\equiv \lambda$', sob minha exclusiva responsabilidade...), aliás motivando, parcialmente, as leves alterações de notação introduzidas: 'The use of *a*, here, in place of Samuelson's α, is to avoid conflict with the use of α as percentage saved. At full employment $a = 1 - \alpha$, with allowance for time lag' (nota 14 à p 871). A mim, pessoalmente, o que mais me custou a observar da notação de Samuelson foram as *letras gregas* a denotar *parâmetros*, contrariando as *leges artis* dos *matemáticos profissionais* (as letras *iniciais, médias* e *finais* do *alfabeto latino* devem servir para notar, respectivamente, *constantes, parâmetros* e *incógnitas*, servindo as *letras gregas* para outros usos, «mais elevados», a começar pela notação dos *ângulos* em *trigonometria*); mas, sem razões *de peso*, confesso que não compreendo, mesmo em autores *de peso*, um tipo tão pedestre de sede de «inovar»...

ou seja: de novo reelaborando e *generalizando* (via *indução* implícita),

$$y_t = \left(1 + \frac{1-\alpha}{\lambda-1}\right)^t y_0,$$

donde, realmente, se pode concluir que

> 'our result indicates a *compound interest rate of growth*. The rate of growth per period is equal to the savings ratio divided by [λ] − 1. We must now identify and interpret [λ]. It appears that [λ] must be akin to the reciprocal of Harrod-Domar σ [...]',
>
> (SCHELLING 1947, pp 871-2, usando '*a*' e 'β' em vez de 'α' e 'λ'; *grifei*)

sem que aqui nos interesse ir mais além nesse confronto.

2. «Crescimento equilibrado» ou «oscilação cíclica explosiva»?

2.1 Alinharemos, em seguida, as *quatro* formas em apreço (as *duas* de HICKS 1949 e as *duas* de SCHELLING 1947), por esta ordem: (1) a equação 1 de HICKS 1949, "sem lapso temporal"; (2) a equação "com um lapso temporal de *um só período*", resultante da *subtracção de um período* ao lapso temporal da componente *investimento* da equação fundamental de Samuelson, segundo a formalização de SCHELLING 1947; (3) a versão homogénea da própria equação fundamental de Samuelson, "com um lapso temporal de *dois períodos*", *descrita verbalmente* por Schelling e por ele considerada "susceptível de dar origem a um padrão temporal oscilante"; (4), a equação 2 de HICKS 1949, "com um lapso temporal o mais simples possível", precisamente a versão homogénea do futuro "caso elementar" de HICKS 1950 ([6]); e, ainda, para (1) e

---

([6]) Na formulação originária de Hicks figuram: (1) '*n*' por '*t*', para notar o factor tempo (número de «períodos»); (2) '1 − *s*' por 'α', para

(2), a respectiva *implicação* (*implícita* em Hicks; *explícita* em Schelling) como veículo formal para uma teoria do «crescimento equilibrado de idade de ouro» (ou seja, a uma «taxa de juros compostos»):

(1) $y_t = \alpha\, y_t + \lambda\, (y_t - y_{t-1}) \Rightarrow y_t = \left(1 + \dfrac{1-\alpha}{\alpha+\lambda-1}\right)^t y_0\,;$

(2) $y_t = \alpha\, y_{t-1} + \lambda\, (y_t - y_{t-1}) \Rightarrow y_t = \left(1 + \dfrac{1-\alpha}{\lambda-1}\right)^t y_0\,;$

(3) $y_t = \alpha\,(1+\beta)\, y_{t-1} - \alpha\beta\, y_{t-2} = \alpha\, y_{t-1} + \alpha\beta\,(y_{t-1} - y_{t-2})\,;$

(4) $y_t = (\alpha+\lambda)\, y_{t-1} - \lambda\, y_{t-2} = \alpha\, y_{t-1} + \lambda\,(y_{t-1} - y_{t-2})\,.$

As observações fundamentais a fazer neste passo são, creio eu, as seguintes:

2.2.1 Com a introdução de "um lapso temporal de um só período" («robertsoniano») nas suas componentes *consumo* e *investimento*, o modelo de crescimento tipo Harrod/Domar *ganha* em *definição* e *fica livre* da *cláusula restritiva* $\alpha + \lambda > 1$; porém, ainda assim, mantém-se insusceptível de gerar "flutuações cíclicas": embora ele se localize, precisamente, na "zona de *interacção explosiva*" de SAMUELSON 1939a (*as zonas* **C** e **D** da Figura 6.1), posto que a cláusula $\lambda \equiv \alpha\beta \Rightarrow \lambda > 1 > \alpha \Leftrightarrow \beta > \alpha^{-1} > 1$, com os valores de β assim localizados acima do ramo positivo da hipérbole rectangular $\alpha = \beta^{-1}$ ([7]), ainda não permite, como observou Thomas C.

---

notar a propensão *constante* (*média* e *marginal*) a aforrar; (3) 'λ' por '$\alpha\beta$', para notar o coeficiente (também constante) que afecta o incremento do rendimento *verificado* no «período» anterior», '$t-1$' (ou '$n-1$'), a desejada *differentia specifica* entre si e Samuelson (cf a nota 27); símbolo, aliás, que aqui se introduziu nas formas 1 e 2 e aqui se manteve na forma 4 do elenco seguinte.

([7]) Não é, assim, exacta a localização, por T. C. Schelling, do modelo de Harrod (na sua própria versão dele em termos «samuelsonianos»,

Schelling (cf o extracto), a *interacção cíclica* (*explosiva*, no caso): basta verificar que os mesmos números do caso **5** de Samuelson, com $\alpha = 0,8$ e $\beta = 4$, dariam lugar a uma modesta «taxa de crescimento a juros compostos», exactamente de $\gamma = (1 - \alpha)(\lambda - 1)^{-1} = 0,(09) \equiv 9,(09)$ % por «período», ao passo que os do caso **4** de Samuelson, com $\alpha = 0,6$ e $\beta = 2$, dariam igualmente, «paradoxalmente», lugar a um «crescimento *estável*» «*explosivo*», porém agora à escandalosa taxa de $\gamma = 2 \equiv 200$ %! «Paradoxalmente»? É que a «taxa de crescimento» γ é, no modelo, *inversamente proporcional* a α, pois é directamente proporcional à sua alíquota na unidade de rendimento, $1 - \alpha$, a «propensão marginal a aforrar», o que denota a persistência, no modelo, de uma concepção «forreta» do *investimento*, decididamente pré-keynesiana [8]...

2.2.2 Embora seja certo que pretender que o caso da 2ª forma deste elenco comporta «*um lapso temporal* de um período», como o faz SCHELLING 1947, é um manifesto *abuso de linguagem*, e assim também, *a pari*, referir os casos das *formas 3 e 4* (*N. B.!*) do mesmo elenco como comportando «um lapso temporal *de dois períodos*», como observa JACINTO NUNES 1961, também é certo, no entanto, que só as formas 3 e 4 contêm um *tipo de lapso temporal* susceptível de dar

---

para efeito de confronto, mais generosa do que a de Hicks...), na 'Region *D*, [α] > $4\beta/(1 + \beta)^2$ of the [α], β map in Samuelson' (SCHELLING 1947, início da nota 14 à p 871). Como se diz no texto, a *localização exacta* da versão Schelling do modelo de Harrod é no *conjunto de ambas* "*as zonas* ◖ e ◗ da Figura 6.1", que reproduz aqui o "Mapa 2" de SAMUELSON 1939a, correspondentes ao intervalo "$\beta > 1 > \alpha\beta$" da 5ª linha do 1º quadro do (§ 4.1 do) *Apêndice II*, e às duas últimas dos restantes três quadros.

[8] É claro que a singeleza (ou mesmo a ingenuidade) da teoria do crescimento harrodiana desconhece, de todo, todo o problema dos "resíduos" (melhor, de facto, que "filtrações"; cf, por todos, JACINTO NUNES 1956, §§ III.7-8, especialmente o primeiro período do § III.7 e a nota 11 à p 44) que, no entanto, *desaparece* (*da superfície*, ao menos...), *automaticamente*, com a «*interacção*»...

origem a *oscilações cíclicas* do *multiplicador* (*rectius*: da *propensão a consumir*) e do *acelerador*, por *ambas* porem o rendimento «período» actual ou corrente (γ_t) na dependência dos *dois* antecedentes imediatos (γ_{t-1} e γ_{t-2}), e não apenas de um só antecedente imediato (γ_{t-1}), posto que, deste jeito, só é possível a um modelo com coeficientes originários *constantes* apresentar-se como *constante*: *constantemente explosivo* (no caso de o coeficiente de γ_{t-1} ser *superior* à unidade) ou *constantemente depressivo* (no caso de o coeficiente de γ_{t-1} ser *inferior* à unidade), ou, na *solução contínua* da respectiva *equação de recorrência* de *primeira ordem*, apresentar-se como uma série geométrica de *t* em γ: função *monótona*, portanto, crescente *ou* decrescente, naquelas mesmas condições.

2.2.3 As formas 3 e 4 são *perfeitamente congéneres*, contendo ambas um «lapso temporal» referido aos *dois «períodos» imediatamente anteriores ao corrente* e, assim, facultando ambas a «interacção cíclica».

2.2.4 O que talvez deva dizer-se, *com precisão*, é que o que se exige para proporcionar a «interacção cíclica», em termos *descontínuos* (ou «*por iteração*»), é que seja necessário partir dos *dados* dos «períodos» último e *penúltimo* para que uma *equação de recorrência*, então de *2ª ordem*, «com coeficientes e termo constantes», possa originar «flutuações cíclicas»; ou, em termos *contínuos* (perante a *solução contínua*), que se exige que a sua *equação característica* seja (pelo menos) *do 2º grau*.

2.2.5 Feita esta prevenção, em tudo o que se segue utilizar-se-ão as expressões de SCHELLING 1947, *imprecisas* por certo, mas também *expressivas*.

2.3 Tudo parece, ainda, levar a concluir que os modelos *viáveis* de «crescimento equilibrado de idade de ouro», de

Apêndice III 199

tipo *exponencial* (ou seja, «a juros compostos» de taxa 'γ'), sendo compagináveis com a modalidade de interacção do *multiplicador* (*rectius*, da *propensão a consumir*) com o *princípio da aceleração* contraditoriamente designada como «interacção *estável explosiva*», têm uma lógica, formal e económica, *incompatível* com a da «interacção *cíclica*», mesmo «*explosiva*»; insusceptível, pois, de ser organizada *coerentemente* em conjunto com ela.

2.4 Não se afigura, deste modo, nada surpreendente que um autor importante em diversos domínios tenha tirado, da sua análise deste domínio, a conclusão seguinte:

> 'The situation is that, on the one hand, the macro-economic models which provide a cyclical interpretation of the economic activity cannot give any explanation of economic growth, and, at the other hand, those theories which define, or rely on, the conditions of a dynamic equilibrium to be reached or maintained cannot give an explanation of business cycles',
>
> (PASINETTI 1960, § II.8, p69)

acrescentando, em nota, com inteira justiça, que "uma brilhante crítica desta debilidade da presente teoria pode encontrar-se em [KALDOR 1954]". O problema foi debatido entre Luigi L. Pasinetti e H. Neisser no n° 2 do vol. 13 dos *Oxford Economic Papers* (de Julho de 1961), com uma *resposta* do segundo ao primeiro (NIESSER 1961), e uma *réplica* do primeiro ao segundo (PASINETTI 1961) que não parece ter deixado margem para discussão ([9]).

([9]) Cf, ainda, neste mesmo sentido, a nota '[17]', acrescentada, pelo autor, à reimpressão de PASINETTI 1960 em PASINETTI 1974, p 76. Uma *curiosidade* que também consta de PASINETTI 1961, nota 1, é a referência a um artigo então recente de Kenneth K. Kurihara (KURIHARA

200 Do "Oscilador de Samuelson" ao Espectáculo da "Propulsão"

2.5 A natureza irredutível do actual impasse (em relação ao potencial de *decomposição* ou *desagregação* que a análise macroeconómica pode presentemente proporcionar-nos neste domínio, aliás sem «micro» alternativa possível...) explica, por certo, o futuro desinteresse (ou, pelo menos, silêncio bem audível...) de J. R. Hicks, de então para cá, em relação à sua heróica tentativa de modelar, *racionalmente*, um esquema *misto* de «crescimento sustentado» *com* «flutuações cíclicas». Surpreendentemente, em face do seu título, virá a ser num artigo escrito no rescaldo da controvérsia sobre a «teoria do capital» travada na justamente célebre *Conferência de Corfu* ([10]), um decénio volvido sobre o seu livro sobre os «ciclos eco-

---

1960) que, na verdade, parece redundar numa patética e involuntária caricatura do sistema de HICKS 1950, de que o autor reproduz, numa 'fig. 1', a fig. 11 de HICKS 1950 (figura 9 deste escrito), dispondo, no próprio desenho, todas as curtas «condições formais» necessárias para obter o *efeito desejado* por Hicks! 'This, of course, is all right but trivially obvious. It amounts to nothing more than saying, in a different way, that there are fluctuations of investments, while the basic problem is not to say that [...] there are fluctuations, but to explain them' (PASINETTI 1961, em nota). Por fim, para uma tipologia crítica das tentativas de integração das componentes "ciclo" e "tendência" dos chamados modelos de «crescimento cíclico», cf todo o cap. IV (especialmente o § IV.5, muito expressivamente intitulado '*As explicações eclécticas*') de NUNES 1964, em que o autor expõe e aprecia vários outros modelos, com especial destaque para um de Gerhard Tintner, que, tendo atribuído 'a insuficiência das teorias de HARROD, DOMAR, HICKS e seus seguidores [...] ao facto de conduzirem a um desenvolvimento exponencial', constrói um seu «modelo» mediante o enxerto de uma tendência de crescimento (cíclico) *em* «*zig-zag*», inserida «a martelo» num hicksiano muito simplificado, assim delineando outra *caricatura* como a de K. K. Kurihara segundo L. L. Pasinetti, a que, realmente, pode 'ainda dirigir-se a mesma crítica que KALDOR [1954] formulou ao *esquema tricíclico* de SCHUMPETER: é que se trata de um modelo *mais descritivo do que explicativo*' (NUNES 1964, § IV.5, pp 110 e 112; *grifei*).

([10]) Dos resultados dessa conferência releva, claramente, a 'crucial lição de Sraffa, aliás ignorada, com persistência tão sistemática quão

nómicos» (Hicks 1950), que o autor procede ao ajuste de contas consigo mesmo sobre esse tema na aparência muito distante da «teoria do capital». Hicks reagia, na ocorrência, à então recente aparição de um "intrigante" artigo de R. M. Solow (palavras de Hicks), um ano anterior à *conferência* (nomeadamente, Solow 1957), com uma tentativa de *ajustamento* (*'fitting'*) de uma *vulgar* «função de produção *agregada*», '$Q = F (L, K; t)$', no entanto munida de uma «*tendência* de crescimento» '$A(t)$', aos dados estatísticos da evolução do PNB dos EUA entre 1909 e 1949, atribuindo o crescimento verificado, em 12,5%, ao aumento da razão «capital/trabalho» (digamos, '$dK/dt/(dL/dt)$') e, nos *restantes* 87,5%, às «*mutações* tecnológicas» ('technical *change*'), tidas por «*neutras*» ('the shifts were pure scale changes') e «*contínuas*», tudo de forma *inverosímil* e literalmente *paradoxal*. É claro que quase nada de tudo isso teria a ver (directamente, ao menos...) com o tema da *conferência* em cujo rescaldo o autor escrevia, como ele próprio se apressa a admitir (cf o início da secção III de Hicks 1960), mas é aquela rara modalidade de casamento de «crescimento» (explícito) com «flutuações» (implícitas) que lhe vai servir de pretexto para repreender, por «demasiado *cósmicos*» (*sic*!), os numerosos membros de uma irredutível multidão de autores, de várias procedências e com vários destinos, nestes surpreendentes termos:

> 'We can suspect that the "production function" people have allowed themselves to be too much tied down by constant returns to scale; while we may feel that Kaldor has put too much faith in automatic technical progress — his *deus ex machina*. [...] Is it necessary that the same factors should be the dominant factors all the time? All these theories are in danger

---

sintomática, pelos cultores das *"mainstream economics"*, e recebida por J. R. Hicks com evidente mau humor. Cf, por último, sobre tudo isto e um pouco mais, Almeida 1995, § 12.2 e nota 21, e os locais aí citados.

of imposing a pattern of history, in the manner of Marx, or Toynbee, or (dare I say it) of Rostow'!

(HICKS 1960, secção III, última página)

Desconsiderando inteiramente a estranha imputação, praticamente universal, *à cidade e ao mundo* («*externo*», já se vê...) da teoria, de cultivar o uso de «factores dominantes» nas teorias e modelos, convém aqui prestar toda a atenção à outra face desse confronto, desfavorável para todos os outros, daquela massa praticamente universal —dos «aceleracionistas» à «gente da "função de produção"»— de gente repreendida por partilhar o alegado *vício* da «unificação». Essa "outra face" é a *virtude* do próprio autor, uma virtude *peculiarmente eclética*, desde o início —desde o momento da criação da *figura* da célebre «curva *IS/LM*», que irá servir de *rosto* à célebre «*síntese neoclássica*»: cf HICKS 1937, *figs. 1* e *3(.2)*([11]) — que, desta feita, se vem a traduzir, inexoravelmente, numa *ecléctica desistência* de casar «*ciclos*» com «*crescimento*»:

> 'I may perhaps observe that the concept of Autonomous Investment (which I introduced in my own *Trade Cycle* (1950)) can be regarded as an attempt, which seemed sufficient for the purpose in hand, to avoid commitment to Accelerationism. It was of course been criticized by Accelerationists, as was to be expected .[...]
> One can believe, without inconsistency, in the short-run accelerator and in the long-run Production Function'.

(HICKS 1960, secção II, pp 127, em nota, e 128)

Sic Magister dixit!

([11]) Sobre os "materiais de construção" da «curva *IS/LM*», e o seu sentido teórico e lugar sistemático, poderão ver-se, respectivamente, ALMEIDA GARRETT 1967 e ALMEIDA 1993, pp 729-31.

APÊNDICE IV
Sobre a tipologia hicksiana da "interacção"

1. A "tipologia completa" de Hicks

1.1 À guisa de um *apêndice* ao *Apêndice II*, e por falar em Hicks, aqui se deixa uma versão correcta de outra *tipologia* das equações de recorrência desta nossa «família» — aliás, *no fim de contas, comum* a Hicks e a Samuelson (este talvez, não propriamente, seu *fundador*, mas tão somente o seu *padrinho*, se a primeira das honras couber, de facto, a Alvin Hansen...), como verificámos, talvez para não pouca surpresa de não poucos... Ao passo que a primeira, do § 3.4.4, estava *implícita* no tratamento de SAMUELSON 1939a, e tem na base a equação da curva $\alpha = 4\beta\ (1 + \beta)^{-2}$ da Figura 6.1, esta segunda, que está *explícita* em HICKS 1950 (*Mathematical appendix*, § 19, p 185) e vem reproduzida e *explicitada* em ALLEN 1956 (§ 7.1, p 211), tem como base a equação de β_1 e β_2 em função de α ao longo dessa mesma curva; discriminando, agora, os valores respectivos, multiplicando por α o primeiro e o último dos membros da cadeia de equações do § 3.3.2 contendo esses valores, vem-nos, de facto, a expressão de $\alpha\beta_1 > \alpha$ e $\alpha\beta_2 < \alpha$,

$$\alpha\beta_1 = (1 + \sqrt{1 - \alpha})^2; \quad \alpha\beta_2 = (1 - \sqrt{1 - \alpha})^2,$$

em dois *troços diferentes* ao longo dessa curva.

1.2 A começar pela «retroversão» de Hicks *para* (ou *em termos de*) Samuelson ([1]), teremos, aliás *literalmente*, a *quadripartição* seguinte:

([1]) Sempre com '$s \equiv 1 - \alpha$' e '$\lambda = \alpha\beta$', como na nota 27, notando agora que a identidade '$\lambda \equiv \alpha\beta$' é, junto com '$A_t \equiv g_t$', uma mera e segura equivalência *algébrica* para o efeito da «*retro*-versão» da estrutura

(i) $\alpha\beta < (1 - \sqrt{1-\alpha})^2$.   Raízes reais.

(ii) $(1 - \sqrt{1-\alpha})^2 < \alpha\beta < 1$.   Raízes complexas, com módulo < 1.

(iii) $1 < \alpha\beta < (1 + \sqrt{1-\alpha})^2$.   Raízes complexas, com módulo > 1.

(iv) $\alpha\beta > (1 + \sqrt{1-\alpha})^2$.   Raízes reais.

E Sir John Hicks, com a usual desenvoltura ([2]), comenta *e conclui* deste modo:

> 'Case (i) is therefore identified with the case of steady convergence without fluctuation; and case (iv) with that of explosion without fluctuation. Case (ii) is necessarily cyclic, but the cycles are damped. Case (iii) is the case of explosive cycles. *The classification* of the second-order equation *is therefore complete*'.
>
> (HICKS 1950, *Appendix to Chapter VI*, § 19, p 185; *grifei*)

---

algébrica do alegado «*elementary case*» de Hicks no modelo de Hansen e Samuelson).

([2]) É, na verdade, literalmente espantoso que o autor evolua neste local sem a menor referência a SAMUELSON 1939a, em relação ao qual ele *nada adianta*, aliás para avançar, imperturbável e triunfante, para uma alegadamente perfeita conclusão falsa, numa demonstração especialmente desconfortável do tal "auto-convencimento e provincianismo" que um recente biógrafo, aliás nitidamente simpatizante, nele notou: 'There is a streak of self-centredness and parochialism in Hicks which mirrors that to be found in other English economists of his generation and those before' (BLISS 1987, § 1, p 642 I). Por outro lado, embora o autor comece por se gabar de ter fundamentado "toda a nossa obra" na "equação *básica*" (*sic!*), «de grau *p*» (*App. to Ch. V*, § 17, *in fine*, p 183), acaba, é claro, por se cingir ao 'simplest case, called in the text the "elementary" case, in which it [the auxiliary equation, $f(\gamma) = \gamma^2 - (\alpha + \beta)\gamma + \beta = 0$] is easily soluble' (*App. to Ch. VI*, § 19, *in fine*, p 185), de resto imediatamente antes de uma nota referida a uma outra obra de Samuelson, entretanto saída (nomeadamente, SAMUELSON 1947), só para dizer que o método geral então proposto pelo autor norte-americano para resolver equações de recorrência de grau superior a dois seria 'an exceedingly difficult method, both to understand and to apply' (*ibid.*, em nota 1 à p 185).

2. Compleição da tipologia de Hicks

2.1 Porém, os dois autores (Hicks e Allen) elaboraram essa tipologia em termos *imperfeitos*, (1) com *omissão* de um 5º tipo, *intermédio*, do elenco de 4 que apresentaram, e (2) usando sempre sinais de "inequação *restrita*", '>' e '<', mesmo nos casos em que *deviam* ter usado sinais de "inequação *ampla*", '≥' e '≤', pelo que vale a pena expô-la novamente e corrigi-la aqui, mais de quarenta anos depois.

Sempre aquém do limite $\alpha = 1$, começarei, agora, por enunciar, apenas, os termos da «tendência» ('*trend*'), para evidenciar (1) o facto de, com $\beta < 1$, não ser possível a «*explosão*», quer *estável*, quer *cíclica*; (2) o facto de, com $\beta > 1$, não ser possível a «*depressão*» *estável*, como se pode recolher da simples inspecção visual da Figura 6.1; e, já agora, (3) o facto de, sobre o «*fio da navalha*» ('*knife's edge*') que é a situação $\alpha\beta = 1$, não ser possível uma coisa nem outra, mas ser *fatal* a oscilação *cíclica regular...*:

1. $\beta = 1 > \alpha\beta$: interacção **cíclica** *depressiva* ("∎B"); "
2. $\beta > 1 > \alpha\beta$: interacção **cíclica** *depressiva* ("∎B");
3. $1 > \beta > \alpha\beta$: interacção **cíclica** ou **estável** *depressiva* ("▲" e "∎B");
4. $\beta > \alpha\beta = 1$: interacção **cíclica** *regular* ('*knife's edge*');
5. $\beta > \alpha\beta > 1$: interacção **cíclica** ou **estável** *explosiva* ("∎C" e "∎D").

2.2 Segue imediatamente a tipologia de Hicks e Allen, em versão corrigida:

1. $1 > (1 - \sqrt{1-\alpha})^2 \geq \alpha\beta$: interacção **estável** *depressiva* ("**1**"; "**7**");
2. $1 > \alpha\beta > (1 - \sqrt{1-\alpha})^2$: interacção **cíclica** *depressiva* ("**2**");
3. $1 = \alpha\beta < (1 + \sqrt{1-\alpha})^2$: interacção **cíclica** *regular* ("**3**");
4. $1 < \alpha\beta < (1 + \sqrt{1-\alpha})^2$: interacção **cíclica** *explosiva* ("**4**");
5. $1 < (1 + \sqrt{1-\alpha})^2 \leq \alpha\beta$: interacção **estável** *explosiva* ("**5**"; "**6**").

3. Uma terceira tipologia

3.1 Como é patente, poderiam ter constado deste quadro $\alpha\beta_1$ e $\alpha\beta_2$, em vez dos *seus valores*, $(1 + \sqrt{1-\alpha})^2$ e $(1 - \sqrt{1-\alpha})^2$, o que, aliás, permitiria (dividindo por α) confeccionar, quase instantaneamente, uma terceira tipologia, em puros termos de α e β, *scilicet*:

1. $\alpha^{-1} > \beta_2 \geq \beta$:   interacção **estável** *depressiva* ("**1**"; "**7**");
2. $\alpha^{-1} > \beta > \beta_2$:   interacção **cíclica** *depressiva* ("**2**");
3. $\alpha^{-1} = \beta < \beta_1$:   interacção **cíclica** *regular* ("**3**");
4. $\alpha^{-1} < \beta < \beta_1$:   interacção **cíclica** *explosiva* ("**4**");
5. $\alpha^{-1} < \beta_1 \leq \beta$:   interacção **estável** *explosiva* ("**5**"; "**6**").

3.2 No entanto, usá-la-ei aqui apenas como *estação de trânsito* ('*way station*'), posto que, na verdade, não convém *confundir* β_1 e β_2 com β no *mesmo espaço lógico*; é que se trata de um par de operadores que apenas nos serviram, como raízes da equação $\alpha = 4\beta\,(1 + \beta)^{-2}$ (positivas, recíprocas, de produto unitário, já nossas conhecidas do § 3.2.2), para cindir o domínio da variável β nos seus domínios *próprios*, $\beta_1 > 1$ e $\beta_2 < 1$. Partindo da *segunda* forma do § 3.2.2 (reproduzida no § 4.1 do *Apêndice II*), discriminando e dividindo por α segundo o seu valor nos termos do 2º membro da oportuna e insuspeita igualdade $\alpha = (1 + \sqrt{1-\alpha})\,(1 - \sqrt{1-\alpha})$, obtemos *imediatamente*

$$\alpha\beta_1 = (1 + \sqrt{1-\alpha})\,(1 - \sqrt{1-\alpha})\,\beta_1 = (1 + \sqrt{1-\alpha})^2 \Rightarrow$$

$$\beta_1 = \frac{1+\sqrt{1-\alpha}}{1-\sqrt{1-\alpha}};$$

$$\alpha\beta_2 = (1 + \sqrt{1-\alpha})\,(1 - \sqrt{1-\alpha})\,\beta_2 = (1 - \sqrt{1-\alpha})^2 \Rightarrow$$

$$\beta_2 = \frac{1-\sqrt{1-\alpha}}{1+\sqrt{1-\alpha}},$$

uma *terceira* (!) forma (aliás, muito *reveladora*) ([3]) para a expressão daqueles dois operadores.

3.3 Podemos, pois, substituir β_1 e β_2 no quadro anterior, manipulando adequadamente estas suas (*outras*) *formas equivalentes* de maneira a obter, enfim, este outro quadro, algo mais simples do que o pretexto e nada menos revelador, visto que ele incorpora "o factor de crescimento equilibrado dominante menor possível", '$1 + \sqrt{1-\alpha}$', para dado α" (cf a nota 13 do *Apêndice II*), bem como o seu homólogo para um oscilador potencialmente depressivo, $1 - \sqrt{1-\alpha}$:

1. $1 + \sqrt{1-\alpha} > \alpha\,(1 - \sqrt{1-\alpha}) \geq \beta\,(1 + \sqrt{1-\alpha})$:

   interacção **estável** *depressiva* ("**1**"; "**7**");

2. $1 + \sqrt{1-\alpha} > \beta\,(1 + \sqrt{1-\alpha}) > \alpha\,(1 - \sqrt{1-\alpha})$:

   interacção **cíclica** *depressiva* ("**2**");

3. $1 - \sqrt{1-\alpha} = \beta\,(1 - \sqrt{1-\alpha}) < \alpha\,(1 + \sqrt{1-\alpha})$:

   interacção **cíclica** *regular* ("**3**");

4. $1 - \sqrt{1-\alpha} < \beta\,(1 - \sqrt{1-\alpha}) < \alpha\,(1 + \sqrt{1-\alpha})$:

   interacção **cíclica** *explosiva* ("**4**");

5. $1 - \sqrt{1-\alpha} < \alpha\,(1 + \sqrt{1-\alpha}.) \leq \beta\,(1 - \sqrt{1-\alpha})$:

   interacção **estável** *explosiva* ("**5**"; "**6**").

Aqui se deixa, pois, esta terceira tipologia, sem outros comentários e sem «registo de patente», assim lançada para o domínio público onde fica a aguardar que alguém, "mais

---

([3]) Note-se bem que o preço pago por HICKS 1950, por pretender ter «avançado» de 'α' para 's' ($\equiv$ '$1 - \alpha$'), no seu afã de tentar «distinguir-se», *mesmo na mera forma*, de SAMUELSON 1939a, foi ter de *recuar*, precisamente, no *sentido contrário* da *mesma direcção* (de 's' para 'α'), uma vez que $(1 + \sqrt{s})\,(1 - \sqrt{s}) = 1 - s \equiv \alpha$.

jovem *e/ou* mais apetrechado" ([4]), a queira utilizar noutro contexto, mais elevado e mais moderno do que este em que surgiu.

([4]) Tal como quanto a todo o conteúdo deste pequeno livro, e *algo* como no conhecido voto de Piero Sraffa, seguindo, *em parte* (quanto à *capacidade*), *nada* menos (ou *ninguém* menos) do que David Ricardo e Ludwig Wittgenstein, os seus dois grandes conviventes. Eis os três votos concordantes, por sua ordem: 'To supply this deficiency [of Adam Smith, and other able writers on the subject of rent], abilities are required of a far superior cast to any possessed by the writer of the following pages. [...] If the principles which he deems correct, are found to be so, it will be for others, more able than himself, to trace them to all their important consequences' (RICARDO 1951, *Preface*, 1817[1], p 6); 'Hier bin ich mir bewußt, weit hinter dem Möglischen zurückgeblieben zu sein. Einfach darum, weil meine Kraft zür Bewältigung der Aufgabe zu gering ist. — Mögen andere kommen und es besser machen' (WITTGENSTEIN 1961, *Vorwort*, datado de 'Wien, 1918', p 4); 'It is [...] a peculiar feature of the set of propositions now published that, although they do not enter into any discussion of the marginal theory of value and distribution, they have nevertheless been designed to serve as the basis for the critique of that theory. If the foundation holds, the critique may be attempted later, even by the writer or by someone younger and better equipped for the task' (SRAFFA 1960a, *Preface*, datado de 'Trinity College, Cambridge, *March, 1959*', p vi). Mas como ousarei eu tentar dependurar-me em três tamanhos vultos da reflexão teórica, inquirirá, talvez algo agastado, o leitor paciente? Responderei, *é claro*, que *não tentei erguer-me* acima do meu porte; pelo contrário, eles é que *quiseram descer* até a mim!

REFERÊNCIAS

ABRAHAM-FROIS 1984, Gilbert, *Éléments de dynamique économique (fluctuations et croissance)*, 4ª ed., Paris, Dalloz;

ACEMOGLU & SCOTT 1994, Daron & Andrew, *Asymmetries in the cyclical behaviour of UK labour markets*, ECJ 104 (4), Out°;

ADELMAN & ADELMAN 1959, Irma & Frank L., *The dynamic properties of the Klein-Goldberger model*, ECT 27 (4), Out°, reimpr. em GORDON & KLEIN 1965, pp 278-306;

ALEXANDER 1949, Sidney S., *The accelerator as a generator of steady growth*, QJE 63 (2), Maio, pp 174-97;

ALEXANDER 1951, Sidney S., *Issues of business cycle theory raised by Mr. Hicks*, AER 41 (5), Dez°, pp 861-78;

ALLEN 1955, R. G. D., *The engineer's approch to economic models*, ECN 32 (2), Maio, pp 158-68;

ALLEN 1956, R. G. D., *Mathematical economics*, Londres, Macmillan (reimpr. de 1957);

ALMEIDA 1989a, Aníbal, *Prelúdio a uma reconstrução da economia política*, Lisboa, Editorial Caminho;

ALMEIDA 1989b, Aníbal, *Desigualdades e progressividade (Em complemento de uma lição recente de J. J. Teixeira Ribeiro)*, no BCE 32 (1989), pp 233-9;

ALMEIDA 1991a, Aníbal, *Relatório com o programa, os conteúdos e os métodos de ensino teórico e prático da disciplina de* Economia e Finanças Públicas, *elaborado com vista a um concurso para professor associado do Grupo de Ciências Económicas da Faculdade de Direito da Universidade de Coimbra*, 'Coimbra, 1991', ed. do autor, policopiada;

ALMEIDA 1991b, Aníbal, *Desigualdades, diferenças e razões*, no BCE 34 (1991), pp 327-52;

ALMEIDA 1993, Aníbal, *Na "última lição" do Doutor João Ruiz de Almeida Garrett*, BFD 79, pp 725-36;

ALMEIDA 1995, Aníbal, *Imposto regressivo e redistribuição*, BCE 38, pp 113-55;

ALMEIDA GARRETT, 1967, João Ruiz de, *Nota do Tradutor* ao título '*A síntese neoclássica*' do cap. 17 de SAMUELSON 1967, pp 458-9;

AVELÃS NUNES 1991, António J., *O keynesianismo e a contra-revolução monetarista*, Coimbra, separata do BCE;

BATOR 1987a, Francis M., *Fine tuning*, NPD 2, pp 354-6;

BATOR 1987b, Francis M., *Functional finance*, NPD 2, pp 441-3;

BAXTER 1955, W. T., *The accountant's contribution to the trade cycle*, ECN 32 (1), Fev°, pp 99-112;

BENNION 1945, Edward G., *The multiplier, the acceleration principle and fluctuating autonomous investment*, RE(&)S 28 (2), Maio, pp 85-92;

BLISS 1987, Christopher, *Hicks, John Richard*, NPD 2, pp 641-6;

BOWDEN & MARTIN 1995, Roger J.&.Vance L., *International business cycles and finantial integration*, RE&s 72 (2), Maio, pp 305-20;

CHIANG 1984, Alpha C., *Fundamental methods of mathematical economics*, 3ª ed., Tóquio &c., McGraw-Hill;

CHRIST 1956, Carl R., *Aggregate economic models*, AER 46 (2), Junho, reimpr. em Gordon E Klein 1965, pp 307-33;

CLARK 1917, John Maurice, *Acceleration and the law of demand: A technical factor in economic cycles*, JPE 25(3), Março, pp 217-35, reimpresso em HABERLER & al. 1944, pp 235-60;

CLARK 1935, John Maurice, *Economics of planning public works*, 'UNITED STATES GOVERNMENT PRINTING OFFICE, Washington, D. C.';

DEBREU 1959, Gerard, *Theory of value: An axiomatic analysis of economic equilibrium*, YUP;

DOMAR 1944, Evsey D., *The 'Burden' of the Debt and the National Income*, AER 34 (5), Dez°, pp 798-827;

DOMAR 1946, Evsey D., *Capital expansion, rate of growth, and employment*, ECT 14 (2), Abril, pp 137-47;

DOMAR 1947, Evsey D., *Expansion and employment*, AER 37 (1), Março, pp 34-55;

DUESENBERRY 1950, James J., *Hicks on the trade cycle*, QJE 64 (3), Ag°, pp 464-76;

DUESENBERRY 1958, James J., *Business cycles and economic growth*, NY &c, McGraw-Hill;

DUESENBERRY, ECKSTEIN & FROMM 1960, James J., Otto & Gary, *A simulation of the United States economy in recession*, ECT 28 (3), Out°, pp 749-809, reimpr. em GORDON & KLEIN 1965, pp 237-77;

EINARSEN 1938, Johan, *Reinvestment cycles*, RE(&)S 20 (1), Fev°, pp 1--10, reimpresso em HANSEN & CLEMENCE 1951, pp 293-313;

FISHER 1952a, Gene H., *A simple econometric model for the United States, 1947-1950*; RE(&)S 34 (1), Fev°, pp 46-8;

FISHER 1952b, Gene H., *Some comments on stochastic macro-economic models*, AER 42 (4), Set°, pp 528-39;

FRISCH 1933, Ragnar, *Propagation problems and impulse problems in dynamic economics*, nos *Economic essays in honour of Gustav Cassel*, Londres, Macmillan, pp 171-205;

FRISCH & HOLME 1933, Ragnar & Harald, *The characteristic solutions of a mixed difference and differential equation occurring in economic dynamics*, ECT 3 (2), Abril, pp 225-39;

GOODWIN 1949, Richard M., *The multiplier as a matrix*, ECJ 59 (4), Dez°, pp 537-55;

GOODWIN 1951a, Richard M., *Econometrics in business cycle analysis*, cap. 22 de HANSEN 1951;

GOODWIN 1951b, Richard M., *The nonlinear accelerator and the persistence of business cycles*, ECT 19 (1), Jan°, pp 1-7;

GOODWIN 1955, Richard M., *A model of cyclical growth*, em LUNDBERG 1955, reimpr. em GORDON & KLEIN 1965, pp 6-22;

GOODWIN 1987, Richard M., *Growth and cycles*, NPD 2, pp 574-6;

GORDON & KLEIN 1965, Robert A. & Lawrence R. (eds.), *Readings in business cycles*, Homewood (Ill., EUA), Richard D. Irvin;

HAAVELMO 1940, Trygve, *The inadequacy of testing dynamic theory by comparing theoretical solutions and observed facts*, ECT 8 (3) Jun, pp 312-21;

HAAVELMO 1945, Trygve, *The multiplier effect of a balanced budget*, ECT 13 (4) Out°, pp 311-8;

HABERLER & al. 1944, Gottfried (eds.), *Readings in business cycle theory*, 'Selected by a Committee of THE AMERICAN ECONOMIC ASSOCIATION', Filadélfia e Toronto, The Blackiston Company;

HANSEN 1938, Alvin H., *Full recovery or stagnation?*, Londres, Adam & Charles Black;

HANSEN 1941, Alvin H., *Fiscal policy and business cycles*, N.Y., W. W. Norton, e Londres, George Allen & Unwin;

HANSEN 1951, Alvin H., *Business cycles and national income*, N.Y., W. W. Norton, e Londres, George Allen & Unwin;

HANSEN & CLEMENCE 1951, Alvin H. & Richard V. (eds.), *Readings in business cycles and national income*, Londres, George Allen & Unwin;

HARROD 1936, Roy F., *The trade cycle: An essay*, Oxford, The Clarendon Press;

HARROD 1939, Roy F., *An essay in dynamic theory*, ECJ 49 (1), Março, pp 14-33, reimpresso em HANSEN & CLEMENCE 1951, pp 200-19;

HARROD 1948, Roy F., *Towards a dynamic economics*, Londres, Macmillan;

HARROD 1951, Roy F., *Notes on the trade cycle theory*, ECJ 61 (3), Jun°, pp 261-75;

HARROD 1970, Roy F., *Harrod after twenty-one years: A comment*, ECJ 80 (4), Set°, pp 73741;

HAWTREY 1927, Ralph G., *The monetary theory of the trade cycle*, QJE 41 (3), Maio, pp 471-86, reimpresso em HANSEN & CLEMENCE 1951, pp 200-19;

HELLER 1966, Walter W., *New dimensions of Political Economy*; HUP;

HICKS 1937, John R., *Mr. Keynes and the "Classics": A suggested interpretation*, ECT 5 (2), Maio, pp 147-59;

HICKS 1946, John R., *Value and capital. An inquire into some fundamental principles of economic theory* (1939[1]), 2ª ed., Londres, Macmillan;

HICKS 1949, John R., *Mr. Harrod's dynamic theory*, ECN 16 (2), Maio, pp 106-21, reimpresso em HANSEN & CLEMENCE 1951, pp 249-66;

HICKS 1950, John R., *A contribution to the theory of the trade cycle*, Oxford, The Clarendon Press;

HICKS 1960, John R., *Thoughts on the theory of capital — the Corfu Conference*, OEP 12 (2), Junho, pp 123-30;

HICKS 1964, John R., *Value and capital* (1939[1]), 2ª ed., Oxford, The Clarendon Press;

HICKS & ALLEN 1934, J. R. & R. G. D., *A reconsideration of the theory of value*, ECN 1 (1), Fevº, pp 52-76, e (2), Maio, pp 196-219;

HODGSON 1978, Geoffrey M., *Economics and systems theory*, JES 14, reimpr. nos seus *After Marx and Sraffa. Essays in Political Economy*, Londres, Macmillan, 1991, pp 146-68;

JACINTO NUNES 1953, Manuel, *Sobre a teoria do multiplicador*, BCE 2 (1), Janº, pp 27-76;

JACINTO NUNES 1956, Manuel, *Rendimento nacional e equilíbrio orçamental*, Lisboa (ed. do autor);

JACINTO NUNES 1961, Manuel, *Crescimento económico e política orçamental*, Lisboa (ed. do autor);

JACINTO NUNES 1986, Manuel, *Algumas notas sobre a introdução do keynesianismo em Portugal*, 'Texto parcialmente transcrito da gravação em fita magnética e revisto pelo autor', em *Cinquentenário da Teoria geral de Keynes*, 'Comunicações e comentários apresentados na Sessão Inaugural do Departamento de Economia. Dezembro de 1986', Lisboa, ISE, pp 53-60;

JACINTO NUNES 1989, Manuel, *Keynes e uma nova política económica*, cap. I.7 dos seus *Temas económicos*, Lxª, IN/CM, pp 59-70;

KAHN 1931, Richard F., *The relation of home investment to unemployment*, ECJ 41 (2), Junho, pp 173-98, reimpresso em HANSEN & CLEMENCE 1951, pp 175-99;

KALDOR 1940, Nicholas, *A model of the trade cycle*, ECJ 50 (1), Março, pp 78-92;

KALDOR 1954, Nicholas, *The relation of economic growth and cyclical fluctuations*, ECJ 64 (1), Março, pp 53-71;

KALECKI 1935a, Michal, *Essai d'une théorie du mouvemnt cyclique des affaires*, REP 49, pp 285-305;

KALECKI 1935b, Michal, *A macrodynamic theory of business cycles*, ECT 3 (3), Junho, pp 327-44;

KALECKI 1937, Michal, *A theory of the business cycles*, RES 4 (1936-7) (1), Fev° de 1937, pp 77-97;

KEYNES 1930, John M., *A treatise on money, vol. I: The pure theory of money*, Londres, Macmillan & Co.;

KEYNES 1936, John M., *The general theory of employment interest and money*, Londres, Macmillan & Co.;

KLEIN 1947, Lawrence R., *The use of econometric models as a guide to economic policy*, ECT 15 (2), Abril, pp 111-51;

KLEIN 1950, Lawrence R., *An economic model of the United States (1929--52)*, Amsterdão, North-Holland;

KLEIN & GOLDBERGER 1955, Lawrence R. & Arthur S., *Economic fluctuations in the United States (1921-1941)*, N.Y. & Londres, John Wiley & sons;

KOOPMANS 1940, Tjalling C., *The degree of dumping in business cycles*, ECT 8 (1), Fev°, pp 79-89;

KOOPMANS 1947, Tjalling C., *Measurement without theory*, RE(&)S 29 (1), Ag°, pp 161-72, reimpr. em GORDON & KLEIN 1965, pp 186-203;

KORNAI 1971, János, *Anti-equilibrium: On economic systems theory and the tasks of research*, Amsterdão, North-Holland;

KURIHARA 1960, Kenneth K., *An endogenous model of cyclical growth*, OEP 13 (2), Outubro, pp 243-8;

LANGE 1938, Oskar, *The rate of interest and the optimum propensity to consume*, ECN 5 (1), Fev°, pp 12-32;

LUNDBERG 1955, Erik (ed.), *The business cycle in the post-war world*, Londres, Macmillan;

MANDEVILLE 1989, Bernard, *The fable of the bees* (1704[1]; 1724[4]), 'edited with an Introduction by Phillip Hart', Harmondsworth (Mx, U. K.), Penguin Books;

MARX 1963, Karl, *Das Kapital. Kritik des politischen Ökonomie*, Livro II ((1865-70; 1877-80)), (1885[1], ed. por F. Engels), Berlim, Dietz;

MATTHEWS 1959, R. C. O., *A note on crawling along the ceiling*, RES 27 (1), Out° (n° 72), pp 10-15;

MEDIO 1987, Alfredo, *Multiplier-accelerator interaction*, NPD 3, pp 564-6;

MENSHIKOV 1975, S., *The economic cycle: Postwar developments*, trad. inglesa, por Leo Lempert, de um original russo do mesmo ano, Moscovo, «Progress Publishers»;

MINSKY 1959, Hyman, *A linear model of cyclical growth*, RE&S 41 (2), Maio, reimpresso em GORDON & KLEIN 1965, pp 79-99;

MOURA 1969, Francisco Pereira de, *Análise económica da conjuntura*, Lx^a, Associação dos Estudantes do ISCEF;

NEFTÇI 1984, Salih N., *Are economic time series asymmetric over the business cycle?*, JPE 92 (2), Abril, p 307-28;

NEISSER 1961, H., *Cyclical fluctuations and economic growth*, 13 (2), Junho, p 221;

NORTON 1956, F. C., *The accelerator and the overinvestment and underconsumption models*, ECJ 66 (1), Março, pp 49-65;

NUNES 1964, Rui José da Conceição, *Espaço e desenvolvimento económico. Introdução ao estudo do problema*, Porto, ed. do autor;

PASINETTI 1960, Luigi L., *Cyclical fluctuations and economic growth*, OEP 12 (2), Junho, pp 215-41, trad. inglesa de *Fluttuazioni ciclichi e sviluppo economico*, em L'Industria, 1 (1), 1960, pp 18-51); reimpr. em PASINETTI 1974, como cap. III, pp 54-85;

PASINETTI 1961, Luigi L., *Cyclical fluctuation economic growth: A reply to Mr Neisser*, OEP 13 (2), Junho, pp 222-3;

PASINETTI 1974, Luigi L., *Growth and income distribution. Essays in economic theory*, CUP;

PHILLIPS 1954, A. W., *Stabilisation policy in a closed economy*, ECJ 64 (2), Junho, pp 290-323;

PHILLIPS 1957, A. W., *Stabilisation policy and the time-forms of lagged responses*, ECJ 69 (2), Junho, reimpr. em GORDON & KLEIN 1965, pp 666-679;

PILVIN 1958, H. C., *A geometric analysis of recent growth models*, AER 49 (4), Set°, pp 594-9;

RICARDO 1951, David, *On the principles of political economy and taxation* (1817^1; 1819^2; 1821^3), em *The works and correspondence of...*, "editadas por Piero Sraffa, com a colaboração de Maurice Dobb [...], publicadas para a Royal Economic Society", em 11 vols. (I-IV, 1951; V-IX, 1952; X, 1955; XI, 1973), vol. I, com uma *Introd.* (*geral*) de Piero Sraffa (pp xiii-xlii), CUP;

ROBERTSON 1939, Dennis H., *Mr. Clark and the foreign trade multiplier*, ECJ 49 (2), Junho, pp 354-6;

SAMUELSON 1939a, Paul A., *Interactions between the multiplier analysis and the principle of acceleration*, RE(&)S 21 (2), Maio, pp 75-8;

SAMUELSON 1939b, Paul A., *A synthesis of the principle of acceleration and the multiplier*, JPE 47 (6), Dez°, pp 786-97;

SAMUELSON 1940, Paul A., *The theory of pump-priming reëxamined*, AER 30 (3), Set°, pp 492-506;

SAMUELSON 1941, Paul A., *A statistical analysis of the consumption function*, '*Appendix*' ao cap. 11 ('*The cyclical consumption-income pattern*') de HANSEN 1941, pp 250-60;

SAMUELSON 1945, Paul A., "Nota 13", s. n., a BENNION 1945 (RE(&)S 28 (2), Maio), pp 89-90;

Samuelson 1947, Paul A., *Foundations of economic analysis*, HUP;

Samuelson 1959, Paul A., *Alvin Hansen and the interactions between the multiplier analysis and the principle of acceleration*, RE(&)S 41 (2), Maio, pp 183-4;

Samuelson 1967, Paul A., *Economies — An introductory analysis*, 6.ª ed., NY &c., McGraw-Hill, 1964, 'Tradução e prefácio de João Ruiz de Almeida Garrett', *Economia — Uma análise introdutória*, vol. I, Lx.ª, FCG;

Samuelson 1977, Paul A., *The collected scientific papers of [...]*, vol. IV, editados por Hiroaki Nagatani & Kate Crowley, Cambridge (Mass., USA), The MIT Press (reimpr. de 1979);

Samuelson 1980, Paul A., *Economics*, 11ª ed., Tóquio &c., McGraw-Hill;

Schelling 1947, Thomas C., *Capital growth and equilibrium*, AER 37 (5), Dez°, pp 864-76;

Slutzky 1937, Eugen (aliás Slutski, Ievgueni Ie.), *The summation of random causes as the source of cyclic processes* ('a revised English version with which [the author] has incorporated also a number of important results obtained after 1927', seg. o editor da ECT, da trad. de um original russo de 1927), ECT 5, (2), Abril, pp 46-63;

Smith 1937, Henry, *Marx and the trade cycle*, RES 4 (1936-7) (2), Maio, pp 192-204;

Smithies 1941, Arthur, *Process analysis and equilibrium analysis*, ECN 9 (1), Jan°, pp 26-38;

Smithies 1946, Arthur, *The American economy in the thirties*, AER 40 (2), Maio, 'Suplement', pp 11-27, reimpresso em Hansen & Clemence 1951, pp 105-46;

Smithies 1957, Arthur, *Economic fluctuations and growth*, ECT 35 (1), Jan°, pp 1-52, reimpresso, em versão condensada, em Gordon & Klein 1965, pp 39-78;

Solow 1957, Robert M., *Technical change and the aggregate production function*, RES 39 (3), Ag°, pp 312-20;

Sousa Franco 1992, António L., *Finanças Públicas e Direito Financeiro*, em 2 vols., 4ª ed., Coimbra, Almedina;

Sraffa 1960a, Piero, *Production of commodities by means of commodities. Prelude to a critique of economic theory*, CUP (reipr. de 1963, corrigida);

Sraffa 1960b, Piero, *Produzione di merci a mezo di merci. Premesse a una critica della teoria economica*, versão italiana de Sraffa 1960a, Milão, Einaudi;

Teixeira Ribeiro 1957, J. J., *Finanças Públicas*, 'Lições ao 3° Ano Jurídico de 1957-1958', ed. do autor, policopiada;

TEIXEIRA RIBEIRO 1974, J. J., *Finanças Públicas*, 'Lições ao 3º Ano Jurídico de 1974-1975', ed. do autor, policopiada ([... ?; 1957] 1960; 1963; ... 1971);

TEIXEIRA RIBEIRO 1995, J. J., *Lições de Finanças Públicas*, 5ª ed., Coimbra Editora (1977 [1]; 1984 [2]; 1989 [3]; 1991 [4]);

TINBERGEN 1935, Jan, *Annual survey: Suggestions on quantitative business cycle theory*, ECT 3, pp 241-307;

TINBERGEN 1938, Jan, *Statistical evidence of the acceleration principle*, ECN 5 (2), Maio, pp 241-307;

TINBERGEN 1942, Jan, *Does consumption lag behind incomes?*, RE(&)S 24 (1), Fevº, pp 1-8.

TRIGOSO 1933, Francisco Manuel, *Memórias de Francisco Manuel Trigoso de Aragão Morato* (1777 a 1824) 'começadas a escrever por ele mesmo em pricípios de Janeiro de 1824 e terminadas em 15 de Julho de 1835, revistas e coordenadas por Ernesto de Campos de Andrada', Coimbra, IUC;

TUSTIN 1953, Arnold, *The mechanism of economic systems*, Londres, Heinemann;

WITTGENSTEIN 1961, Ludwig, *Tractatus logico-philosophicus*, ((1918)) (1921[1], *s. n.* '*Logico-Philosophische Abhandlung*', nos "Annalen der Natur--philosophie", pp 185-262), ed. bilingue, com trad. ingl. de D. F. Pears & B. F. McGuinness e uma *Introd.* de Bertrand Russell (pp i-xxxii), Londres, Routledge & Kegan Paul.

Siglas e Abreviaturas

AER:	"The American Economic Review";
CUP:	Cambridge University Press;
ECJ:	"The Economic Journal";
ECN:	"Economica" (n. s.);
ECT:	"Econometrica";
«ERP»:	«Economia Regularmente Progressiva» («RPE», em inglês);
EER:	"European Economic Review";
«EE»:	«Estado Estacionário» («SS», em inglês);
BCE:	"Boletim de Ciências Económicas" da Faculdade de Direito de Coimbra;
FCG:	Fundação Calouste Gulbenkian (Lx.ª);
FFD:	"Boletim da Faculdade de Direito" de Coimbra;
HUP:	Harvard University Press;
IUC:	Imprensa da Universidade de Coimbra;
JES:	"The Journal of Economic Studies";
JPE:	"The Journal of Political Economy";
MPC:	Modo de produção capitalista;
NBER:	National Bureau of Economic Research (EUA);
NPD:	J. Eatwell, M. Milgate & P. Newman (eds.), *The New Palgrave: A Dictionary of Economics*, em 4 vols., Londres, Macmillan, 1987;
OEP:	"Oxford Economic Papers" (n. s.);
OUP:	Oxford University Press;
PNB:	Produto Nacional Bruto;
QJE:	"The Quarterly Journal of Economics";
REP:	"*Révue d'Économie Politique*";
RE(&)S:	"The Review of Economic(s and) Statistics" (*);

(*) "*The Review of Economic Statistics*", impressa na Harvard University Press (Cambridge, Mass., USA), manteve essa designação desde o 1º (de 1919) ao 29º volume (de 1947), passando a nomear-se como "*The Review of Economics **and** Statistics*" a partir do volume seguinte, o 30º (de 1948), o que já deu lugar a fáceis confusões com a 'RES' ("*Review of Economic Studies*"), sua parónima acronomástica (informação colhida nas fichas 'RE ( ) S' e 'RE(&)S' do excelente ficheiro da hemeroteca da Faculdade de Direito da Universidade de Coimbra).

RES: "Review of Economic Studies";
YUP: Yale University Press;
ZWS: "Zeitschrift für Wirtschafts- und Sozialwissenschaften".

ÍNDICE ONOMÁSTICO (*)

A

ABRAHAM-FROIS, Gilbert: 105n
ACEMOGLU, Daron: 184n
ADELMAN, Frank: 86n, 87, 184, 184n, 186
ADELMAN, Irma: 86n, 87, 184, 184n, 186
AFONSO, Luís: 128n
AFTALION, Albert: 6, 32, 50n, 55n
ALEXANDER, Sidney S.: 166n, 168n, 169-70, 171n
ALLEN, R. G. D.: 31n, 49, 49n, 61n, 63, 67n, 142n, 154, 154n, 155, 163, 165, 191n, 203, 205
ALMEIDA, Aníbal: 26n, 36n, 49n, 51n, 54n, 58n, 88n, 93-5n, 106n, 128, 139n, 187n, 201-2n
ALMEIDA GARRETT, J. R. de: 202n
ARGAND (diagrama de): 71n, 140, 141n, 144
AVELÃS NUNES, A. J.: 53n, 173n

B

BATOR, Francis M.: 113, 126n, 127
BAXTER, W. T.: 61n
BENNION, Edward G.: 60n
BICKERDIKE, C. F.: 55n
BLISS, Christopher: 204n
BÖHM-BAWERK, Eugen von: 31n
BORGES, Jorge Luis: VII, VIIn

C

CAMÕES, Luís de: 4n
CASSEL, Gustav: 32
CASTANHEIRA NEVES, A.: 8n
CERVANTES (Saavedra), Miguel de: VIIn
CHIANG, Alpha C.: 63, 81n, 141n, 146, 171n
CHRIST, Carl R.: 184n
CLARK, John Maurice: 6, 28n, 34, 47, 55n, 127n
CLEMENCE, Richard V.: 32
COBB, Charles: 94n
CROWLEY, Kate: 12n

D

DARWIN, Charles: 84
DEBREU, Gerard: 49n
DE MOIVRE (teorema de): 141
DOMAR, Evsey D.: 50, 50n, 51-2, 52n, 55n, 64n, 121n, 124, 125n, 154, 178.-9, 181, 195-6, 200n
DOUGLAS, Paul H.: 57n, 94n
DUESENBERRY, James J.: 89, 160n, 171n, 183-4n

E

ECKSTEIN, Otto: 184-5n
EINARSEN, Johan: 31, 33
EULER (teorema de): VIII

(*) Incluindo formas abreviadas e antonomásias, e adjectivos e advérbios de origem onomástica. Referências paginais.

F

FISHER, Gene H.: 60n, 160n
FISHER, Irving: 50n
FONTES (Pereira de Melo), António Maria: 146
FREUD, Sigmund: 161n
FRIEDMAN, Milton: 11-2n, 53n, 173
FRISCH, Ragnar: 26, 28, 33-5, 36n, 39, 42n, 46-7, 55-6n, 60n, 61, 61n, 88, 130n, 154-5, 158-9, 160n, 162n, 170, 179n
FROMM, Gary: 184-5n

G

GIDE, Charles: VI
GOLDBERGER, Arthur S.: 87, 184, 184n, 186
GOLDBERG, Reuben L. (Rube): VII
GOODWIN, Richard M.: VII, 36n, 60n, 83n, 85, 87, 87n, 90-1, 91n, 113, 130-1n, 154, 154n, 156-7, 157n, 158-60, 160n, 162, 163n, 166n, 170, 173-4, 174n, 175-8, 178-9n, 180, 180n, 181, 181n

H

HAAVELMO, Trygve: 46n, 54n, 60--1n, 87
HABERLER, Gottfried: 12n, 47
HANSEN, Alvin H.: V, 7, 8n, 12-3n, 23n, 25, 25-6n, 29, 32, 35n, 36, 36n, 37, 37n, 38-9n, 43n, 45-6, 46n, 47-9, 51-2, 55, 55n, 56, 56n, 57, 57-8n, 59, 59n, 60n, 62, 64, 88, 89n, 93-4, 102, 108-10, 110n, 117-8, 120-1, 121n, 124-5n, 129, 130n, 133, 145, 156, 160n, 164, 166n, 172, 174, 174n, 177, 203, 204n
HARDY, C. O.: 47

HARROD, Roy F.: 35n, 36, 36n, 39-40, 40-1n, 42, 42n, 43n, 45, 47-8, 50, 50n, 51, 52-3n, 55n, 57n, 88, 93, 105n, 154, 156, 169-70, 171n, 176-9, 181, 192-6, 196-7n, 200n
HAUSMAN, Daniel M.: VII
HAWTREY, Ralph G.: 55n, 120n
HAYEK, Friedrich A. von: 50n, 57n
HELLER, Walter W.: IX, 122, 122n, 125-6, 126n, 127, 130n, 147
HICKS, John R.: V, 8n, 31n, 36n, 40n, 41, 41n, 42, 42n, 43-5, 48-9, 49n, 50n, 52, 52-3n, 55n, 58, 58n, 60n, 64-5n, 75n, 88-9, 89-90n, 91, 91n, 93, 94n, 101, 101n, 105n, 106, 115, 130n, 135n, 147, 147n, 154, 156-7, 159-60, 160n, 161-2, 162n, 163, 163n, 164, 164n, 165, 165-6n, 167, 167n, 168, 168n, 169, 169n, 170, 170-1n, 172, 175-7, 183n, 188, 188n, 189-90, 192-3, 195, 195n, 196, 197n, 200, 200n, 201, 201n, 202-4, 204n, 205, 207n
HITCHCOCK, Alfred: 6
HOBSON, J. A.: 32, 50n
HODGSON, Geoffrey M.: 187, 187n
HORÁCIO (Quintus Horatius Flacus): 4

J

JACINTO NUNES, Manuel: 3, 3n, 4n, 7-8n, 12n, 22, 35n, 42n, 45, 54, 54-5n, 64-5n, 84n, 99, 123--4, 137n, 162, 166n, 188-90, 192, 197, 197n
JEVONS, William Stanley: 49

Índice Onomástico

JOHNSON, Lyndon B.: 122n
JOSÉ DO EGIPTO: 24n, 119n

K

KAHN, Richard F.: 6, 28, 28n, 47, 68
KALDOR, Nicholas: 32, 36n, 156n, 177, 199, 200n, 201
KALECKI, Michal: 46, 50n, 56n, 59, 88, 113, 154, 158, 166n, 177
KENNEDY, John F.: 122n
KEYNES, John Maynard: X, 6, 7-8n, 12n, 23n, 26n, 28, 28n, 31n, 32, 46-7, 49-50, 50n, 51-2, 52n, 53, 57n, 58, 58n, 59, 66, 68, 83-4, 84n, 85, 93n, 105n, 127, 152, 156, 165, 176, 178n, 186, 187n, 197
KEYSERLING, Leon: 122n
KLEIN, Lawrence R.: VII, 84n, 86n, 87, 87n, 89n, 184, 184n, 186
KOOPMANS, Tjalling C.: 87
KORNAI, János: 49n
KURIHARA, Kenneth K.: 199-200n

L

LANGE, Oskar: 23n, 50n, 52n
LANZA DEL VASTO (aliás, Joseph Jean Lanza di Trabia-Branciforte): 3, 128
LARANJEIRO, Carlos: VI, 4n, 5, 5n, 18, 20, 137
LEONTIEF, Wassily W.: 26n
LERNER, Abba P.: 125, 126n
LESAGE, Alain René: VIII
LITTLE, I. M. D.: VIII
LORD OVERSTONE (aliás, Jones Loyd): 120n, 161n
LUNDBERG, Erik: 60n

M

MANDEVILLE, Bernard: 187n
MARNOCO E SOUSA, José Ferreira: VI, X
MARSHALL, Alfred: VIII, 50n, 101
MARX, Karl: VIII, 6, 23, 31-3, 34n, 49, 50n, 51, 55n, 57n, 59, 84, 84n, 85, 119, 119n, 161n, 166n, 178n, 202
MATTHEWS, R. C. O.: 171n
MEDIO, Alfredo: 178, 179-80n, 182, 184
MENGER, Carl: 49
MENSHIKOV, S.: 89, 89n, 92n, 113, 118, 160n, 162, 162n, 182-3n
MERÊA, Paulo: 11n
METZLER, Lloyd: 60n, 105n, 170
MINSKY, Hayman: 91n, 111n, 183n
MITCHELL, Wesley C.: 31n
MODIGLIANI, Franco: 183n
MOURA, Francisco Pereira de: 105n

N

NAGATANI, Iroaki: 12n
NEFÇTI, Salih N.: 184n
NEISSER, Hans: 91, 199
NEUMANN, John von: 26n
NORTON, F. E.: 54n, 59n, 64n, 188-9, 190n, 192
NUNES, Rui J. C.: 200n

O

OCCAM (rasoura de): 68n, 166n

P

PARETO, Vilfredo: 95n
PASINETTI, Luigi L.: 32, 91, 91-2n, 156n, 199, 199-200n
PEARSONS (coeficiente de correlação de): 60n

PEREIRA (de Figueiredo), Pe António: 11n
PESSOA, Fernando: 13
PHILLIPS, A. W.: VII, 61n, 89, 112n, 180, 180-1n, 183n
PINTO LOUREIRO, Fernando: 8n

Q

QUESNAY, François: 26

R

RICARDO, David: 32, 208n
ROBERTSON, Dennis H.: 33, 68, 110n, 146, 149-50, 155, 196
ROBINSON, Joan: VII, 26n, 49, 172, 186, 187n
ROOSEVELT, Franklin D.: 23n
ROSTOW, W. W.: 202
ROYCE, Josiah: VIIn

S

SAMUELSON, Paul A.: V, 4-6, 8n, 9-11, 11-2n, 13, 16-9, 21, 21n, 22, 23n, 31, 35-6, 36n, 37, 37--8n, 39, 39n, 40, 42, 42n, 43, 43n, 44-6, 46n, 47, 47-8n, 49, 50n, 51-2, 52n, 54n, 55, 55--6n, 57, 57n, 58, 58n, 59, 59--60n, 61-4, 65n, 66-7, 67-8n, 69, 74, 75n, 78, 78n, 82, 86n, 88-9, 89n, 91-2, 92n, 93-4, 96n, 104, 105n, 106, 107n, 108-10, 110n, 111, 111n, 112, 117-8, 122-3, 129, 130-1n, 133, 144n, 145, 147n, 149-50, 152-4, 156-7, 162, 162n, 163-4, 164n, 166, 166n, 168, 168n, 169-70, 171n, 172, 174, 177, 183n, 188-90, 194n, 195-6, 196n, 197, 197n, 203, 204n, 207n
SAY, Jean-Baptiste: 23, 31, 85

SCHELLING, Thomas C.: 52n, 132, 194-6, 196n, 197, 197n, 198
SCHØNHEYDER, K.: 33
SCHUMPETER, Joseph A.: 59, 158, 166n, 178n, 200n
SCHWARTZ, Jesse T.: 26n
SCOTT, Andrew: 184n
SIMÕES DE ABREU, Luís: 8n
SIMONS, Henry: 53n
SLUTSKY, Eugen (aliás, Ievgueni Ie. Slutski): 113
SMITH, Adam: 84, 120n, 208n
SMITH, Henry: 31n
SPIETHOFF, Arthur: 32
SMITHIES, Arthur: 26, 160n, 183n
SOLOW, Robert M.: 201
SOUSA FRANCO, A. L. de: 29
SRAFFA, Piero: 26n, 38n, 145, 151, 151n, 200n, 208n
STONE, Richard: 60n
STONE, W. M.: 60n

T

TEIXEIRA RIBEIRO, J. J.: VI, IX-X, 3n, 4n, 5, 5n, 7, 7-8n, 10n, 11, 13, 16-8, 22, 54n, 67, 102, 104-5, 109-10, 112, 121, 121n, 127n, 183n
THEISS, Edward: 56n
TINBERGEN, Jan: 56n, 60n, 92n, 113, 145-6, 149-50, 170, 177
TINTNER, Gerhard: 200n
TOYNBEE, Arnold: 202
TRIGOSO (de Aragão Morato), Francisco Manuel: 11n

W

WALRAS, Léon: 34, 49, 84, 104, 113, 175
WICKSELL, Knut: 50n, 58, 84, 94n, 158
WITTGENSTEIN, Ludwig: 29, 208n

Do *"oscilador de Samuelson"* ao espectáculo da *"propulsão"*
(From *"Samuelson's oscillator"* to the *"Propulsion"* show)

ABSTRACT

On the sixtieth anniversary of the, indeed, "brilliant article" of Paul A. Samuelson, *Interactions between the multiplier and the principle of acceleration* (1939), and in consequence of a friendly "provocation" by Professor Manuel Jacinto Nunes, the author aims at establishing a balance on the scientific survival of the well known Samuelsonian "interaction mechanism" as a metaphor or "parable" for the cyclical evolution which characterizes the "capitalistic mode of production". Beginning with the correction of some minor numerical misprints and mistakes that appear in the original (§ 1), and proceeding with the recapitulation of the theoretical background of "(Hansen /) Samuelson's model" (§ 2), the author dedicates § 3 to the task of "turning the deductive crank" (Samuelson's words) in order to obtain the solutions for some critical species of that model. In § 4 of his essay, the author proceeds with his (rather positive) balance on the Samuelsonian "oscillator" nowadays, sixty years after its really happy birth "with a silver spoon in its mouth" (again Samuelson's words!), and he finally draws his conclusions on its *logical space* and actual significance in terms of economic theory (in § 5), not without adding four *Appendices* where he presents the "building blocks" for the theoretical solutions presented in § 3, and he confronts "(Hansen /) Samuelson's model" with some of its main alternative constructs.

KEYWORDS

NAMES: J. M. CLARK; E. D. DOMAR; R. FRISCH; R. M. GOODWIN; A. H. HANSEN; R. F. HARROD; W. W. HELLER; J. R. HICKS; M. JACINTO NUNES; M. KALECKI; J. M. KEYNES; L. R. KLEIN; K. MARX; S. MENSHIKOV; L. L. PASINETTI; P. A. SAMUELSON; D. H. ROBERTSON; J. J. TEIXEIRA RIBEIRO; J. TINBERGEN.

IDEAS: Multiplier; Accelerator; "Interaction"; Trade cycle theory; Business cycle theory; Stabilization policy; "Pump-priming"; "Leverage effect"; "Propulsive effect" (of public deficit spending); "Propulsive policy".

Índice

Prefácio à edição definitiva V

0. *'Da capo'* 3

1. *Denúncia e correcção de um venerável erro de contas* 7

2. *'The background of his thinking'* 23
    2.1 *O problema* 23
    2.2 *As tentativas de solução* 34
    2.3 *«Períodos» e «lapsos temporais»* 44
    2.4 *"Em berço de ouro" e "bandeja de prata"* 45

3. *A estrutura lógica do modelo de "interacção" (de '*κ*' e '*β*') de Paul A. Samuelson* 64
    3.1 *A axiomática do modelo* 64
    3.2 *Expressões analíticas das equações de recorrência ("*Y_t*") referentes aos cinco «exemplos numéricos» de Samuelson, e respectivas soluções contínuas ("*$\ddot{Y}_t$*")* 67
    3.3 *Nove «exemplos numéricos»* 69
        3.3.1 *Os cinco «exemplos numéricos» de Samuelson* 69
        3.3.2 *Mais dois «exemplos numéricos», para ilustrar o caso das raízes reais iguais* 75
        3.3.3 *Dois últimos «exemplos numéricos», para ilustrar o caso-limite* $\alpha = 1$ 76
    3.4 *A área do domínio das equações de recorrência* 78

4. *Balanço ou ponto da situação* 83

5. *Regresso à base e repristinação* 102
    5.1 *Flutuações, estado e «sociedade civil»* 102
    5.2 *"Dois e dois são quatro"* 119

Apêndice I: *Sobre a flutuação cíclica sem «investimento autónomo»* 129
    1. *No modelo de (Hansen e) Samuelson* 129
    2. *No «acelerador» de tráfico ferroviário de Jan Tinbergen* 145

3. Confronto entre ambas as modalidades (não homogénea e homogénea) de equações de recorrência 152

Apêndice II: *Do pêndulo de Frisch/Kalecki ao bilhar de Hicks/Goodwin* 154
    1. Tipologia dos modelos de ciclos 154
    2. Desfile de modelos 156
    3. Hicks e Goodwin 162
        3.1 O bilhar de Hicks 162
        3.2 Sobre o bilhar de Goodwin 173
    4. "Mapas à escala 1:1" 182

Apêndice III: *Sobre a estrutura temporal dos modelos de Samuelson e Hicks* . 188
    1. Os "lapsos temporais" ('lags') 188
    2. «Crescimento equilibrado» ou «oscilação cíclica explosiva»? 195

Apêndice IV: *Sobre a tipologia hicksiana da "interacção"* 203
    1. A "tipologia completa" de Hicks 203
    2. Compleição da tipologia de Hicks 205
    3. Uma terceira tipologia 206

Referências 209

Siglas e abreviaturas 217

Índice onomástico 219

Abstract and *keywords* 223